KB118301

하녀

빈곤과 낙인의 사회사

하녀

빈곤과 낙인의 사회사

소영현 평론

문학동네

4부 하녀는 위험하다?: 범죄, 관리론, 욕망

5부 하녀는 사라지지 않는다: 돌봄노동, 빈곤, 빈민

프롤로그
하녀, 이름 없는 여자들의 삶

> 순자야.
> 한 몇 년 우리집에 와 있으면 네가 원하는 대로 공부도 기술도 가르쳐 주고 시골 것보다 좋은 거로 입히고 먹이다가 때가 되면 마땅한 혼처에 시집도 보내주마.[1]

황정은의 연작소설 『연년세세』(2020) 중 「무명」의 한 구절이다. 급격한 근대화로 도시와 농촌의 격차가 극심해지던 때 흔하게 들리던 말이다. 자신의 의지가 아니라 불가피한 선택으로 많은 십대 여성이 그렇게 집을 떠나고 가족과 헤어지거나 자신의 먹고살 바를 마련한다. 현재보다는 조금이라도 더 나은 상황이 되리라는 자그마한 희망을 부여안고 그렇게 선택 아닌 선택을 한다. 그리고 낯선 곳에 도착하자마자 저절로 깨닫는다. 약속의 실현은 불가능하다는 사실을. 애초에 그런 약속의 실현 같은 일은 없다는 사실을.

「무명」에서 전쟁이 일어난 1950년에 다섯 살이었던 이순일의 경우도 다르지 않았다. 고모 집에는 아이가 일곱이었고, 고모와 고모부는 시장에서 주류 도매상으로 일했다. 빨래와 식사 준비와 식후 처리만 해도 일이 산더미로 쌓이는 집이었다. "남은 음식을 늘 부족한 양으로 먹고 그렇게 먹으면서도 하는 일은 많았"지만, 고모와 고모부가 그녀에게 뭔가를 못 해줘서 안 해준 것은 아니었다. 식구이지만 가족은 아니었던 그녀에게 고모와 고모부가 "좋은 것"을 해줄 마음 자체가 크지도 않았다. 있다 해도 아주 작았다. "여자아이라서, 이윽고 처녀라서 위험하다는 이유"[2]로 외출을 단속했고, 공부를 하기엔 너무 기본이 없다며 학교에도 보내지 않아서, 집에만 머물렀다. '수양딸 삼아' 데리고 지낸다는 말로 그렇게 식모로, 따지자면 식모보다도 못한 대우로 부려졌다.

「무명」의 이순일은 전염병이 돌던 때 어머니를 잃었고 아버지는 인민군 치하에서 마을위원회 위원장을 맡았다가 전선이 뒤집히는 바람에 실종되었다. 전선이 뒤바뀌던 때 밤도망하다가 이순일은 백부와 나이 어린 백모를 놓쳤고, 부득이하게 동생과 함께 외조부 손에 맡겨졌다가 아궁이 불이 옮겨붙어 어린 동생을 잃었다. 외조부에게 키우는 동물만도 못한 취급을 받다가 그를 떠나, 아버지의 배다른 형제라고 주장하는 고모를 따라 1960년 여름, 열다섯 되던 해에 이순일은 김포군 송정리로 갔다. 그렇게 식모와 다르지 않은 삶이 시작되었다.

자신의 이름이 순자가 아니라 이순일임도 혼인 신고를 위해 호적을 정리하면서야 확인한다. 그제야 세 살 나이로 죽은 동생의 이름도 알 수 있었다. 그녀의 동생이 살아남았다면 순자로 불렸던 그녀와는 다른 삶을 살았을까. 열다섯 살 때부터 열 명에 이르는 식구의 살림을 꾸려온 그녀는 결혼한 이후로 오랫동안 자신의 가족을, 딸이 결혼한 뒤로는 맞벌이하는 딸의 가족까지 돌본다. "빨래를 하고 밥을 하고 반찬을 만들며" "아이들을 돌보"[3]며 살았다. 빨래를 하고 밥을 하고 반찬을 만들며 아이들을 돌보는 일이 그녀의 삶 전부였다. 이는 '이름 없는' 여자 다수의 삶이기도 했다. 집은 휴식과 여가의 장소로 여겨지지만, 사실상 여자들의 삶에서 집이 갖는 의미는 이와 거리가 멀다. 집은 언제나 여성에게 노동의 공간이다.[4] 자신의 집이건 타인의 집이건 마찬가지다. 전쟁통에 고아로 버려지지 않고 누군가에게 거둬져서 그나마 다행인 삶이었다고 이순일은 회고한다. 과연 그럴까.

> 순자는 독일에 있다. 독일에 갔고, 독일에 있다. 보고 들은 것처럼 그 믿음이 생생했다. 왼쪽 가슴에 태극기를 바느질로 붙인 투피스 양장을 입고 스타킹에 구두를 신고 장시간 비행을 각오하듯 질끈 묶은 머리를 하고 뒤를 돌아보는 순자. 반백인 머리를 짧게 자르고 단색 니트 셔츠를 입고 순하게 늙은 모습으로 흰 벽을 등지고 앉아 웃고 있는 순자.[5]

열다섯 살 때 경기도 김포군 양서면 송정리에서 만난 이웃집 순자. 여공이자 학생이었고 선생이 되고 싶다던 그녀는 순자로 살던 이순일이 식모의 삶을 탈출하도록 도와주었지만, 간호사가 되어 독일로 떠나는 이순일의 꿈은 끝내 실현되지 못했다. 따지자면 꿈이 좌절된 것이 이웃의 순자 탓이 아님에도, 이순일은 순자의 뺨을 치고 그녀와 다시는 만나지 않았다. 그렇다면 "독일에 갔고, 독일에 있다"는, 보고 들은 것처럼 생생한 그 믿음은 누구의 것이며 누구에 대한 것인가. 이는 아마도 너무나 간절해서 너무나 생생하지만 실현된 적 없는 그녀의 꿈이자, 존재의 흔적도 없이 '이름 없이' 산 순자들이 어딘가에서 그들의 삶을 살았기를 바라는 그녀 자신의 간절한 마음의 표현이리라. 순자들의 삶을 멀고먼 과거의 일이라고, 지금 이곳 여성의 삶과는 다르다고 쉽게 단언할 수 있을까.

지금, 여기 소시민의 삶

장류진 작가의 등단작 「일의 기쁨과 슬픔」(2018)은 온라인으로 공개된 후 접속 폭주 현상을 불러올 정도로 화제를 모았다. 독자들은 이 소설의 매력을 판교 테크노밸리의 풍경과 IT산업 종사자의 일상을 자신들의 이야기로 겹쳐 읽게 한 실감에서 찾았다. 독자들은, 대표의 성격이 조직의 성격을 좌지우지하는 한국 기업의 위계적인 성격 그리고 권위적인 운영 방식이 첨단 산업에 가려진 실제 현장임을 이 소설이 사실적으로 그려냈다고 평가했다. 현실 바깥을 꿈꾸지 않지만 현실에 압도되지도 않는 주인공을 내세운 소설은 소시민적 타협안으로서 일과 삶 사이의 균형을 마련하는 방식이 자신을 잃지 않고 생계를 유지하는 유일한 현실적 방안임을 조심스럽게 전한다. '워라밸'로 불리는 균형감에 지금 이곳의 보통 감각이 새겨져 있음을 확인시킨다.

평생직장의 신화가 깨진 지도 이미 20년은 지났고 여전히 복지제도는 미비한 한국사회. 이곳에서 미래에 대해 뭔가를 꿈꿀 수 있다면 그것은 무엇이며 그 모습은 또 무엇일까. 실상 별다른 미래를 상상할 수 없는 지금 이곳에서 우리는 어떻게 살아야 하는 것일까. 흥미롭게도 장류진은 첫번째 장편소설 『달까지 가자』(2021)에서 벗어날 수 없는 빈곤의 굴레와 비공채 출신 사원이라는 신분적 제약을 가진 주인공이 암호화폐를 통해 일확천금을 획득함으로써 이를 단숨에 극복하는 모습을 보여준다. 주어진 삶의 조건을 벗어나기가 불가능한 현실 속에서 '복권이나 당첨되었으면……'과 같은 막연한 심정이 아무런 제약 없이 소설에서 무제한으로 현실화된다. 영혼까지 끌어모아 투자한 암호화폐의 수익으로, 좋고 싫음을 떠나서 견디고 생계유지를 위해 버텨야 할 직장이, 굳이 다니지 않아도 되지만 다녀도 나쁠 게 없는 곳, 소소한 재미를 제공하는 취미 실현의 장이 될 수도 있다고 말한다.

투여한 노력에 합당한 결과물을 바라면서 최선의 노력을 다

하는 게 아니라 칼춤을 추는 금융자본주의의 흐름에 올라타 요행을 바라고 위험에 투자하며 투기를 조장하는 방식을 통해 가난과 빚 그리고 그로부터 야기된 고통이 단박에 해소되는 미래를 거머쥐기. 소설에서 이는 더이상 실현 불가능한 꿈이 아닌 일로 그려진다. 끝내 그것은 쓴맛을 남기는 충만한 꿈이었을 뿐이리라는 독자의 나쁜 예감을 뒤로한 채, 『달까지 가자』는 안정적인 정규직이 아닌 채로 하루하루를 살아야 하는 이들의 불안을 일확천금의 판타지를 통해 해소 가능한 것으로 그려낸다. 표면적으로 이 소설은 금융 원리를 체득하여 돈의 흐름을 읽고 위험에 투자하면, 즉 너 자신이 돈이 되면 이 위험사회를 살아낼 수 있다고 말하는 것으로 보인다. 하지만 이 소설의 전언은 여전히 판타지로 읽힌다. 그러한 일이 실질적으로 어떻게 가능한가에 대해서는 말해주는 바가 없는 반면, 재계약을 통해서나 간신히 유지될 직장생활과 직원의 불안한 처지는 일확천금의 꿈이 실현되지 않고서는 해소될 수 없다는 명백한 사실을 내내 의식하지 못한 채 강조하기 때문이다.

21세기에도 하녀의 삶은 계속된다

승자독식구조의 부산물인 사회의 위계화가 갈수록 심화되고 있다. 신-신분사회의 도래에 대한 우려가 실감되고 있다. 부와 가난이 대물림되며 직업이 세습되는 중이다. 자본의 힘이 계급 위계와 결합하여 새로운 신분체제로 이어지는 복합과정을 거쳐 신분이 고착되고 신분적 위계도 뚜렷해지는 중이다. 뉴미디어 테크놀로지의 혁신에 기반한 '대박'의 가능성이 좁은 문처럼 열려 있지만, 이는 부의 세습에 의한 신분에 필적하지 못한다. 더구나 탈공업 중심 사회로 진입하면서 생산과 노동의 의미는 이전과 달라졌다. 과거처럼 공장노동자를 중심으로 한 하층민의 광범위한 연합이나 조합을 통한 힘의 행사가 점차 어려워지고 있다. 잘게 쪼개진 위계에 위계를 만들어내는 자본의 논리가 힘을 모을 수 있는 가능성 자체를 소거하는 것이다.

노동의 주요 수단이 육체인가 아닌가나 노동의 성질이 물질적인가 아닌가보다 노동의 주체가 정규직인가 비정규직인가가 무엇보다 중요해졌다. 넘을 수 없는 계급 차이를 만들어내는 정규직과 비정규직 사이의 간극은 업무와 능력에서 실질적 차이를 발견하기 어려운데, 어쩌면 그 때문에 그 간극의 극복 불가능성이 강력하게 주장되는지 모른다. 젠더적 차이를 계급적 격차에 결합시키는 신자유주의의 속성 때문에 정규직과 비정규직의 간극은 계급적 격차뿐 아니라 젠더적 격차의 성격까지 갖게 되었다. 그리고 이는 자본 결합체가 된 국가적 격차를 가리키게 되었다. 가령 서구사회에서는 아시아 각국의 여성들이 가사노동과 돌봄노동을 떠맡고 있다. 한국에서도 최근 가사노동과 육아노동 더 나아가 간병노동을 중국 동포가 떠맡고 있다. 사회 전체의 가사노동과 돌봄노동이 외주화되는 양상이다. 2023년 상반기 저출생과 여성노동자의 경력 단절 문화를 완화할 수 있는 해법으로 한 국회의원이 최저임금 적용에서 배제된 외국인 가사노동자를 고용할 수 있도록 하는 내용의 법안을 발의한 바 있다. 반인권적이고 성차별적이며 시대착오적인 접근법으로 거센 비판을 불러왔는데, 사회구조적 문제를 여성의 가사노동과 돌봄노동의 문제로 보는 인식의 한계도 드러내지만 무엇보다 가사노동과 돌봄노동에 대한 저평가된 인식이 사회 전반에 깔려 있음을 확인시킨다는 점에서 더 문제적이다. 그 여성들의 몸은 소모되는 몸인 동시에 중첩된 모순이 관통하는 몸이다.

하녀와 식모는 가정 안에서 가사일과 각종 허드렛일을 했던 여종에서 기원했으며, 가사노동과 돌봄노동을 떠맡은 여성을 지칭하는 말이다. 과거에는 유모, 침모, 식모, 안잠자기, 어멈 등 다른 이름으로 불렸으며 사회적 지위나 대우를 따지면 세세히 구별되지만, 사회적 위상 면에서는 큰 차이가 없었다. 법률적으로 신분제가 해체된 근대 이후에도 우리 사회에서 하녀의 위상을 가진 이들이 사라진 적은 없으며, 현재까지도 상황은 크게 달라지지 않았다. 형식적 차원에서 보자면, 어쩌면 우리 사회의 신분사회적 성격은 역설적으로 더 강화되었다. 특정 직업이나 존재방식으로서의 하녀가 아니더라도 은밀하게 공고해지는 신분사회의 위계구조 속에서 상징적 의미로서 하녀의 삶을 사는 이들이 여전히 사회 전반에 넘쳐난다.

오늘날 우리들 상당수가 하녀의 삶을 살고 있다고 표현해도 결코 언어적 과장이 아니다. 21세기 하녀라는 말을 두고, 시대착오적 발상이 아니냐고 반문할 수도 있겠지만, 지치지 않고 계속되는 '갑질 논란'이나 '특권 논란'도 따지자면 우리가 돈을 중심으로 재편된 사회를 살아가기에 벌어지는 일이다. 돈을 중심으로 이뤄진 사회적 위계가 신분적 위계와 등치되는 사회로 변한 것이다. 종종 물의를 빚은 이들이 세습된 부와 함께 신분까지 세습된 일상을 살아가기에 벌어지는 일이기도 하다. 사회를 들끓게 했던 '갑질 논란'은 있는 자들의 횡포를 고발하지만, 일부 있는 자들의 상식 이하의 품행 문제로 치부해버리기에는 '갑질 논란'에 감춰진 본질은 심층적이다. 무엇보다 문제는 돈이 전부인 세상이 되었고, 우리 모두가 그렇게 믿고 있지만, 그렇다고 모든 관계가 임금을 주고받는 계약만으로 깔끔하게 정리되지는 않는다는 데 있다. 돈으로 환산되지 않는 숨은 노동이 곳곳에 놓이고, 돈으로는 환산될 수 없는 감정이 노동의 형태로 그 사이를 채운다. 계약관계라는 틀 안에서 행해지는 모욕이 누군가를 죽음으로 내몰게도 하는 것은 충분히 돈으로 환산될 수 없는 요소 때문이다.

역설적으로 '관계'는 전적으로 계약일 수만은 없기에 인간에 대한 예의가 유보되는지 모른다. 이러한 사정은 지금보다 나은 사회를 꿈꾸는 자리에서 새로운 사회의 가능성을 가늠해보고 일상현실에 깊이 개입하려는 비평적 실천이 주목해야 할 핵심어가 왜 하녀인지를 말해준다. 리처드 세넷의 말을 빌리자면, "어떻게 서로를 존중하면서 불평등의 경계선을 넘을 수 있는가”라는 딜레마에 관한 질문이 우리가 하녀를 눈여겨보게 이끈다고 말해도 좋다.

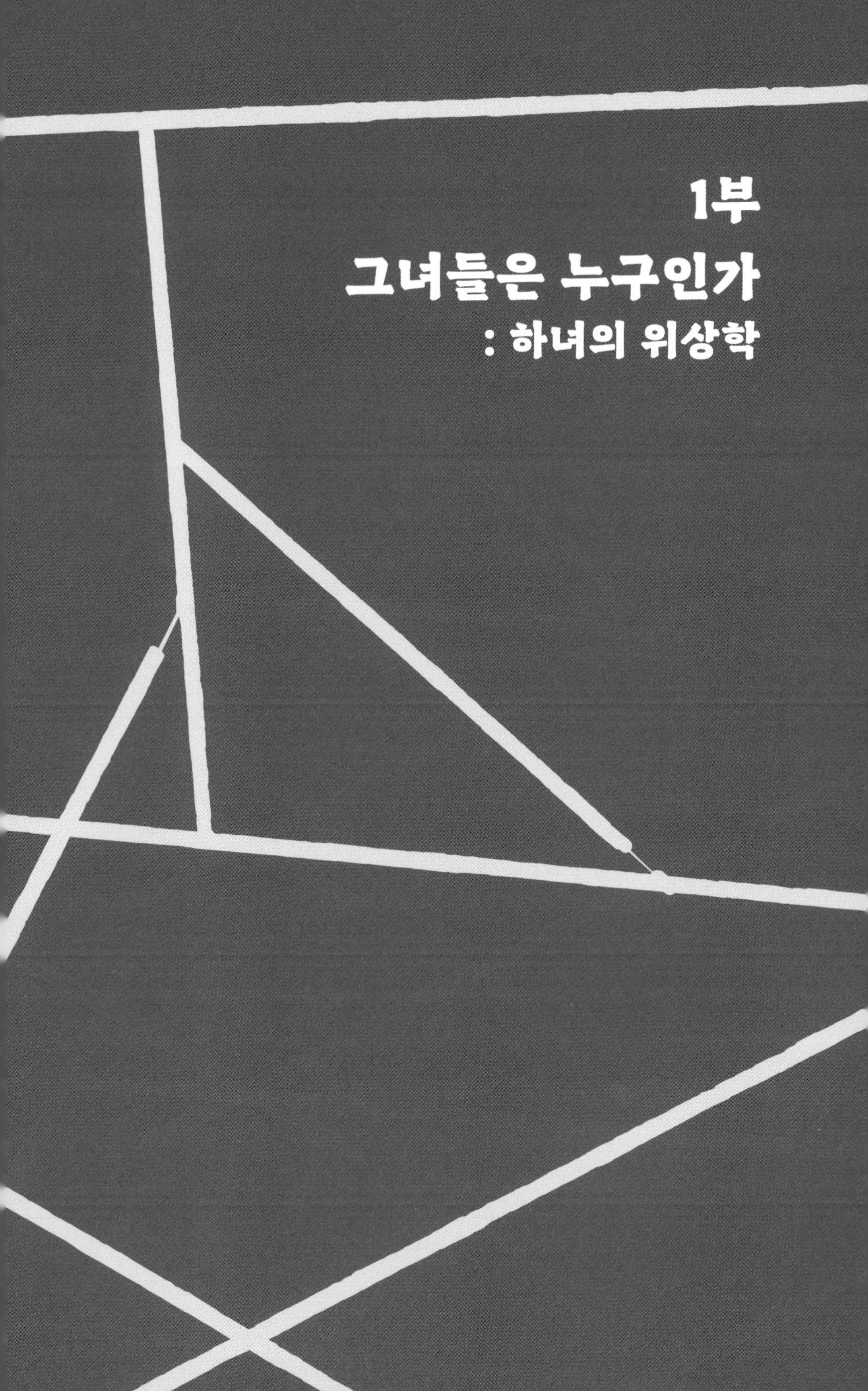

1부
그녀들은 누구인가
: 하녀의 위상학

1장
지금 왜 '하녀'인가

아카이브로서의 하녀 읽기

파리 형사 사건 아카이브를 기반으로 여성, 빈민, 대중 행동 등의 주제를 연구해온 프랑스 역사학자 아를레트 파르주도 강조했듯, 아카이브의 지식은 기존의 지식 영토에 합병되는 지식이 아니라 기존 지식의 질서를 흐트러뜨리는 지식이다. 애초에 전달하려는 바가 너무 선명한 아카이브에는 아를레트 파르주의 말처럼 "즉각적 주석이 되고 싶은 유혹"[1]이 느껴지기 마련이다. 겸손한 태도로 아카이브가 전하는 바를 고스란히 옮겨두고 싶어지는 것이다. 하지만 유혹에 지면 아카이브가 감추는 것에서 의미를 찾아내기는 커녕 거기에 뭔가가 감춰져 있다는 사실조차 알지 못한다. 무엇보다 그렇게 아카이브의 필사본을 만드는 동안 아카이브에 담긴

(비틀린) 사회관계나 (위계적) 권력구조 같은 것을 반복하고 결과적으로 이를 강화한다.

문제는 이것만이 아니다. (나에게) 보이거나 이해되는 것에만 집중할 때, 아카이브 읽기는 나의 의도를 입증해줄 전거로 전락한다. 자료와의 거리를 잃어버리거나 자료에 대한 무미건조한 주석이 되는 위험을 간신히 피한다 해도, 자료를 "드라마화하게 될 위험"[2]이 항시 도사린다. 모든 아카이브 읽기는 선택과 분류 그리고 해석의 과정을 거친다. 이 과정을 어떻게 해도 전적으로 객관적이라고 말하기는 어려울 것이다. 객관적 실체로서의 역사가 존재한다거나 아카이브 읽기가 거기에 도달해야 한다고 생각하지는 않지만, 그렇다고 해도 아카이브 읽기가 결과적으로 언제나 픽션일 수밖에 없다고 변명할 수는 없다. 그 사이 어딘가에 아카이브 읽기 작업의 의미가 놓일 것이며, 아마도 그 의미는 어떤 형태로 가시화되더라도 아카이브가 내보일 수밖에 없는 진실함에서 마련된다고 해야 할 것이다. 보편적이고 총체적이며 궁극적인 진실을 들려주지는 않지만, 보편적 진실을 흐트러뜨리는 기능으로서의 진실함까지 외면해서는 안 된다.

물론 그 진실함의 면모를 매끄러운 형태로 접할 것이라는 기대는 버리는 편이 좋다. 진실은 언제나 피하고 싶은 것이고 불편하며 대립과 충돌과 갈등의 지점에서 가시화된다. 시작점에서는 어긋남으로 읽히지 않는 균열들, 균열이 예견하는 심연의 크기를 가늠해내는 일, 그리고 이를 감당하는 일이 아카이브 읽기 작업의 과업이라고 말할 수도 있을 것이다. 아카이브로서 하녀 읽기를 시도하는 이 책의 작업은 하녀 자료가 품고 있는 압도적 슬픔을 옮겨 적는 일도, 자료에 대한 판단을 유보한 시공간적 주석을 덧붙이려는 일도 아니다. 요컨대, 아카이브 읽기란 아카이브가 전하는 진실성에 가닿고자 하며 이를 가시화하려는 시도이다.

*

여성에 대한 연구는 그간 엘리트 여성과 여성노동자를 중심으로 이루어져왔다. '근대/여성'의 정체正體 형성을 둘러싼 관심이 '신여성'을 중심으로 이루어지는[3] 한편, 취업 등 여성의 사회활동을 둘러싼 관심이 '여성노동' 문제에 집중되었다.[4] 전자가 국가(/민족)와 젠더의 교차점에, 후자가 자본(/계급)과 젠더의 교차점에 주목하며 가부장제와의 충돌과 공모의 지점이 내장한 균열에 관심을 기울여왔다. 그간의 연구가 이끈 현실적 변화들, 가령 여성의 권리를 획득하거나 여성에 관한 사회적 인식을 혁신시킨 성과를 과소평가해서는 안 될 것이다. 그와 동시에 남성과 여성의 젠더적 위계를 비판적으로 검토하거나 여성 내부에 뒤얽힌 계급적 위계를 포착하려는 연구가 여전히 재고하지 못한(/재고할 수 없었던) 문제들을 향후 과제로서 남긴다는 걸 잊어서도 안 된다. 엘리트 여성이나 여성노동자에 대한 연구가 타자로서의 여성의 위상을 초점화함에도 여전히 (남성/여성의 이분법이 곧잘 소환하는 대쌍구조로서) 공적/사적 영역의 이분법에 근거함을 간과해서는 안 된다. 거칠게 요약하자면, 그간의 연구는 공적/사적 영역의 구도에서 '사적 영역의 바깥에 위치한다는 의미에서의' 공적 영역을 점유한 여성들에 대한 연구로도 이해되는 셈이다.

계급 문제로 환원되지 않는 '여성노동' 문제를 어떻게 처리할 것인가에 대한 문제제기가 지속적으로 이루어졌고, 대개 빈민이었던 그녀들에 대한 연구가 '평등론/동등론'으로 대표되는 여성해방론과는 다른 지점에서 이루어져야 한다는 암묵적 합의가 생겨났다. 그간의 연구에 대한 내적 성찰이 여성에 관한 연구 방향을 점진적으로 전환시킨 것이다. 사실상 현재 여성에 관한 관심은 점차 국가(/민족)와 자본(/계급)의 젠더 재배치라는 담론 구도에서는 포착되지 않거나 국가(민족), 자본(계급), 젠더, 섹슈얼리티, 인종, 연령과 같은 정체 형성 축을 통해서는 대표성을 획득하기 어려운 여성들—농촌 여성이나 식모/하녀, 여성 범죄자, 이주민, 입양인 등—에게로 확장되는 추세이다.[5] 섹슈얼리티에 주목하는 연구를 포함해서[6] 자신의 목소리를 갖지 못하는 하위주체Subaltern로서의 여성에 대한 관심도 이러한 연구 경향과 밀접하게 연관된다.

이 책에서는 우선 여성을 둘러싼 공적/사적 영역의 재구조화와 그에 따른 유동성이 야기한 문제들을 찬찬히 짚어본다. 그 과정은 '하녀'의 하위주체성Subalternity에 대한 것으로 집중되지만, 그렇다고 해서 이 작업이 보이지 않는 존재를 보이게 만들기인 '하녀'를 복원하는 데만 몰두하지는 않는다. 여성을 포함한 하위주체에 대한 그간의 연구는 하위주체의 역사적 재현과 '타자 내부의 타자로서의' 하위주체의 위상이 갖는 '대표 불가능성'을 강조해왔다.[7] 이러한 연구의 의미를 충분히 끌어안으면서도, 스피박이 「하위주체는 말할 수 있는가?」를 통해 강조한 것처럼 하위주체의 목소리를 들을 수 없게 된 경위를 추적해본다. 젠더화된 하위주체가 왜 깊은 침묵에 빠졌는지 그경위를 재추적해야 계급 담론과 여성 담론이 교차하고 재배치되는 지점을 포착하는 새로운 하위주체론으로 나아갈 수 있다고 믿는다.[8]

하녀론의 반복이 문제다

중심부에는 자리가 없는 존재들, 주연의 얼굴로는 발견되지 않는 존재들, 한편으로는 어디선가 읽어본 듯한 존재들, 만나본 듯한 얼굴들, 비극적 삶을 사는 것처럼 보이는 비슷비슷한 존재들. 하녀 관련 자료들은 시공간적 차이가 무색하게 유사하다. 우리가 상상하는 하녀의 삶과 다르지 않은 삶이 시간적, 공간적 차이 없이 반복된다. 케네디 대통령이 저격되고 히피문화가 유행했으며 인권 해방 운동이 활발했으나 인종차별이 극심했던 미국 1960년대 초반을 배경으로 한 영화 〈헬프〉(2011)에서 말하는 흑인 여성 하녀의 삶이 한국의 근대 초기 하녀의 삶과 그리 다르지 않다는 사실을 확인하면서 놀라는 동시에 놀랄 일도 아니라는 생각이 든다. 가난한 어린 소녀의 삶이 대개 그러하듯, 가난한 흑인 가정에서 태어난 〈헬프〉의 어린 소녀 역시 할머니에서 어머니로 이르는 하녀의 삶을 대를 이어 반복한다. 그녀 역시 근대 초기 한국에서와 마찬가지로 자신의 아이를 다른 사람에게 맡기고 주인집에서 요리를 하고 청소를 하고 아이를 돌보며 살았다.

> 식모나 심부름꾼 아이들에게 있어서는 일어나는 시간은 정해져 있어도 자는 시간을 가르쳐줄 수 있는 시곗바늘은 아직 만들어져 있지 않다는 것이다. 그들은 시계보다 짐작으로 어둑어둑해서 깨면 자는 시간까지 장때기 걸음으로 돌아간다. 그들의 휴식은 일 없는 때다. 그들은 오밤중이라도 할 일을 다해야 자는 시간이다. 밥반찬, 빨래, 다듬이질, 다림질, 바느질, 물 긷기, 장작 패기, 장 봐오기, 방 치우기, 요강 부시기, 타구 버리기, 함실에 불 때기, 아궁이 파내기, 양칫물 떠 바치기, 세숫물 버리기, 이 방에서 불러도 "네" 저 방에서 불러도 "네 네" 대답은 줄창 대놓고 해야 한다. 손님이나 다녀가는 날 밤이면 새벽닭이 울 때까지 추운 부엌에서 덜거덩거리며 있다. 그래도 그들은 어느 날이나 마찬가지로 어둑어둑해서 일어나야 한다. 아침 시간이 늦는 날이면 온통 이 방 저 방에서 추상 같은 호령 소리가 터져나오는 것이다. 그들은 때때로 음식보다 단잠이 더 그리워진다. 그러나 그들에게는 단잠에 만족할 만한 시간이 없다. 이 불쌍하고 가련한 사람들에게 단 하룻밤만이라도 단잠을 베풀어줄 자선가는 없는가? 나일론 꿈속에서 향락만 꿈꾸는

이 나라의 귀부인들은 식모들을 인간으로 대접할 마음은 없는가?[9]

일반적으로 가정부들이 받는 사회적 또는 가정적 대우는 어떤가. 흔히 식모, 식순이, 부엌데기, 밥하는 아이 등등으로 불리면서 꼭두새벽부터 밤늦게까지 혹사당하기 일쑤였다. 종일 부엌과 방안을 부산하게 왕래하다가, 잠시 텔레비전을 보거나 주간지를 들여다보면, '식모 주제에 건방지다'는 꾸중을 듣는 것이 또한 예사다. 혹 고향 친구나 먼 일가친척한테 전화라도 걸면 다른 집으로 나가려고 그러지나 않나 하고 주인으로부터 빨리 끊으라는 성화를 받는다. (……) 미성년자인 그들 가정부가 받는 월급은 부끄럽게도 5천원에서 1만여원 내외가 고작이었다. 한심하다기보다 분노해야 할 노동력의 착취며 수탈이다. (……) 예의 5천원 남짓 주는 월급마저 주인집에 적금 혹은 계의 이름으로 보관되어 있기 때문이다. 저금통장에 들어 있는 경우도 있다. 그러면 일반적으로 우리 사회에서의 가정부들이 왜 그처럼 처량한 대우를 받아야 하는가부터 생각해보자.
유휴노동력이 많기 때문에 고용주의 횡포가 심한 것이다. 구하기가 힘들다면, 주인이 식모를 대하는 태도가 달라질 것이다.
한집안 식구처럼 혹은 가족적으로 지내자는 것은 상투적인 환영사일 뿐이다. 주인집 아이들은 "언니" 혹은 "누나"라고 불러주기도 하지만, 그러나 어디까지나 주인 입장이다. 꼬마들의 부당한(?) 명령에도 무조건 복종해야 한다. (……) 요컨대 가정부의 인권이 날로 신장되기는커녕 추락하고 있는 것이다.

> 그것은 가정부 자신이 무식하고 나약하기 때문이기도 하지만, 보다 큰 원인은 그들의 사회적 신분이 보장되지 않은 데 있다.[10]

하녀에 대한 적지 않은 기록들을 살피다보면, 하녀의 삶이 유사한 것인지 아니면 그 삶을 다룬 기록이 유사한 것인지 생각해 보게 된다. 시대를 관통하고 국경이나 인종을 넘나들며 반복되는 빈곤한 여성의 참혹한 삶과 함께 재현되는 기록의 유사성에 생각이 머물게 된다. 유사성이 두드러진 특징인 이 아카이브에 감춰진 의미는 무엇인가. 여기에는 어떤 비평적 해석의 지점이 숨겨져 있는가. 천편일률적인 포착 외에 무엇이 포착될 수 있으며 무엇이 포착되어야 하는 것일까. 클리셰처럼 등장하는 자료의 아카이브 갈피에서 우리는 무엇을 읽어야 할까.

어쩌면 아카이브를 대하는 어떤 '태도들'의 결과로서 '무엇'이 가시화될지 모른다. 여기서는 그 정도의 가능성만이 열려 있음을 인정해야 한다. 말할 수 있는 것은 '무엇'이 아니라 고작해야 '어떻게' 정도이다. 그렇다면 다다를지 알 수 없는 '무엇'을 위해 '어떻게' 해야 하는가. 답을 찾을 수 없는 질문들을 반복하면서 스스로에게 답하는 방식의 다음과 같은 다짐의 형태로나 말해볼 수 있을 것이다. '잘' 들리고 '잘' 보이게 하려는 "착한" 재현의 의지가 아닌, 이미 가시성의 영역에서 멀어져버린 존재들의 삶을 그 자체로 긍정하고 존중하는 태도로서 재현의 방법론을 부단히 가다듬는 일이 필요할 것이다. '역사적 복권'과 '가시성'이라는 일견 당연해 보이는 목적과 거리를 둔 자리에서, 어째서 그 목적이 당연한지를 묻고 또 묻는 일을 지속해야 할 것이다. 그렇게 해야 규범적 재현은 거부하지만, 그럼에도 재현 자체를 포기할 수는 없다는 사실을 의지적으로 표명할 수 있는 것이다.[11] '하위주체'는 획일적이지도 고정적이지도 않다는 전제에 입각해서 이른바 '하위주체-화'의 구성적 메커니즘을 추적하는 과정으로 도해하면서, 이를 통해 하위주체를 둘러싼 구조적 억압을 거시적으로 통찰하는 시선의 확보 쪽으로 하녀에 대한 관심을 진전시켜야 한다.

그렇기에 다시 자문하게 된다. 하녀 아카이브 읽기란 어떻게 가능하며, 그 진실성에는 어떻게 가닿을 수 있을까. "폭력의 문법을 답습하지 않으면서 어떻게 피지배의 현장을 재조명할 수 있을까." 흑인 여성 노예의 재현 가능성을 살피는 사디야 하트만이 언급했듯, 우리는 하녀가 권력과 만난 기록을, 좀더 구체적으로는 범죄의 형태로 가시화된 자리를 통해서만 하녀를 이해할 수 있다. 이런 의미에서 하트만은 말하지 않은 것을 말하고, 잘못 해석된 단어를 번역하고, 왜곡된 삶을 재구성하며, 담론의 숫자, 암호, 파편을 생산한 폭력을 바로잡으면서 포로와 노예의 전기에 다가가고자 한다는 불가능한 목표를 선언한다. 어떻게 내러티브를 통해 삶의 언어를 구현하면서도 우리가 알 수 없는 것을 존중할 수 있는지, 불가능한 시도임을 인정한 채로 그러한 일이 가능한지와 그 의미를 묻는다.[12] 하트만도 언급하듯이 이러한 의미에서 미셸 드 세르토는 글쓰기로서의 역사학으로 폭력의 폭로를 반복하는 데서 그치지 않고 어떻게 하녀에 대해 말할 수 있는가에 대한 통찰을 제시해준다. 세르토에게 쓰기는 과거의 타자가 남긴 흔적으로 개별적으로 혹은 집단적으로 텍스트에서 조립, 제작하여 새로운 타자성의 공간을 생산하는 작업이다. 이런 점에서 쓰기 작업의 주체는 '과거의 타자성에 해석의 타자성을 결합하는' 존재가 된다.[13] 말하자면 그간의 역사에 대한 메타적 역사 다시 쓰기 작업을 통해 새로운 타자성의 공간을 마련할 수 있는 것이다.

노동의 성별 재배치와 그림자노동 재발견

그렇다면 메타적 역사 쓰기는 어떻게 가능한가. 질문을 좀더 세분하고 구체화해보자. 계급의 문제로 환원되지 않는 여성노동에 대해서는 무엇을, 어떻게 말할 수 있는가. 대개 여성이 규칙적으로 수행하는 각종 무급노동은 산업사회에서 필수 요소이자 경제적, 사회적 재생산을 위한 중요한 요소임에도 저임금노동이나 실업만큼 중요하게 다루어지지 않는다. 경제적 생산과 사회적 재생산의 "분리 겸 의존 겸 부정separation-cum-dependence-cum-disavowal"[14]의 관계가 자본주의의 성격에 따라 상이한 규범질서를 마련하는 현상에 대한 전방위적 논의도 최근에야 비로소 본격화되었다.

1970년대 서구에서 행해진 사회적 재생산과 가사노동을 둘러싼 논쟁이 보여주었듯, 협의의 '가사노동' 범주 안에서 임금노동의 필수적인 보완물인 무급노동의 의미를 파악하기란 어렵다. 사회학자 이반 일리치는 임금노동에 해당하지 않는, 가정생활이라는 이름으로 행해지는 수많은 활동을 그림자노동이라 지칭하는데 이 또한 경제적 사회적 재생산과의 관련 속에서 논의하기가 쉽지 않다. 그림자노동은 대개 가사노동과 돌봄노동을 가리키지만 그 이상의 의미를 포함하는 임금노동 이외의 활동 즉, 산업경제에는 기여하지만 임금노동으로는 환산되지 않는 활동을 환기한다.[15] 하녀의 일인 그림자노동에 주목하여, 직업여성이라는 범주에서 여성과 노동의 함의가 어떻게 논의되었는지 검토하고 나아가 가사와 돌봄 활동이 임금으로 환산되고 노동과 직업으로 인식된다는 것의 복합적 의미 즉 그 젠더적, 계층적 분할의 의미를 고찰해볼 필요가 있다.

'남의집살이' 여성으로 대표되는 하녀에 대한 논의는 남성, 노동, 근대 중심의 역사나 담론 자체에 대한 전면적 고찰을 요청한다. '가시화된, 기록된, 발화된' 역사에 대한 프레임을 전환하는 독해가 없다면 여성노동에 대한 논의는 충분하고도 온전하게 이루어지기 어렵다.[16] 이 문제에 대해서는 본격적인 논의에 앞서 짚어야 할 난점이 없지 않다. 산업자본주의의 초창기인 1920~1930년대에 등장한 남의집살이 여성의 위상과 그 노동이 의미화되는 과정을 짚어보는 작업은 자칫 자본화과정을 '다시-쓰는' 작업으로 귀결할 수 있기에 이 점을 상시적으로 경계해야만 한다. 여성의 무급노동의 가치는 여성노동의 유급화를 통해서 복원된다고 말하나 이는 오해다.

우선 노동을 둘러싼 무급/유급이라는 구분이 갖는 위계적 성격이 그간의 여성노동과 그 가치에 관한 논의에서 간과되어 있다. 하지만 남의집살이 여성에게도 노동과 임금의 교환체계가 전제되며 이때의 노동이란 가정 바깥의 일이라는 논리가 선재한다. 임금노동이라는 개념이 성립된 이후 그 하위 개념으로 무급노동이 생겨났는데 여기에는 노동이 (가정 바깥이라는) 특정한 공간성과의 관련 속에서 비/가치화된다는 사실이 은폐되어 있다. 임금노동이 가정 바깥의 일을 지칭하는, 노동에 대한 성별 분할적 인식틀이 일단 성립되면, 가정 내에서 일의 무급성은 그 자체로 자연화된 인식이 된다. 가사와 돌봄 행위 같은 여성의 일은 '무급/유급'이 아니라 '비-노동/노동'이라는 분할적 인식틀 위에서 논의된다는 점을 프레임 전환적 독해를 통해 파악할 필요가 있다.

이러한 프레임 전환적 독해를 생략한 채 무급노동의 가치를 복원하는 작업을 진행하다보면 자칫 임금노동을 이상화하는 결과로 이어질 수 있다.[17] 대개 여성에 의해 이루어지는 무급노동을 지칭하는 용어로 '그림자노동'을 쓰려는 이유도 그러한 위험을 경계해서이다. 그림자노동은 임금으로 환산되지 않는 노동이라는 의미보다는 가정을 중심으로 이뤄진 무급노동이 없다면 산업사회에서 임금노동 개념이 성립할 수 없음을 가시화하는 용어에 가깝다. 무급의 그림자노동이 임금노동과 '함께' 등장했으며 임금노동의 전제조건임을 강조하고자 하는 것이다.[18]

임금노동으로서 여성노동이 발견되는 과정과 그림자노동이 등장하는 과정은 '동시적' 현상임에도 서로 다른 의미망 속에서 이해되어야 한다. 남의집살이 여성이 등장하던 시기에 대한 정치적, 경제적, 사회적 문맥을 환기해야 하며, 공/사 영역의 구축이 이루어지던 이 시기에 여성의 노동이 발견되고 있었음을 고려해야 한다. 하녀, 식모, 행랑어멈, 안잠자기, (조선)어멈, 할멈, 침모, 유모 등으로 불린 남의집살이 여성의 노동이 국가, 자본, 계급이라는 근대적 민족/국가 형성을 위한 지표로는 포착되지 않던 영역의 발견이라는 의미를 내포하는 사정도 고려해야 한다.

남의집살이 여성이 등장하고 여성노동이 임금화되는 과정이 갖는 의미를 짚어보는 작업은 1920~1930년대에 '가시화되는 동시에 비가시화되는' 그림자노동의 복원을 넘는 시야를 요청한다. 사회적 재생산이라는 범주가 자본축적의 논리나 과정과 일으키는 갈등을 전체적으로 포착하기 위해서는 가사노동에 대한 복원 이상의 작업이 요청된다. 가사노동이 온전히 인정받고 적절히 보상받고 평등하게 분배된다고 해서 가정을 기반한 재생산 모델이라는 현재의 문제가 곧바로 해소되지는 않는다. 사회적 재생산의 구조화에 대한 변혁적 발상이 요청되는 것이다.[19]

근대 이후의 여공 논의,[20] 식모나 하녀로도 불리는 가사사용인에 대한 논의[21] 등 여성노동에 대한 축적된 연구를 토대로, 여성노동의 가치가 구축되고 비가시화되는 과정 즉 여성을 둘러싼 자본, 젠더, 계급의 위계화가 자본과 노동의 성별 재배치 메커니즘으로 작용하는 과정 자체에 좀더 집중해봄으로써, 노동과 비-노동의 차이 그리고 분할을 만들어내는 작동 자체에 대한 질문을 던지고자 한다. 비/가시화되어 무급인(혹은 무급으로 비/가시화되는) 그림자노동의 등장을 둘러싸고 여성/노동에 대한 자본의 젠더적 배치가 직조되는 면모를 거시적으로 조망해봄으로써, 자본에 의한 근대적 세계 재편이 어떻게 신분제적 차별화를 젠더적이고 계급적인 차별화로 대치하며 그 위계를 고착시키는지를 확인할 수 있을 것이다.

따지자면 하녀에 대한 논의는 그보다 더 근본적인 물음을 이끌고 있다. 기계화될 수 없으며 실질적인 육체활동 외에 다른 것으로 손쉽게 대체될 수도 없는 영역을 노동이라는 이름으로 떠맡는 존재가 바로 하녀이며, 하녀의 존재 이유가 여기에 있다는 사실은 지금까지의 우리 삶에 대한 근원적인 인식 전환을 요청한다. 신분제에 예속된 이들에게 강제로 부과된 노동으로, 가부장제에 예속된 이들에게 자발적으로 내면화된 사랑(이라는 이름의 노동)으로, 자본에 의해 임금으로 교환 가능한 노동으로 다뤄져왔지만, 인간의 삶이란 사실 이 대체 불가한 노동 없이는 존속될 수도 지속될 수도 없다. 이 사실은 근대와 탈근대 혹은 초근대 사회가 되어도 변할 수 없다. 하녀는 이 엄중한 사실을, 인간의 몸을 가진 존재로서 그 영역을 처리하고 감당하는 존재로서 입증한다. 이것은 한 사회, 공동체, 국가, 세계, 지구적 차원으로 시야를 확대해도 다르지 않게 적용된다.

2장
하녀는 누구인가

> 착하다구? 착하고, 미소 짓고, 친절하기야 쉽지. 하지만 그건 예쁘고 돈이 많을 때 얘기야. 하녀는 착할 수는 없어. 기껏해야 청소나 설거지나 하면서 으스대는 걸로 만족해야 돼.
>
> **장 주네, 『하녀들Les Bonnes』**

'하녀'는 누구인가. 봉건적 신분제가 해체된 근대 이후로도 '하녀'[1]는 가정과 사회를 유지하기 위해 없어서는 안 될 요소로 존재해왔다. 일원적 기준에 따라 직업을 세분하여 조사한 것은 1930년 '국세조사'가 처음이었다. 이때 농업, 수산업, 광업, 공업, 상업, 교통업, 공무자유업, 기타 유업자, 무업과 함께 가사사용인이 직업으로 분류되었다. 이전까지 '남의집살이' 하는 여성은 '하녀'로 분류되었다. 사실상 '하녀'와 '식모'는 가정 내 가사일과 각종 허드렛일을 한 여종에서 기원한 여성들을 지칭하는 이름이었다. 물론 신분제 해체 이후 '하녀'가 여자종女婢 신분을 유지한 것은 아니다. 1910년대 말이 되면 하인(하남, 하녀) 대신 행랑살이를 두는 방식을 취했고 주인집에서 책임지는 행랑살이도 계약관계로 전환되어갔다.[2] 하인을 두는 일은 양반가 가계에도 점차 부담이 되고 있었다. 이러한 사정으로 주인이 행랑 한 칸을 내주기만 해도 추가 비용 없이 하인을 부릴 수 있는 행랑살이를 선호하는 집이 늘었다. 서울로 진입한 지방 출신 노동자들에게도 나쁘지 않은 조건이었다. 여성의 노동력만 제공하면 서울에서 주택 문제까지 해결할 수 있었기 때문이다.[3] 주인집에서 나고 자라 대대손손 그 집에 소속된 노비와 달리 '하녀'는 신분적 주종관계가 아니라 근대적 계약관계에 근거한 존재였다.

근대적 계약관계에 근거해서 '하녀'가 하나의 직업으로 인정받은 것은, 조선에 살던 일본인 가정에서 '하녀' 사용이 증가하면서부터이다. 러일전쟁 이후로 경성에 거주하는 일본인이 증가하면서 하녀가 되기 위해 일본에서 조선(경성)으로 들어오는 여성들이 늘었다. 가정에서 가사 일을 전담하는 일본의 '하녀'인 '조추女中'는 애초에는 에도시대 궁중이나 쇼군가 등 무사 저택에서 접객이나 취사를 담당하는 이였다. 담당하는 일에 따라 접객이나 고용자의 신변을 돌보는 여성(가미조추), 취사 담당(나가조추), 청소 담당(시모조추) 등으로 나뉘는데 메이지시대 이후로는 중류층에서 고용되는 경우가 많아졌다.[4] 일본에서는 주로 하위계층

자녀가 조추로 많이 고용됐는데 이들의 유입으로 경성에서의 하녀는 신분제의 위상에서 벗어난 다른 계보를 형성하게 되었다.[5]

한 가정의 가사를 전담하는 일이 보다 본격적으로 근대사회의 직업으로 분류된 것은 1920년대 전후의 일이다. 1920년대 접어들면서 경성을 비롯한 주요 도시들을 중심으로 상업화와 도시화가 가속화된 한편, '산미증산계획'으로 대표되는 제국의 식민지 수탈정책 때문에 농촌사회가 빠르게 붕괴되었다. 1930년대에는 준전시체제하의 공업화정책 추진기를 거쳐 공업의 비중이 확대되는 형태로 농업 중심의 경제구조가 전면적으로 재편성되었는데, 이러한 공업화의 기조하에 농공병진정책이 추진되면서 농촌경제는 점점 더 피폐해졌다.[6] 농촌사회가 붕괴되고 농촌 유민이 도시 빈민으로 유입[7]되며 근대화와 식민화가 가속화된다. 그리고 이 과정에서 직업여성의 증가를 둘러싼 몇 가지 특징이 생겨났다.

여성 취업이 전반적으로 증가했으나 학력을 갖춘 엘리트 여성의 전문직 취업은 극소수에 불과했다. 당시 통계 자료를 보면 1930년대 말 여성 취업인구 2만 7356명 중 19.4퍼센트가 취업했다. 그중 교원 166명, 간호원 162명, 요리사 152명, 사무직과 기자 50명 내외로 전문직 여성은 드물었다.[8] 반면, 서비스 직종에 취업하는 여성은 증가했다. '신여성'과 '여공' 틈새에서 데파트걸, 티켓걸, 엘리베타걸 같은 판매 서비스직, 할로걸이나 버스걸 같은 교통 통신 분야, 가사 서비스나 예기, 기생, 카페걸 같은 접객 서비스직 등에 종사하는 여성이 많아졌다. 이러한 분위기 속에서 생계를 위협받던 농촌 여성들이 일자리를 찾아 대거 도시로 밀려들었고 '잡동사니 노동'을 떠맡는 '하녀'의 수가 증가하게 되었다.[9]

신분제와 계약제 '사이'

근대 이후 여성들은 근대적 계약제에 의거한 임금노동시장에 편입되었다. 당시 노동 운동을 논의하던 한 필자는 다음과 같이 말한 바 있다. "자본주의 제도 밑에서 여자는 남자와 같이 공장에 가지 않으면 그날 밥을 먹지 못하게 되었으며 남자와 같이 가두(거리)에서 혹은 바다에서 혹은 산이나 들에서 노동하지 않고는 자기의 입에 풀칠을 할 수 없게 되었다."[10] 하지만 노동이 여성을 신분제로부터 완전히 해방시켜준 것은 아니다. 오히려 '하녀'는 '신분제와 계약제' 사이에 낀 애매한 사회적 위상을 갖는 존재였다.

배운 것도 기술도 없는 어린 여성이 생계를 위해 선택할 만한 직업군은 (오늘날에도 크게 다르지 않지만) 근대 초기에 그리 많지 않았다. 엘리트인 전문직 여성과 달리 배운 것 없는 하층 여성의 일상에 여성 해방이 미친 영향은 미미했다. 이들은 다른 가정의 가사노동을 떠맡거나 자신의 가정에 무임금으로 가사노동을 제공해야 했다. 한 가정에서 '잡동사니 노동'을 떠맡은 여성들은 대개 '행랑살이 부모의 딸이거나 시골에서 소작인으로 농사를 짓다가 땅을 잃고 남편을 막벌이꾼으로, 아이들을 남의 집 심부름꾼으로 보내면서, 남의집살이를 온'[11] 이들이었다. 행랑아범과 행랑어멈의 자녀들, 고향을 떠나 도시의 빈민으로 진입한 여성에게는 '하녀'의 삶 외에 다른 선택지가 그리 많지 않았다. 조선총독부에서 1930년 진행한 '국세조사'에 따르면 116만 명에 이르는 도시노동자 중 대부분이 '잡직노동자'(날품팔이, 가내수공업자, 공장과 광산 노동자)였다. 전체 노동자의 40퍼센트에 달하는 날품팔이 다음으로 큰 집단은 27.6퍼센트(31만 9천 명)를 차지하는 도시 가정의 '가사사용인'이었다.[12]

조선의 인사상담소가 게시한 일본인과 조선인을 대상으로 한 구인자와 구직자 편차를 보면 차이가 확연하다.

조선인은 점원이 최다

일본인 편으로는 집안 고용이 많다. 현재 조선 사람이 얼마나 밥에 주리고 일자리 얻기에 괴로워하는지는 지난 3월 중 경성부 인사상담소에 나타난 전례를 들어 한번 소개한 바이거니와 이제 다시 지난 1월부터 3월까지 전후 석 달 동안의 형편을 들어 그들이 요구하는 직업 방면까지를 살펴보면

◇ 일본 사람은 구인 수 674명에 대하여 구직자는 587명으로 직업을 구하는 자가 도리어 뱃심을 부리는 모양이나

◇ 조선 사람은 구인 수가 단 482명에 대하여 구직자가 1580여 명으로 상당한 기능과 실력을 가진 자라도 일자리 하나 얻기가 별 따기보

다도 어려운 처지에 있는데 이들이 희망하는 직업 방면을 보면

◇ 일본 사람으로 사람을 구하는 편은 하녀나 보통 심부름꾼 등 옥내사용인 236명이 제일 많고 상점 점원 178명이 둘째, 공업 방면의 28명이 셋째인데, 직업을 구하는 편은 상점 점원 166명이 첫째, 옥내사용인 120명이 둘째, 공업 방면 44명이 셋째이며

◇ 조선 사람으로 사람을 구하는 편은 상점 점원이 115명이 첫째, 유모, 안잠자기, 행랑살이 등 옥내사용인 101명이 둘째, 공업 방면의 40명이 셋째인데 직업을 구하는 편은 상점 점원 639명이 첫째, 옥내사용인 355명이 둘째 공업 방면의 212 명이 셋째로 일본 사람은 옥내사용인을 많이 구하고 조선 사람은 상점 점원을 많이 구하는 형편이라고.[13]

<표> 경성부 인사상담소 통계 (단위: 명)

<table>
<tr><th></th><th colspan="2">일본인</th><th colspan="2">조선인</th></tr>
<tr><td>구인 수</td><td colspan="2">674</td><td colspan="2">482</td></tr>
<tr><td></td><td>옥내사용인
(하녀, 심부름꾼)</td><td>236</td><td>상점 점원</td><td>115</td></tr>
<tr><td></td><td>상점 점원</td><td>178</td><td>옥내사용인(유모,
안잠자기,행랑살이 등)</td><td>101</td></tr>
<tr><td></td><td>공업 방면</td><td>28</td><td>공업 방면</td><td>40</td></tr>
<tr><td>구직자</td><td colspan="2">587</td><td colspan="2">1580</td></tr>
<tr><td></td><td>상점 점원</td><td>166</td><td>상점 점원</td><td>639</td></tr>
<tr><td></td><td>옥내사용인</td><td>120</td><td>옥내사용인</td><td>355</td></tr>
<tr><td></td><td>공업 방면</td><td>44</td><td>공업 방면</td><td>210</td></tr>
</table>

이를 표로 정리해보면 한눈에 파악할 수 있듯, 일본인과 조선인, 사람을 구하는 쪽이든 직업을 구하는 쪽이든 이른바 '옥내사용인'으로 범주화된 하녀는 대표적인 고용직으로 이해되었다.

농촌사회의 붕괴와 그에 따른 심각한 생활난과 무관하지 않은 빈민여성의 '하녀'화는 1920년대 후반부터 가속화되었다. 1929년 세계대공황의 여파도 적지 않았는데, 흉년으로 농가에서 수확을 얻지 못하게 되자, 극심한 가난에 시달리다못해 제 발로 감옥에 가려고 소소한 도둑질을 행한 사람도 있었다.[14] 흉년으로 농가의 삶이 상상할 수 없을 만큼 황폐해졌으나, 만성 부채와 기근 때문에 심지어 1930년대에는 대풍작이었음에도 빈곤이 심화되는 현상까지 일어났다.[15] 국경을 넘어 조선으로 들어와 일본인 가정에 '하녀'로 지원한 이들이 대개 구마모토, 나가사키, 히로시마, 오카야마 등 생계를 유지하기 어려운 지역 출신이었다는 사실에서도 충분히 유추할 수 있듯,[16] 농촌 여성이 가족을 위해 도시로 일자리를 찾아나가는 현상은 국경과 인종을 초월해 더욱 빈번해지고 일상화될 수밖에 없었다.

실제로 1930년 말 경성부 내에서 주인 세대와 함께 사는 '하인/하녀(가사사용인)'는 1만 2094명으로 전체 취업자 중 8.6퍼센트였다. 이는 단일 직업으로는 가장 큰 비율이었다.[17] '남의집살이' 하는 여성들은 집안의 온갖 허드렛일을 하는 '하녀'나 '식모'로, 일본인 하녀는 '조추'로, 일본인 가정의 식모는 '오모니'[18]로, 조선인 가정의 식모는 '어멈'으로 불렸다.[19] '어멈' '할멈'으로도 불린 남의집살이 여성은 맡은 일에 따라 그 차이와 위계가 논의되기도 했다. 위계를 따지면 유모, 침모, 식모, 막심부름 하는 아이 순이라 '밥 짓고 빨래하고 걸레 치는' 식모는 대개 '하게'체로 하대했으며 통칭 '안잠자기'나 '드난살이'로 불린 '유모와 침모'보다도 낮게 취급했다.[20]

그러나 엄밀히 보면 '하녀'끼리는 그리 차이나지 않았다. '이름이 안잠자기인 거지 가정부'[21]인 경우가 태반이었다. '하녀'에 관한 기사들을 통해 이들의 사회적 지위나 대우가 명칭에 따라 큰 차이가 없었음을 어렵지 않게 확인할 수 있다. 가령, 기사의 표제에서는 '안잠자기'로 나오나 구체적 내용 서술에서는 '하녀'가,[22] 제목에서는 '하녀'이나 내용 서술에서는 '행랑아범과 어멈'이,[23] 제목에서는 '안잠자기'이지만 내용에서는 '식모'와 '침모'[24]가 함께 쓰이는 등 명칭이 혼용되는 사례도 빈번했다. 외부에서 기술하는 이의 시선에 따라 다양하게 호명된 '하녀'. 그 명칭 사이에는 함의 차이가 존재한다 해도 크지 않았다. '하녀'끼리 위계가 차이난대도 남의집살이에 대한 사회적 인식 면에서는 대동소이한 셈이다.

3장

가사노동에서 감정노동까지, 하녀의 일

"어멈노릇이란 말할 수 없이 고되답니다"

직업 측면에서 보아도, 하녀의 위상은 애매했다. '하녀'가 하나의 직업군으로 분류되었음에도 행랑에 머무르면서 집안일을 돕던 행랑어멈도 여전히 사라지지 않았다. 1928년도의 한 기사에서는 여성의 대표적인 직업으로 '행랑어멈'과 '어멈'을 거론하기도 했다. 기사에 따르면 '한 집안의 살림살이의 모든 것을 명령하는 대로 하면서 얻어먹는 일'이 '어멈'이 하는 일이었다. 직업으로 분류는 되나 '행랑어멈'이나 '어멈'은 사실상 근대 이전의 종과 별다르지 않은 존재였고, 일상생활이나 처우 면에서 근대 이전의 여종보다 못한 경우가 많았다.[1] '하녀'는 '신분제와 계약제' 사이에 끼인 존재였던 것이다. 이런 사정을 고려해보면 어떤 의미에서 하층 빈민여성이 근대적 자본주의 체제로 편입되었다고 해서 여성노동의 유형이 전면적으로 변화했다는 건 아니라고 봐야 한다. 아마도 이는 근대 이후로 여성의 직업이 성에 따라 분절되었고, 이에 따라 여성의 노동이 저숙련/저임금이라는 지점과 결합해왔다는 사실과 무관하지 않을 것이다.[2]

> 어멈노릇이란 말할 수 없이 고되답니다. 하루종일 한번 앉아보지도 못하는 것이 보통인데 게다가 산더미 같은 빨래나 종일하고 나면 전신만신은 맥이 풀려 송장같이 되고 만답니다. 그러고 나서 새벽에 또 일찍이 일어나야 하는 것이니 세상에 이보다 더 된 일이 어디 있겠느냐고 합니다. 더구나 겨울이면 종일 얼음 속에 손을 넣지 아니하면 아니되니 잘 못 먹고 잘 못 입은 위에 그와 같이 종일 밖에서 서 있으니 전신이 얼어빠진답니다.
> 그런데다가 그 보수라고는 불과 3원 혹은 4원인데 그야말로 인심 좋은 집을 만나야 5원가량밖에 안된답니다. 얻어먹는다는 것이 보수 중에 일부분이지마는 먹는 것이라고는 대개 주인이나 손님이 먹다가 남은 것 그중에도 좀 웬만한 것은 다 치워버리고 거진 개돼지 밥에 들어갈 만한 것들이나 어멈들 차지가 되고 만답니다. 처음에는 어떤 고생이라도 참고 돈이나 모아가지고 다시 정든 고향으로 가서 잘 살아보리라 하였더니 사실상 7년을 지내고 보니 손에 처진 것은 쓰린 눈물밖에는 모인 것이라고는 아무것도 없답니다.[3]

하루종일 한번 앉아보지도 못하고, 산더미 같은 빨래를 온종일 해야 하며, 새벽에 또 일찍이 일어나야 하며, 좀 나은 처지라 해도 바느질, 밥 짓기, 어린애 보기, 물건 사는 심부름하기, 주인마마 대신 글쓰기, 유치원 다니기[4]로 잠시도 쉴 틈이 없는 신세. '남의집살이'의 고충이 신산하기 그지없었다. 그중에서도 심각한 고충은 '고용의 불안정성'이었다. 쌍방 간 계약에 근거한 관계라고는 하지만, 실질적으로는 '주인 마음에 들지 않으면'이라는 조건이라 '하녀'는 아무때나 내쫓길 수 있는 존재였다. 한 달에도 몇 번씩 그들은 다른 가정집을 찾아 헤맸는데, '주인의 마음에 안 들어도, 주인의 어린아이들 마음에 안 들어도, 일하다가 조그만 실수를 해도 쫓겨나야' 했다.[5] 비녀를 잃어버린 주인이 훔친 물건을 내놓으라며 하녀를 사나흘 동안 때리고 결박해 바늘로 찌르는 등 끔찍한 일을 저지르는 경우도 빈번했다.[6]

남의집살이의 일상이 어떠했는가는 대체로 천대와 멸시의 삶으로 기록된다. 경향신문이 노동자, 여공, 농사꾼, 복덕방 주인, 386 학원장, 식모 등 여섯 개의 직업군을 통해 현대사 60년을 돌아본 '정부수립 60주년' 특집 기사에서 식모는 한국 현대사를 대표하는 직업군으로 다루어졌다.

> 하루 일과요? 참 비참하게 살았지. 그 집 아(애)들은 학교에 다니는데 나는 아 보고, 설거지하고. 나무 해오니라, 나물 뜯어오니라, 소 미기라(먹여라), 고치(고추) 따와라 오만 거 다 시키지요. 천지 안 해본 게 없

> 어요. 밤 되면 가마니도 짜고. 오강(요강) 비우는 기 제일 싫었제. 일이 힘들어가 보따리도 마이 쌌지요. 그때마다 다부(다시) 잡히 드가고. 그래도 그 집 가니 밥은 먹었어요.[7]

인터뷰에 의하면 1932년생으로 경북 성주에서 태어난 성송자씨(2008년 당시 대구 염매시장 상인, 76세)는 여섯 살에 남의집살이를 시작했는데, 당시 '남의 집에서 잡다한 집안일을 하는 식모는 천대와 멸시를 당연시하는 노예생활에 다름없었고, 월급은 터무니없이 적거나 없었다'. 앞서 황정은의 소설「무명」에서 확인할 수 있었듯, 배고픔을 못 이겨 누군가의 '수양딸'로 들어가기도 했는데, 당시 '수양딸'은 식모의 다른 이름이었고, 그 삶은 식모의 연장일 뿐이었다.[8] 그녀에게 주어진 일은 한 가정의 여성이 맡아야 했던 무임금 의무노동과 거의 같았다. 즉 "집안에서 가사에 대한 모든 일 즉 옷 짓고 밥하고 빨래하고 아이를 잉산孕産하고 양육養育하고 가정 안에 있어서의 모든 잡역을 날마다 새벽부터 깊은 밤까지 쉴새없이 분주하게 혼자 애쓰"[9]며 살았다.

한 가족 내에서 여성이 떠맡은 일을 두고, 어디까지가 노동이고 어디부터 노동이 아니라고 해야 할까. 이른바 공적 영역과 사적 영역의 구분이 뚜렷하지 않은 소규모 사업장과 마찬가지로, 가정 내에서의 노동은 계약에 의해 주고받는 업무로만 한정되지 않는다. 교환가치로 환산되지 않는 노동, 사적 관계를 토대로 한 '감정노동'이라 불러야 할 노동이 상당 부분을 차지한다. 당연하게도, '하녀'에게 요구된 노동에는 "주인에 대한 모든 예절과 주인을 속이지 않아야 된다는"[10] 직업윤리(/계급적 충성심)까지 포함되었다.

『감정노동』의 저자 앨리 러셀 혹실드는 신자유주의 이후 노동 전반에 자신의 개성을 개입시키거나 사교성을 활용하는 등, 감정적 노동을 직업적 구조에 종속시키는 직업군과 노동에 한정해서 '감정노동'이란 표현을 사용한다. 감정의 억압이나 규율 혹은 규제가 요청된다고 해도 그 대상이 하층계급이라면 감정노동은 아님을 분명히 한다.[11] 감정을 억압하는 하층계급의 면모를 모두 감정노동으로 규정할 수는 없다는 입장, 그리고 엄밀한 정의에 따라 용어를 사용하는 저자의 세심한 태도에 전적으로 동의하면서도 '감정노동'에 대해 보다 유의미하게 논의하려면 '감정노동'이라는 개념을 재규정하거나 역사적 계보화 작업을 진행해야 하지 않을까 싶기도 하다.

그리하여 이 책에서는 식민지 조선에서 하위주체의 감정규율과정이 당대 상황으로 볼 때 '감정노동'일 수 있음을 조심스럽게 살펴보고자 한다. 사실 젠더 차원에서 접근하자면 근현대를 막론하고 대개의 여성노동자들이 담당하는 '돌봄노동'과 그로부터 야기되는 '감정(자기)규율' 등을 감정노동의 범주에서 배제하기는 어려울 것이다. 실제로 상당수의 여성노동자가 하층계급과 겹치기도 한다. 이러한 복합적 상황을 염두에 두자면 '감정노동'과 '감정규율'의 근친적 성격을 간과할 수는 없다.

사실상 헐값, '하녀'의 값싼 노동

『삼천리』에 실린 김은희의 「무산부인 운동론無産婦人運動論」은 그간의 '부인 운동'이 부르주아 여성을 중심으로 이루어졌을 뿐 아니라 '무산부인'을 위한 운동에 끼친 해악이 적지 않았음을 비판적으로 검토한 글이다. 여기서 그는 옛날에 자기의 일신을 대대손손이 팔고 자기 자신의 목숨까지도 주인에게 맡기던 노예[종]가 해방되나 이를 대신해 현대가 낳은 임금노예 즉 노동자가 생겼음을 지적한다. 여기서 김은희가 "세상에 남아 있는 최후의 노예[종]" 즉 "무산부인"으로 지목한 존재가 바로 '하녀'였다.[12]

이러한 지적은 노동하는 하층 여성들의 위상 즉 계약에 의한 노동을 제공하면서도 여전히 전근대적 노예와 다르지 않은 처우를 날카롭게 포착한다. 계약노동자이자 신분제적 하녀로 대우받는 상황이 만들어내는 어긋남의 지점을 통해 '하녀'의 노동이 온전한 의미의 임금노동으로 인정받지 못하고 있음을 보여준다. 사실상 '하녀'의 노동에 대한 이러한 인식은 임금 통계를 통해서도 어렵지 않게 파악할 수 있다.

당시 '하녀'의 임금은 일정했으며, 1930년대 전반에 걸쳐 월급의 시세는 대개 무급에서 3~5원 정도였다. 경성부 직업소개소장에 따르면 일본인 가정에서 일하는 여성조차 1937년경에 월급이 4원을 넘지 않았다고 한다.[13] 1920~1930년대 1원은 오늘날 화폐 가치로 환산할 때 3~5만원 정도의 가치다. 생활을 유지하기

<표> 경성 지역, 1934~1942년 직업별 임금 통계 (단위: 원)

	1934	1935	1936	1937	1938	1939	1940	1941	1942
가정부/하녀(월급)	7.20	7.48	7.66	7.92	7.99	8.33	8.79	10.22	11.07
보통 인부(일급)	0.70	0.74	0.83	0.87	0.86	0.99	1.19	1.58	1.79
막노동꾼(일급)	1.10	1.09	1.10	1.18	1.18	1.24	1.45	2.0	2.0

(출처: 『조선총독부통계연보』 자료)

위한 최소 경비를 사용하는 항목이 다를 수밖에 없기에, 직접적인 비교는 위험하기도 하지만, 하녀의 임금은 당시 전문직 여성을 제외한 여성 최고의 직업, 가령 백화점 상품판매원이 받던 임금과는 대여섯 배 이상 차이가 났다.[14]

흥미롭게도 『조선총독부통계연보』에 나오는 직업별 임금 통계는 이와는 다른 기록을 보여준다. 표를 통해 확인할 수 있듯이, '하녀'의 월급은 7원에서 11원에 이른다. 통계상 숫자만 보자면 하녀는 인부나 막노동꾼에 비해 많은 임금을 받는 직업으로 보인다. 하지만 실제 지급된 임금과 통계가 보여주는 기록 사이에는 어떤 간극이 존재한다. '하녀'에게 제공된다고 가정된 '숙식비'로 추정해볼 수 있다.

1935년을 전후로 '식모폐지론'이 급속도로 힘을 얻었는데 이때 식모를 두지 말아야 하는 가장 중요한 근거로 비용 절감이라는 경제적 문제를 들곤 했다. 제때 꼬박꼬박 월급을 받는다 해도 '하녀'의 노동은 '값싼 노동'임에 분명했다.[15] 그 무렵에는 방 한 칸만 더 있으면 '하녀'를 둔다는 풍문이 나돌 정도로 '하녀'를 고용한 가정이 많았다.[16] 사실상 헐값으로 사람을 부릴 수 있었던 탓이 컸다. '식모난'이라며 신문이 떠들썩하기도 했지만 이 역시 '하녀'의 노동가치가 저평가된 사정과 무관하지 않다. 그런데도 '식모폐지론'을 주장하는 이들은 이러한 사정을 언급도 고려도 하지 않았다. 오히려 이들은 '숙식비' 관련 사항을 주목해 강조했다. 이들은 '하녀의 임금'을 ('하녀'에게 지급한 바 없음에도) 임금만이 아니라 '하녀'를 부릴 때 추가된 생활비까지 포함한 금액으로 상정했다. 식모폐지론자들은 월급을 제하고도 7~8원 이상 들어가게 마련인 하녀의 숙식비를 줄이면 보다 윤택한 가정생활을 누릴 수 있다고 주장했다.[17]

그렇기에 『조선총독부통계연보』에 실린 임금 통계는 '하녀'의 임금이 숙식비를 포함한 금액으로 추정해볼 수 있다. 그것이 '하녀'를 고용한 이들이 생각한 '하녀의 임금'과 관련한 당대의 상식이었을 수 있다. 직업소개소에서 '하녀'의 월급을 3~5원으로 정해두었다 해도, 실제로 고용인들은 '하녀'와의 관계를 임금을 주고받는 계약관계로 이해하지 않았음을 시사한다. 이에 따라 계약도 명목상 이뤄지는 경우가 많아지고, 실제 하녀의 처우도 여종보다 못한 상황에 놓인다. 고용인들이 수시로 일방적으로 계약을 파기했기 때문에 '하녀'가 노동에 대한 정당한 대가를 받기 쉽지 않았던 사정은 새삼 강조할 필요도 없을 것이다.

요컨대, 임금 통계 표를 통해 '하녀'를 둘러싼 사회 인식이 그들의 노동가치에 대한 평가에도 고스란히 스며 있었음을 이해할 수 있다. 위계화된 사회에서의 '하녀'의 위상, 그리고 '하녀'가 담당한 '노동'의 가치에 대한 사회적 인식은 이렇게 불확정적이고 애매한 것이었다. 신분제와 계약제 사이, 전근대와 근대 사이에서 끼인 존재였던 남의집살이 여성은 계약관계를 통해 임금을 받았지만 사회적 차원에서 생산활동을 하는 주체로서는 인식되지 않았다. 남의집살이 여성과 그 노동을 재발견해야 하는 이유가 여기에 있다. 남의집살이 여성은 근대화와 산업자본주의가 야기한 성별 분업에 입각한 (자연화된) 사회구조를 가시화하고 거기에 내장된 모순적 면모를 부각해주는 역설적인 존재였다.

4장

젠더화된 빈곤: 그녀들은 어떻게 하녀가 되었나

집 떠난 사람들

하녀의 등장과 규정의 변화를 역사적 맥락 속에서 검토하는 작업은 가능하며 필요하기도 하다. 하지만 어떤 의미에서 그 변화를 들여다보는 일은 불가능하며 불필요하기도 하다. 식민지 시기는 말할 것도 없고 해방 전후, 한국전쟁기, 1960~1970년대 한국사회에서도 특별한 소수를 제외한 거의 모든 여성이 잠정적으로 '하녀'였으며, '하녀'가 될 위험에 아니 그럴 가능성에 노출되어 있었기 때문이다. 하녀는 신분 해방이 이루어진 시대의 현대판 노예에 다름아니었다. '우리의 인권'을 다룬 한 기사를 빌리자면, "노예제도가 없다 해서 '노예'가 없는 것은 아니다. 어떠한 사람이 실질적으로 '노예'나 '종'의 상태에 놓여 있다면 그것은 어떻게 불리

우든 간에 그는 '노예'에 틀림없다". 여기서 기억해야 할 것은, 그들이 대개 '피할 수 없는 사회 환경' 때문에 '인간 이하의 생활'로 내몰렸다는 점이다.[1]

수많은 하녀가 한국문학에 등장하지만, 이들은 대개 집안의 가구처럼 사물로 취급되었다. 1922년 종합잡지 『개벽』 11월호(29호)에 실린 현진건의 소설 「피아노」는 보기만 해도 지긋지긋한 형식상의 아내가 죽자 중등교육을 마친 어여쁜 신부와 결혼한 유학생 출신 엘리트 남성이 '사랑'을 향락하기 위해 고향을 떠나 서울에서 '이상적 가정'인 '스위트 홈'을 꾸리는 과정을 다룬다. 자신들이 꿈꾸는 가정을 구성하기 위해 부부는 '트럼프, 손톱깎이'와 함께 '이상적 가정' 상에서 빠져서는 안 될 품목인 피아노를 장만한다. 칠 줄도 모르는 피아노를 갖추고서야 부부는 '이상적 가정'이 완성되었다고 여긴다. 신식 문물에 물든 부부의 근대적 허영을 폭로하는 이 소설 속에서 가사일과 허드렛일을 담당하는 여종과 침모는 마루에 놓인 탁자나 탁자 위 그릇과 마찬가지로 이 집을 근대적 의미의 가정에 부합한 공간으로 만들어주는 사물로서 배치된다.[2]

사물과 다름없는 존재로 다루어지는 경우가 아니라면 하녀는 예외 없이 극빈한 삶을 사는 하층민으로 다루어졌다. 행랑아범 가족의 참혹한 죽음을 다룬 전영택의 소설 「화수분」(1925)이 보여주듯, 단벌 홑옷과 냄비 하나가 살림의 전부인 행랑채 가족은 끼니조차 잇기 어려운 가난 속에서 두 아이 가운데 한 아이를 다른 집에 보내는 결정을 해야 하는 모습으로 다루어진다. 수양딸로 보내진 아이 입장에서 보자면 '남의집살이'는 이렇게 시작되는 일이었다. 먹고사는 일이 거의 불가능한 상황에서 목숨이나 부지하자고 가족 손에 '남의집살이'로 보내지는 것이다. 소설은 아이 하나를 수양딸로 보낸다고 가난이 해소되지 않음을 비극적으로 보여준다. 나아질 기미가 보이지 않는 탈향의 삶을 끝내고 이들 가족은 귀향을 결정하지만, 가난은 그들에게 귀향조차 허락하지 않는다. 그들은 고향에 채 닿기도 전에 길에서 동사하고 만다. 고향을 떠나 행랑살이하는 가족의 삶은 실상 자유계약은커녕 생계도 유지하기 어려운, 결과적으로 종살이에도 못 미치는 삶이자 죽음을 목전에 둔 삶이었다.

남편을 잃고 아이를 키워야 했던 여자들의 상황은 더 심각했다. 매매춘을 빼놓고 보면 그들이 할 수 있는 일은 대개 하녀의 일이었다. 아이를 돌보거나 심부름을 떠맡고 남편을 잃은 여성들은 안잠자기 노릇으로나 생계를 유지할 수 있었다(박태원, 「사흘 굶은 봄달」). 이러한 사정이야말로 김이설이 『아무도 말하지 않은 것들』(2010)이나 『환영』(2011) 등에서 참혹하게 그렸듯이, 21세기 이 땅에서도 그대로 반복되는 상황이다.

그녀들은 어떻게 하녀가 되었나

1927~1928년에 걸쳐 동아일보에 연재된 염상섭의 소설『사랑과 죄』의 주인공 '지순영'은 여성 독립 운동가 '한희'를 만나기 전에 진명여학교 보통과를 졸업하고 아버지 친구인 김의원(김장환)의 병원에서 간호부 견습생으로 일했다. 간호학교도 제대로 나오지 않은 채 견습생 노릇을 2~3년 동안 하려고 한다는 순영의 이야기를 듣고 한희는 "마치 갈보 같은 것이 몸을 팔아 집안을 구한다거나 부모의 병구완한다는 옛이야기와 같"[3]다고 생각한다. 그도 그럴 것이 아편중독인 남편의 병을 치료해보겠다며 김의원과 논의하던 순영의 어머니가 순영을 그 집에 애보기 식모로 들였기 때문이다.

> "그런 신효한 약이 있으면야 어떻게 한 대만이라도 못 놓아볼까요. 재 아버지도 병만 나으면야 어떻게든지 그 은혜는 갚아드릴게요."
> "글쎄 제기나 하면서 그런 말씀하시기까지 기다리겠습니까만은 이것만은 나도 외상으로 가져올 수도 없는 것이고 하니까 다만 약값만이도 어떻게 된다면……" 하며 머리를 기웃거리고 앉았다.
> "약값은 한 대에 얼만데요?"
> 순영이 모친은 갈급이 났었다. 약값만 해도 싸게 해서 15~6원 하리라 한다.
> "어떻게 병을 고쳐놓고 나서 이야기가 아닙니까. 제가 댁에 드난을 들

더라도 나중에 원이 없게 단 한 대만이라도 놓게 해보세요."

(……)

"글쎄 가만히 계세요. 되도록 해보지요."

의사는 분주한 듯이 이러한 대답을 하고 진찰실로 나가버렸다.

그때에 의사의 부인은 무릎에 안고 앉아서 재우던 젖먹이를 누이며 "마님 어디 열두서너 살 먹은 계집아이가 있거든 하나 얻어주세요. 이때까지 있던 것을 에미가 데려간 뒤로는 왠게 알맞은 게 있어야지요" 하고 부탁을 하였다.

(……)

"순영아 너 김의사 집에 가서 있어보련? 어린 것을 내놓을 수야 있(겠)니만은 마침 아이보기를 구한다기두 하구 너 아버지 병은 점점 저 모양이요 주사 한 대 놓을 수도 없고 하니 너 가서 있는 대신에 주사나 놓아달라고 하자꾸나? 가서 벡여 있겠니?"[4]

처음 이사를 왔을 때에 둘의 색시가 다 기생인 줄만 알았었는데 차차 알고 보니 한 색시는 아직 기생이 아니고 2~3년 전에 돈 200여원을 주고 수양딸로 데려다 기른다고 하는데 지금은 나이 열여덟 또 학교는 보통학교를 4년에 마치고 이곳에 팔려오기는 가세가 빈한한 데도 크나큰 원인이 있지만 더욱이 부친이 신병으로 몸져누운 관계로 더욱더욱 고난을 겪어오다 헐 수 할 수 없이 팔려왔다고 한다. 즉 한 몸을 희생하여 한 가정을 건지려는 아리따운 천사이었다.

그리고 10년이라는 장구한 세월을 200여원이라는 금액으로서 계약

> 을 하고 왔으며 앞으로 3~4개월만 있으면 완전한 한 사람의 기생으로 출세할 것이라 하며 지금이라도 5~600원만 있으면 이곳으로부터 벗어날 수 있다고 한다(5~600원은 그동안 양육비까지 겹쳐서이다).[5]

아편중독자인 아버지를 위해 애보기 식모로 팔려 가는 일은, 당시의 신문기사를 통해서도 알 수 있듯, 기생으로 팔려 가는 일만큼이나 흔한 일이었다. 부모를 위한 여아의 희생을 당연하게 여겼다면, 남편을 위한 아내의 희생 또한 당연시하던 시절이었다. 가난한 집에서 태어나 고생 끝에 별 볼 일 없는 남편을 만난 탓에 속을 끓이다가 자식과 굶어 죽을 수 없어 서울로 드난살이를 하러 떠난 이웃이 전한 소식만 믿고 무작정 도시로 올라오는 이들의 사연은 대개 비슷했다. 사람을 구한다는 집을 수소문 끝에 찾아간다 해도 그들에게 남의집살이나마 쉽사리 허락되는 것도 아니었다. 가령, 남편 없이 아이만 있는 여자는 "행랑 것으로는, 서방이 없는 것이 흠이었고, 안잠자기로는 또 어린 것이 둘씩이나 있는 것이 탈이었"[6]다. 구박을 일삼거나 폭력을 행사하는 남편을 떠나 홀로 아이를 키우고 싶어도, 남의집살이조차 그 난봉꾼 남편 없이는 할 수 없는 처지였다.

박태원의 소설 『천변풍경』(1938)에 등장하는 '귀돌 어멈'과 '만돌 어멈'을 통해 당시 넘쳐나던 행랑어멈이나 안잠자기의 사연을 들여다봐도 다르지 않다.

"참, 행랑 사람이 아직 안 들어와서, 그래, 저이가 빨래두 허구, 찬거리두 사러 가구…… 혼자서, 요샌 약올를걸?……"

그것은 어떻든, 약국집에서 사람 부리는 것이 그리 심악하다거나 박하다거나 한 것도 아닌 모양인데, 역시 사람 만나기란 그렇게도 어려운 것인지, 이번에 나간 하인도 1년이나 그밖에는 더 안 살았다.

"그저, 저 사람 하나지. 아주 죽을 때꺼정 그 집이서 살겠다구 헌다니까……"

시앗을 보고, 남편의 학대를 받고, 마침내는 단 하나 어린 자식마저 없애고, 이제는 이 세상에 믿고 살 모든 것을 잃은 귀돌 어멈이, 한약국집으로 안잠을 살러 들어온 것은, 지금으로부터 5년 전, 지금 유치원에 다니는 막내딸 기순이가 세상을 나오던 바로 그해 가을이다. 동리 아낙네들이, 모두 그를 무던한 여편네라 칭찬하고 있는 것을 잠깐 생각하여보며, 배다리 반찬 가게로 향하는 귀돌 어멈의, 왼편으로 약간 고개를 갸우뚱한 뒷모양을 바라보고 있으려니까, 웃고 재깔이며 17~8세씩 된 머리 땋아 늘인 색시가 세 명, 걸음을 맞추어 남쪽 천변을 걸어내려온다. 흡사 학생같이 차렸으나, 손에들 들고 있는 것은 벤또 싼 보자기로, 조금 전 다섯시에, 전매국 의주통 공장이 파한 것이다. 모두 묘령들이라 그리 밉게는 보이지 않아도, 특히 가운데 서서 그중 웃기 잘하는 색시가 가히 미인이라 할 인물로, 우선, 그러한 공장생활을 하는 여자답지 않게 혈색이 좋은 얼굴이 참말 탐스럽다. 교직 국사 저고리에, 지리멩 검정 치마를 입고 납작 구두를 신은 맵시도 썩 어울리는 그 처녀는, 수표다리께 사는 곰보 미장이의 누이로, 소년은, 그가 얼굴값을

> 하느라고 행실이 단정하지 못하다는 소문을 들어 알고 있다.[7]

> 익숙지 않은 일에 얽매여 고생하는 것은 그러나 오직 창수 혼자의 슬픔이 아니다. 파랑 칠한 중문 하나 격하여 약국 안채에서는, 행랑에 든지 사흘이 채 못 되는 만돌 어멈이, 새아씨가 건넌방 툇마루에 내어놓았던 연분홍 하부다이 치마를, 그저 제 짐작으로, 다른 무명 빨래와 함께 잿물에다 막 삶았대서, 새아씨는 물론, 안방마님의 퉁명스러운 꾸지람을 듣고, 또 뒤이어, "이 댁에서 죽을 때까지 살겠다"는 안잠자기 귀돌 어멈에게까지 핀잔을 맞아, 어리둥절한 채, 이제는 태워본대야 아무런 보람이 없는 애를, 혼자 부엌 속에서 태우고 있었다.[8]

그렇다고 남의집살이가 웬만하면 견딜 만한 그런 일은 아니었다. 다른 여자를 본 남편에게 학대당하고 자식까지 잃은 '귀돌 어멈'처럼 갈 곳 없는 존재인 경우에나 겨우 견딜 수 있는 일이었다. 더구나 농촌과 도시의 삶의 방식이 너무 달랐기 때문에, 그녀들의 남의집살이가 지속되기도 쉽지 않았다. 『천변풍경』 속 '만돌 어멈'이 보여주듯, "같은 조선 사람의 생활이면서도, 자기들이 이제껏 시골에서 경영하여오던 살림과는 전연히 달라서, 처음 서울 올라온 여인은, 오직 밥 짓는 것 한 가지밖에는, 대체 무엇을 어떻게 하여야 옳을 것인지, 밤낮 귀돌 어머니의 핀잔만 맞아, 한 가지의 실책이 있을 때마다, 혹시나 이러기 때문에 드난도 못 살고 쫓기어나는 것이나 아닐까, 그것이 마음"에 겁났고, "또 아직은 별

행패가 없으나, 제 버릇 개 줄 리 없이, 이제 당장이고 시골서 하던 그대로 술이나 처먹고, 애아범이 안팎을 소란하게나 만들면 어쩌는고"[9] 하는 걱정으로 늘 애가 탔다.

농촌경제가 피폐해져간 1930년에 이르러 경제 사정은 더욱 악화되었고, 본격적인 전시체제기에 돌입한 1940년대 전후 광범위한 징병과 징용이 이루어지는 과정에서 생계를 여성이 책임져야 하는 일은 한층 빈번해졌다. 하지만 빈곤 문제에 관한 한, 젠더 위계에 의거한 차별적 상황이 강조되어 논의되는 경우는 많지 않다. 오히려 논의는 재빠르게 여성의 빈곤과 섹슈얼리티의 상품화 간 상관성 문제로 이동해간다. 여성이 직업 전선에 뛰어들어 생계를 위한 노동을 수행하게 되는 사정에 계급 위계가 만들어내는 차별적 상황이 놓인다면, 보다 엄밀한 의미에서 직업여성의 추이를 둘러싼 변화에는 젠더 위계가 만들어내는 차별적 상황이 각인되어 있다. 식민지가 그러했듯, 전쟁 같은 시기야말로 여성이 전면적으로 생계를 책임져야 하는 피할 수 없는 재난의 시간이었다. 빈곤의 젠더 문제가 좀더 뚜렷한 양상으로 가시화되기 때문이다.

생계를 책임지는 여자들

해방과 전쟁을 겪으면서 생산을 위한 안정된 기반이 갖춰지지 않은 한국사회에서 실업률은 매우 높았다.

> 서울시 사□과 내에 있는 직업소개소에서 말한 바에 의하면 1월부터 4월 21일까지 298명의 구직자 중 97명이 직업 알선을 받았다고 한다. 동 구직자들은 무식 대중으로서 식모나 사환을 원하는 층에서부터 중학 졸업생 이상의 학력을 가진 전 국민학교 교사생활을 하던 자로 개인회사의 사무원을 원하는 사람까지 있어 또하나의 새로운 사회상을 보여주고 있다. 연령은 14세의 아동으로부터 50세의 노인층까지 있다 하는데 대부분 18세부터 35세의 구직자들이 상당수를 차지하고 있다 한다.
>
> 남자가 48명 여자 49명이 이미 1월부터 4월 21일까지 직업 알선이 되었는데 **남자 구직자 중에 제대 상이군인이 많고 여자 구직자 중에 전쟁 미망인이 상당수를 차지**하고 있다는 점도 주목되는 일이라 할 것이다. 이들이 구직하는 종별을 보면 남자들을 운전수, 점원, 사무원, 노무원, 외교관, 사환배달부 등이고 **여자들은 대부분 식모 간혹 유모, 간호부** 등이다. 그런데 하루 평균 10명씩의 구직자가 동 직업소개소에 찾아든다고 하는데 이들을 채용하겠다고 하는 구인 측은 1월부터 4월까지 불과 160개소에 불과하여 직업보도에 상당한 고심을 하는 것으로 보인다. 한편 양복기술자나 인쇄기술자는 반대로 구직자가 없어 구인 측에 응해주지 못하는 현상도 보이고 있다.[10](강조: 인용자)

이런 사정이고 보면, 백만 실업자 시대라는 말이 무색할 전쟁기 그리고 전후 재건의 시기에 전쟁 미망인과 고아인 여성이 생계를 위해 구할 수 있는 직업이 무엇이었는지를 상상하기는 어렵지 않다. “몽실아, 이담에 네가 어른이 되면 알 테지만, 여자라는 건 남편과 먹을 것이 있어야 살아갈 수 있단다.”[11] 남편이 순식간에 사라져버린 전쟁기 여성들의 삶을 다룬 소설 『몽실 언니』에서 먹고살기 위해 무능하고 가난한 남편을 떠나 재혼한 엄마가 몽실에게 나직한 목소리로 전한 말이다. 하층 여성 입장에서는 사회가 허락한 그들의 삶의 실제가 그러했다.

행상과 노점상은 말할 것도 없이, ‘몸 파는’ 일도 피하기 어려운 경우가 많았다.[12] 전쟁 이후 생산기관은 여전히 미비하게 갖춰진 채로 월남 피난민이 급증한 상황에서, 농사를 지을 수 없는 실농자가 속출하면서 한국사회에서 실업난은 심각한 사회 문제로 떠올랐다. 전국 실업자의 수는 최소 백만여 명에 달할 것으로 추정되었는데, 전국 열다섯 개 주요 도시에 설치된 기존의 시영市營 직업소개소마저 제 기능을 발휘하지 못할 정도로 마비상태였다. 1953년부터 점차 서울, 인천, 춘천, 충주, 대전, 전주, 광주, 부산, 대구 몇몇 곳에서 직업소개소가 운영을 개시했으나, 실제로는 사무실도 없거나 사실상 간판만 걸어둔 상황이었다. 실업자들은 그저 언제 시정될지 알 수 없는 정부의 제도적 시책 정비만을 기대해야 하는 형편이었다.

1953년 직업소개소에 반영된 세태의 일면을 보자면, “작년[1953년: 인용자] 4월부터 동 12월까지 9개월간에 직업을 알선한 실정을 보면 구인 1867명에 구직자는 3448명 중 1516명(남자 1104명 여자 412명)에 대한 취직을 알선하였”는데, “중고등학교를 졸업한 자가 대부분으로 상당한 직장을 요청하고 있으나 취업장이라고는 남자는 대부분이 노역장이고 여자는 식모 하녀들뿐" 이어서 "적합한 직장에 취업케 한 자는 겨우 몇십 명에 불과"했다.[13] 특히 당시 노인층으로 분류된 오십대의 구직이 현저했던 반면 식모난이 심각했다.[14] 비-성인과 노인층, 그들 가운데에서도 여성이 각종 허드렛일을 도맡으면서 생계를 유지할 수밖에 없는 상황이었다.

○ "순이야 물 길러왔니?" 수돗물이 안 나오는 통에 집집마다 식모니 하녀 아이들은 살을 에는 모진 바람이 휘몰아치는 엄동설한에도 물통을 들고 멀리 떨어진 공동수도나 우물까지 물을 긷느라 몇 차례씩 얼음판에 넘어져야 했다.

○ 열두 살 난 '순이'는 자기 몸보다도 크게 보이는 물통을 끌다시피 하면서 비탈길을 올라오다가 숨이 벅차 동상을 입고 갈래갈래 터져서 엉망진창이 된 두 손을 입에 모으고 '휘' 하니 입김을 뿜으며 한숨을 돌린다. 바로 곁을 지나는 학교 다니는 아이들은 보기에도 훈훈한 털옷을 입고 쓰고 두르고 하여 즐거운 듯이 떼를 지으며 뛰어간다.

○ …… 동란통에 부모를 잃고 남모를 집에 몸을 의탁한 이래 순이는 한 푼의 보수도 받지 못하였음은 물론—제대로 남과 같이 입어보지도, 먹어보지도, 잠 자본 일도 없다—요즘도 밤중엔 몇 차례씩 나가서 방마다 연탄불을 돌보아야 했고 학교 다니는 주인집 아이들을 위하여 새벽밥을 지어야 했고 주인 식구 빨래까지 모두 맡아 빨아야 한다—순

> 이의 노동시간은 그야말로 꼬박 24시간…… 순이에게는 노동조건 같은 것은 문제도 안 되고 마치 짐승같이 부려먹는 심술궂은 주인집 마누라가 제발 장작개비로 그렇게 호통을 치며 패지나 말아주었으면 하는 것이 유일한 소원……
> ○…… 어찌 이런 경우가 '순이'만에 한하였으랴. 각 가정 여관 식당마다…… 부려먹고 있는 계집아이 사내아이 그리고 식모니 침모니 또는 나이 많은 노파들…… 모두가 옛날 '노예'나 거의 다름없는 인간 이하의 생활……[15]

식민지기 내내 아니 더 거슬러오르자면 근대 이전부터 지속되었던 하녀의 삶이 이처럼 반복된 사정을 전국 중요 도시에 설치된 시영 직업소개소가 기능을 상실한 전쟁기와 전후라는 특수한 상황 탓으로만 볼 수는 없다. 천태만상의 비화로 소개되고는 있지만, 1950년대만 해도 여성이 임신한 몸으로 시부모에게 학대받으며 쫓겨날 수도 있었다. 그렇게 쫓겨난 그녀가 생계를 위해 어떤 직업을 선택할 수 있었을까. 식모로 일하며 생계를 유지하는 것 외에 다른 선택이 많지 않았다.[16] 계산원, 식당 보조, 간병인, 콜센터 상담원 등 따지자면 빈민층으로 떠밀리며 오늘을 사는 여성들의 선택지도 그리 다르지 않다.

가부장체제의 여자들

숙명여자고등보통학교와 서울중앙보육학교를 졸업한 후 도쿄 유학을 거쳐 잡지사 기자로 일한 작가 최정희의 소설「지맥」에서 생활고에 시달리다 급기야 서울로 남의집살이를 가는 장면이 다음과 같이 그려진다.

> 서울엔 정오가 훨씬 넘어서 내렸다. 서울 하늘도 흐리고 서울에도 서글프게 눈이 퍼부었다. 나는 역 앞에서 인력거 한 대를 잡아타고 낙원정 ××번지 김연화의 집을 찾기로 했다.
> “어딜 가시랍쇼?”
> 나는 동무가 적어주던 종이쪽을 인력거꾼에 주어버리려다가—전에 어릴 때 종종 거리에서 주소 적은 종이쪽을 들고 남의집살이를 가는 허줄한 여자들이 그 행방을 묻던 일을 본 일이 있어서—나는 꼭 그 허줄해 보이던 그 여자들과도 같은 감이 있어서 쪽지는 안 내어주고 말로 일러주었다. 인력거꾼은 내 말이 떨어지자 속짐작이 있는 듯, 하얀 길을 껑충껑충 뛰기 시작하고(……)
> “다 왔는뎁쇼.”
> 인력거에서 내린 나는 꼭 도적질하려는 사람처럼 가슴이 두근거렸다. 그런대로 김연화란 문패 붙은 대문 안에 머리를 약간 들여밀고 주인을 찾았다. 그러나 주인 찾는 소리가 너무 작고 떨려서 내 자신도 그 소리가 내 소리 같지 않게 들렸다. 나는 다시 몇 번 역시 떨리는 소리로 또

불러보았다. 그제서야 안에서 작은 계집아이가 중문을 빼끔히 열고 누구를 찾느냐고 묻는 것이 심부름하는 아이인 듯 보였다.

(……)

미닫이를 열자 고쟁이 바람으로 경대 앞에서 화장을 지우던 김연화는 나를 한 번 흘낏 보자 다짜고짜로

"저 빌어먹을 년이 미쳤던가. 얌전한 사람 하나 얻어 보내렸드니 저런 하이칼랄 보냈구먼. 아이 참 속상해 죽겠어."

나는 이 모욕에 어떻게 대꾸를 해야 할지 몰라서 어리둥절해 있을 수밖에 없었다. 그는 이러한 내 태도를 또 어떻게 해석을 했던지

"아니 그래 남의집살이를 온 사람이 히사시개밀 하구 야단이니…… 여보 당신 어디 부레먹겠소" 하는 것이 아닌가.[17]

「지맥」의 주인공은 도쿄 유학을 떠났다가 여름방학에 귀국을 한 후, 독서회에서 한 남자를 만나 정치와 사회를 알게 되고 급기야 도쿄로 돌아가지 않고 그와 살림을 합친다. 유학생활을 접고 부모와 다른 사람들의 반대를 무릅쓰고 그와의 삶을 선택한다. 8년간 아이 둘을 낳고 행복하게 살았고 그 삶에 후회는 없지만, 남편이 감옥에 가고 남편의 아내가 찾아와서 행패를 부리고 친정어머니가 돌아가시자 생활고가 극심해진다. 남편이 죽고 나자, 법적으로 보호받는 본부인이 아닌 상황에서, 남편의 재산에 대해서도 말할 자격을 얻지 못한 채로, 그녀의 아이들은 사생아 처지에 놓인다. 직업을 구하기 위해 백방 노력하나, 법적으로 등록되지

않은 아내이자 어머니인 탓에, 말하자면 그녀를 "증명해주는 관청의 공증이 없는"(35쪽) 까닭에, 보통학교 촉탁에서 학원 선생, 회사, 은행 사무원까지 모두 거부당한다. 법적으로 결혼을 하지 않은 처녀로 여전히 부모의 딸로 있는 호적등본으로 처녀 행세를 해서 직업을 구해보라고 친구는 조언하나 이를 뿌리친다. 취직이 쉽게 이루어지기 어려울 것 같다고 판단한 그녀는 결국 아이들을 두고 서울로 가서 기생의 침모로 들어가기로 한다. 여학생 머리라고 하는 히사시가미를 한 신여성에게도 기생의 뒤치다꺼리를 하는 침모밖에는 달리 선택지가 없었다.

아이들을 떼어놓고 남의집살이를 하러 가야 하는 어머니의 애끓는 고통이 표현된 이러한 경우가 아니더라도, 스캔들에 휘말려 결혼을 하고 남편이 감옥에 간 동안 생계에 내몰린 임신한 여성이 직업을 갖기 위해 미혼의 처녀 행세를 하는 건 특수하고도 예외적인 상황은 아니었다.

> 춘경이가 처음 좌야에게로 갈 제 남편이 있다는 것은 숨겨버렸다. 기실 춘경이가 좌야의 집에 드난살이라도 하겠다는 결심을 하였던 것은 남편이 감옥에 들어가고 의지가지없이 밥을 편히 굶게 된 까닭이었지만, 남의 집—더구나 내지 사람의 집에 가서 남편이 징역군이라 하면 덜 좋아할 것이요, 그보다도 자기 남편이 주의자로 감옥에 들어갔다면 내지 사람으로서는 더욱이 싫어하겠기 때문에 아주 숫처녀인 체하고 보니 자식이 있다고 할 수 없다. 춘경이를 춘자라고 한 것도 그때이었

다. 내지 사람이 부르기 좋다 하여 그리한 것이다.[18]

그러한 선택을 한 여성에게 그녀의 윤리를 심문하는 일은 시대와 맥락을 덜어내고야 비로소 가능한, 온당치 못한 접근이라 하겠다. 이 여성들이 이른바 '신여성'이었다는 사실에 좀더 주목해야 한다. 자신의 존재 자체를 부인해야 하는 상황에 내몰리는 전락은 특수하고 예외적인 여성들만 겪는 일이 아니며, 특정한 계층만 경험하는 일도 아니라는 사실을 말해주기 때문이다. 신여성과 남의집살이 여성의 삶 사이의 거리는 그리 멀지 않았고, 그들 사이의 경계는 넘지 못할 격차가 아니었다. 하녀에 대한 논의를 직업 분류나 계층적 위계 속에서 지속하면서도, 특정 직업이나 계층으로만 환원할 수 없으며 통칭 '하녀'로 범주화해야 하는 이유가 여기에 있다.

2부
'직업부인'과 '오모니'
: 여성, 노동, 직업

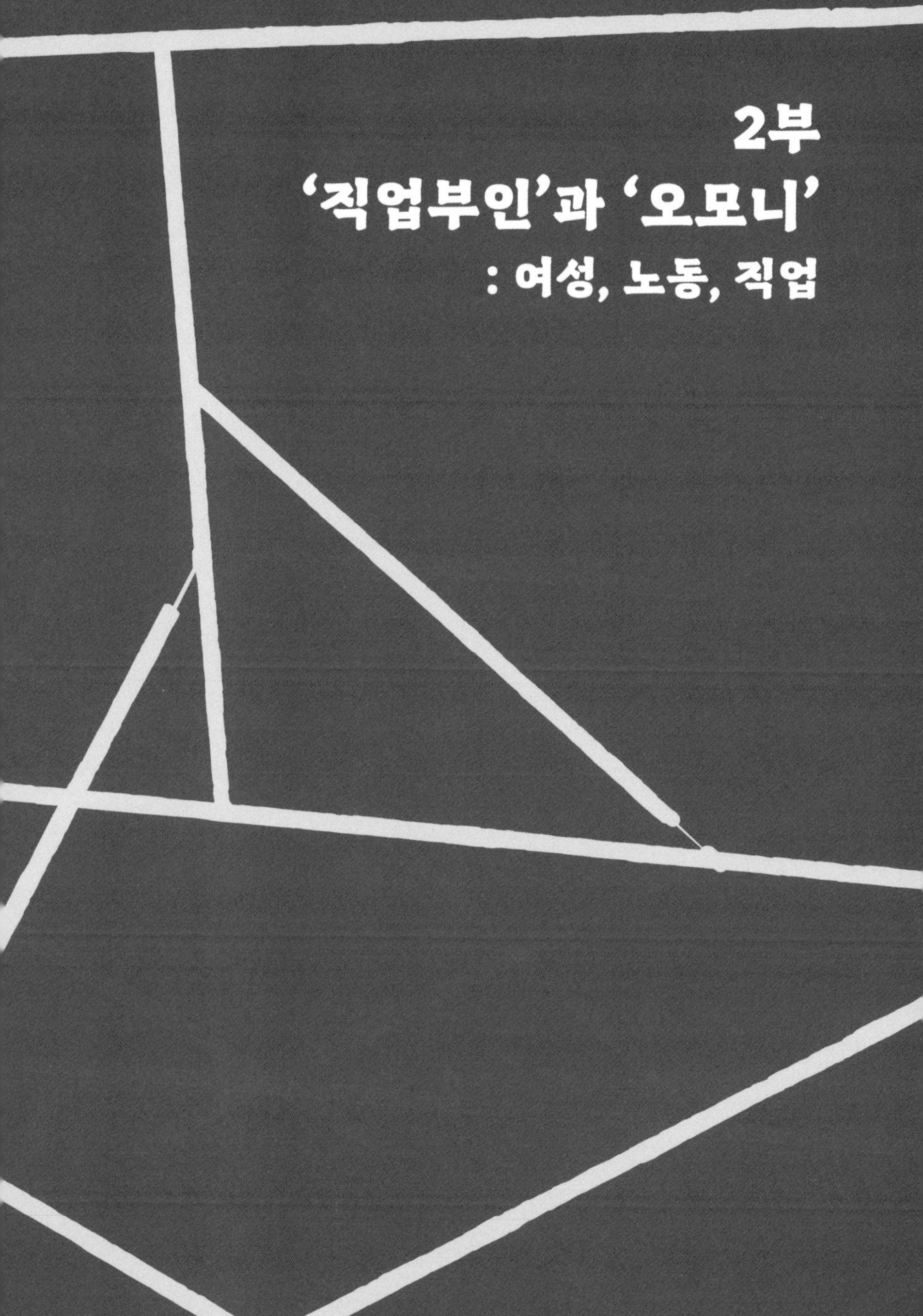

1장
'직업부인'의 등장

1920년대 초중반을 거치면서 여성의 사회활동은 본격적으로 '직업' 범주에서 논의된다. '직업부인'에 대한 인식이 마련되고 점차 여성 직업군이 생겨났으며 문학작품에서 직업여성이 재현되기 시작했다.[1] 1920년대 초반부터 직업은 여성 문제('부인 문제') 가운데 주요한 이슈로서 다루어졌다. 대체로 가정 바깥에서 일하는 여성 중 근대산업이 발전하면서 새롭게 등장한 직업에 종사한 여성을 '직업부인'이라 지칭하면서 이는 재빠르게 신유행어로 자리 잡았다. 여기에 더해 '직업부인'이라는 말에는 점차 근대교육의 수혜자라는 이미지가 덧씌워졌다.[2]

물론 1920년대 이후 '직업부인'이 된(되고자 한) 여성들은 "여자 해방 운동의 근본적 해결책"이 "생활 독립"[3]에 있다고 여기며 경제적 독립을 최우선 과제로 삼았다. 직업부인이란 "제가 제 힘으로 사는 여자"[4]를 가리키는 말이었다. 경제적 독립을 위해 '빼스껄'이 된 경성의 김정애의 사례를 보면, 그는 자신의 의지와 상관없이 어머니가 물질적 도움을 제공하겠다는 남자에게 그를 내맡기자 이에 반발해 직업여성이 되었다. 그녀는 '내가 내 힘으로 살아간다면 그러한 남자의 유혹을 안 받고도 살 수 있다. 이렇게 하여 여러 가지로 직업을 구하다가 세상에서 경멸히 보는 빼스껄이 된' 것이라고 당당히 밝힌다.[5] 이렇듯 이 시기에는 여자 해방의 근간에 경제적 독립이 있다는 입장이 널리 동의되었고, 이에 따라 여성의 직업활동이 적극적으로 권장되기도 했다.[6]

그러나 점차 '직업부인'이 늘어가면서 '직업부인'에 대한 논의가 여성의 사회활동이라는 층위로만 한정되지 않게 되었다. 경제적으로 독립하지 않으면 주부도 매음녀와 다를 바 없다는 다소 극단적 입장에 서는 경우도 존재했다. 이들은 여성의 주체적 해방의 결과로 직업부인이 등장한 게 아니라 조선사회가 자본주의화되면서 가내수공업과 대규모 공장공업이 발달하고 그로 인해 저렴한 임금노동력(노동자)이 발굴되었다는 차원에서 바라봐야 한다고 지적하기도 했다. 현실로부터 요청된 논의는 아니었지만, 입론 차원에서는 상당히 급진적인 논의까지 거론된 셈이다. 근대적 교육을 받았느냐 아니냐와 무관하게 직업부인이 급격히 증가한 사정과도 연관되어 있지만, 직업부인과 여성노동의 등장은 여성 해방에 대한 각성이라는 이념적 차원에 더불어 저렴한 노동력의 발굴이라는 자본의 요구도 함께 작동하고 있었다. 당시의 직업부인에 대한 인식을 살피면, 여권이 신장되었다거나 여성의 활동 범위가 확장되었다고 말하기 어려운 사정이 비교적 정확하게 포착된다.[7]

그럼에도 근본적으로 여성들은 생계의 어려움 때문에 구직에 나섰다. 직업여성들은 집안이 망하거나 결혼에 실패하여 생계에 내몰리거나,[8] 아버지를 일찍 여의고 가족의 생계를 책임지는 가장이 되어야 했다.[9] 빈곤한 가정 환경으로 상급학교 진학이 어려워져 간호부 양성소나 부기학교 같은 직업학교로 진로를 바꾸기도 했다.[10] 젊은 나이에 남편을 잃거나 아이를 혼자 키워야 하는 상황이라 구직에 나서기도 했다. 그렇게 여성들은 상점 점원, 간호부, 전도 부인, 카페 여급, '뻐스껄', 여공이 되어야 했다. 하지만 여성의 노동이 가시화되는 이 과정을 사적 특수성의 차원에서만 논의해서는 안 된다. 저렴한 노동력을 찾고자 하는 자본의 요구와 맞닿아 직업여성의 임금 사정과 작업 환경의 열악성은 산업화와 식민지적 상황이 만든 개별적인 사정을 지속시킨 근본원인이었기 때문이다.

*

'남의집살이' 여성은 여성의 사회활동을 가리키는 '직업부인'의 범주와 어떤 관련성을 갖는가. '남의집살이' 여성은 여성노동에 관한 논의의 어디쯤에 놓이는가. 대규모 공장에서도 여성노동력이 동원됐지만, 실상 여성노동력은 각종 서비스업에서 본격적으로 활용된다.[11] 여성노동력이 다각적으로 활용되면서 그 과정에 집안일을 담당하는 활동도 직업으로 규정되기 시작한 것이다. (여공, 기생, 여급 등 하층계급의 노동활동 전반을 포함해) 남의집살이 여성이 '직업부인'인가를 두고 논의가 없지는 않았지만, 자체로 큰 의미를 갖는 논란이 될 수 없었다. 실상 '직업부인'의 대다수가 하층계급 여성이었기 때문이다.

앞서 살펴보았듯이, 1920년대 전반기 전국에 걸쳐 생겨난 직업소개소의 구인/구직 현황만 보더라도 1920년대 후반을 거치면서 가사사용인 고용시장이 어떻게 활성화됐는지 파악할 수 있다. 1930년에 전국적으로 실시된 국세조사의 결과를 통해서도 가사사용인이 농업, 공업, 상업 등과 함께 직업으로 분류되었음을 실질적으로 확인할 수 있다.[12]

전 지구적으로 자본이 축적되고 노동이 국제적으로 분업화되는데[13] 일본의 산업자본주의 역사에서 여성노동의 기여를 빼고 자본의 원시축적을 논의하기 어렵다.[14] 식민지기 조선의 여성노동의 기여에 대해서도, 좀더 복합적 맥락을 갖고 있었지만, 결과적으로 크게 다르지 않았다고 말할 수 있다. 고무 공장, 방직·방적·제사 공장 등 식민지 조선에 세워진 공장에서는 수출산업의 고용형태가 대개 그러하듯 여성노동자를 선호했다. 임금을 낮추는 방식으로 여성을 활용하면서도 결혼이나 출산과 같은 생애주기의 변화를 핑계로, 임의로 혹은 노동시장의 수요 상황에 따라 손쉽게 여성을 해고했다. 이러한 식으로 일본의 산업은 여성노동을 철저하게 잉여노동력으로 관리하고 규율했다. 여성노동자가 많아진 것은 임금과 노동조건의 열악성 때문으로,[15] 식민지기의 상황을 반영하고 있지만 민족적 착취의 결과로만 환원될 수 없는 복합적인 현상이기도 했다. 노동가치는 평가절하되고 작업환경은 열악했으나 직업을 구해야 하는 여성 개인의 절박한 사정에 의해 이는 지속되거나 수용될 수밖에 없었다. 여성노동의 사회적 활용이라는 차원에서 보자면, 근대 초기 여성노동자의 증가는 저임금노동에 대한 사회적 요청과 긴밀하게 연관된 셈이다.

2장

'행랑어멈' '안잠자기' '드난살이' : 직업으로서의 남의집살이[1]

1928년 2월 25일부터 3월 22일까지 한 달여 동안 동아일보에서 기획 연재된 '돈벌이하는 여자 직업 탐방기'는 1920년대 당시 여성의 직업에 대한 인식뿐 아니라 그 이면의 비애까지 짚어보고자 한 점에서 흥미롭다. 이 직업 탐방기에서는 전화교환수, 간호부, 직공, 안잠자기와 행랑어멈, 웨이트리스, 유모, 재봉소 직원, 선생님 등을 근대 이후 새롭게 등장한 직업여성으로 소개했다. 그중 안잠자기와 행랑어멈, 유모, 재봉소 직원, 기생, 보모, 산파는 과거와는 그 존재방식이 달라진 직업여성으로 세분해서 소개했다.

이러한 분류에 따라, '남의집살이' 여성인 '안잠자기와 행랑어멈'은 '주인과의 관계'에 변동이 생긴 직업여성으로,[2] 직업적 성격이 뚜렷한가 아닌가에 따라 행랑에 머물면서 심부름이나 빨래,

물 긷기 등을 해주는 행랑어멈과, 혼자서 남의 집에 들어가 '그 집 모든 살림살이를 명령하는 대로' 따르는 '안잠자기 혹은 드난살이'로 다시 나눠 설명했다. 직업적 성격은 후자 쪽이 좀더 뚜렷했다.

부부 중심의 '스위트 홈'에 대한 열망이 엘리트 지식인을 중심으로 폭넓게 퍼져나가자 가정에 대한 관심이 '남의집살이' 여성에 대한 관심으로까지 확장되었다. 1920년대 중반을 거치면서 계급에 대한 인식이 형성되자 일상에 깊이 자리잡은 계층적 차이에도 관심을 기울이게 되었다. '남의집살이하는 어린 여자의 삶처럼 암담한 것도 없으며, 배운 것 없이 돈도 못 벌면서 몸은 늙고 마음은 거칠어질 뿐'인 그들의 구제가 가깝게는 그들을 부리는 여성들을 통해서, 근본적으로는 '사회의 개조'를 통해서 이루어질 수 있다는 인식이 이 시기 (지식인을 중심으로) 널리 공유되었다.[3]

1926년 동아일보가 다룬 하녀 관련 기사에 따르면, '남의집살이'를 하는 여성은 사회 문제로 다루어질 정도로 그 수가 많았다.

> ◇ 서울 안에만 하더라도 만 명 이상의 어멈 혹은 할멈이라는 '남의집 사는' 부인이 있을 것이다. 만 명이라고만 하여도 적지 아니한 수지마는 아마 그 이상 있을 것이다. 이만여 명 어멈이라는 계급의 문제는 분명히 한 사회 문제다. 첫째, 만여 명이라는 수효가 그러하고, 둘째, 그 만여 명이 가련한 부인이란 점으로 그러하고, 셋째, 그것이 어린 아들딸이 자라나는 가정의 일이기 때문에 더욱 중요한 사회 문제다.

> ◇ 불쌍한 부인이라면 방적 회사의 직공, 담배 공장의 직공, 정미소 직공을 생각하거니와 '남의집사는' 부인네는 아직도 문제에 오르지 아니한 모양 같다. 이 문제는 다만 사회 문제일 뿐 아니라 특별히 우리 부인들이 생각할 문제다. 왜 그런가 하면 '남의집사는' 부인을 부리는 이가 그 집에 주부되는 부인들이기 때문이다.[4]

전체 수효를 보면 1920년대 후반에 이미 서울에만 만 명 이상의 '어멈'과 '할멈'이 '남의집살이'를 한다고 추정된다. 남의집살이 여성은 자기 한 몸을 의탁할 곳이 없는 기식자지만 신분적으로는 종속된 존재라기보다는, 구인에 응하는 방식으로 방적 회사나 담배 공장 혹은 정미소에서 일하는 직공과 마찬가지로 쌍방 자유계약을 수행하는 구직자로 범주화되었다. 흥미로운 점은 기사에서 '남의집살이' 여성을 범사회적 관점에서 다루고자 한 점이다. '방적 회사의 직공'이나 '담배 공장의 직공' '정미소 직공' 같은 공장노동자와 함께 가사노동을 떠맡은 여성들도 개인의 불운 때문에 일을 시작한 것이 아니라 사회적으로 증가중이던 직업여성의 범주에서 논의되어야 한다고 보았다.

*

'가사'가 '노동'의 일환으로 인정받기 시작했다는 견해는 섣부른 오해이지만, 적어도 이러한 관점의 변화는 '가사'가 가정 내의 일이자 가정 바깥과의 상관성 속에서 논의되어야 할 문제임을 인식한 사회 변화상의 반영으로 이해되어야 한다. 무엇보다 여성 노동력의 사회적 필요성이 증가하던 시절이었다. 노동력의 원천인 어린이를 돌보는 공간이자 재생산의 근원지인 가정의 중요성이 국가 차원에서 부각되는 시기였던 것이다. 식민제국의 이름으로 이루어진 일이지만 '가정'과 '가사'는 국가 차원의 생산과정과 재생산과정이 재정비되는 과정의 일환으로 주목받았음을 환기할 필요가 있다.

동아일보는 이 연재에서 열한 개의 직업을 소개하고 실제 고충까지 육성처럼 전했다. 이러한 점에서 볼 때 여성을 화젯거리로 삼거나 여성 문제를 겉핥기식으로 다루려고 여성의 직업과 직업여성을 소개한 게 아님은 분명하다. 이는 충실하게 진행된 '남의집살이' 여성에 대한 보고로도 확인된다. 가령, 기사는 '남의집살이'의 종류와 등급에 대해서도 비교적 소상히 밝혀둔다.

> ◇ 남의집살이에도 종류가 많다. 옛날 법대로 종으로 있는 이도 있어 대대로 그 집에서 나고 늙고 죽는 것이거니와 **근래에는 종이란 것은 거의 없어진 모양이오 대개는 쌍방의 자유계약으로 월급을 작정하고 고용하는 사람들이다. 월급에는 작정이 있으나 기한에는 작정이 없어 아무때에나 주인 편이 싫으면 내보낼 수가 있고 또 고용 편이 싫으면 나갈 수도 있다. 이것이 얼른 보기에 자유인 듯하나 기실은 붙박이 종보다도 도리어 생활의 안정이 없다.** 종은 병이 나면 치료해주고 자식

이 나면 길러주고 죽으면 묻어주지마는 남의집살이하는 부인은 언제 쫓겨날는지도 모른다. 주부의 눈에만 나면 밤중에라도 쫓겨날 수 있고 식전 새벽에라도 쫓겨날 수 있다. 그러면 조그마한 때묻은 보퉁이 하나를 들고 길가에 방황하면서 누가 불러주지 아니하나 하고 기다린다.

◇ 남의집살이하는 이 중에도 여러 가지 등급이 있다. 유모 침모 식모 막심부름하는 하인이 이 모양으로 계급이 있어서 유모와 침모는 월급도 좀 많고 대우도 좀 낫다. 유모 침모 이하를 통칭 안잠자기라고도 부른다. 밥 짓고 불 때고 빨래하고 걸레 치는 계급은 대개 주인집 식구에게 종으로의 대우를 받는다. 그래서 혹은 집 품을 떠나 대감마님 영감마님 나리마님 서방님 도련님을 고이고 여자주인이면 노마님 마님아씨 작은아씨 아가씨 등을 고이고 그 대신 주인은 그들에게 대하여 '해라'(양반계급에서) '하게'(평민계급에서)를 받는다. **이름은 종이 아니라도 대우는 종의 대우를 받는 것이다. 다만 고용한 집 주인에게만 그 대우를 받는 것이 아니라 그 집 친척에게까지 그 대우를 받고 같이 남의집살이하는 유모, 침모 등속에게까지 그 대우를 받는 것이다. 이리하여 가정 안에서 아직도 상놈과 양반 상전과 종의 계급이 분명히 살아 있다.**[5] (강조: 인용자)

기사만 따른다면, '남의집살이' 여성의 위상은 이전과 달라졌다. 이전 시대처럼 종의 신분을 그대로 유지하는 이도 있지만, '남의집살이' 여성도 다른 직업여성과 마찬가지로 점차 쌍방에 의한 자유계약 형태로 이동해가는 중이다. 그럼에도 실제 기술된 직업인으로서의 일상을 두고 보면 자유계약에 의한 직업이라는 말이 무색할 정도다. '행랑어멈'은 행랑방을 거처로 사용하는 대가로 심부름이나 빨래 등 집안일을 해주고 물을 길어오는 일도 도맡았다. '단출한 몸으로 남의 집안에 들어가 일을 하던' '안잠자기 혹은 드난살이'로 불렸던 '어멈'은 주인집의 요청에 따라 모든 살림살이를 떠맡아야 했다. 좋은 주인을 만나면 봄가을로 의복가지를 얻어 입고 월급도 받았지만, 어떤 주인을 만나느냐에 따라 사정은 천차만별로 달랐다.

이러한 하녀의 삶의 실상은 1950년대 하녀론에서 다시 확인할 수 있듯이 여성의 지위가 향상된 이후에도 크게 달라지지 않는다. "사철 어느 때나 단돈 1천환으로부터 기껏 6천환까지가 그들의 최고 봉급으로 되어 있다. 경험이야 있고 없고 실력과 기술도 별 소용이 없"다. "1년이 다 가서 해가 바뀌어도 상여금 같은 사치스러운 술어는 그들의 세계에서는 해당되지 않는다. 쥐꼬리만한 봉급마저 제때에 받는 예가 드물다. 소와 말처럼 부려먹을 대로 부려먹다가도 싫증이 나면 누명을 씌워서 언제든지 헌신짝처럼 차버리는 경우도 허다"했다.[6]

'행랑어멈'보다는 '안잠자기나 드난살이'가 근대적 의미에서 볼 때 더 직업답긴 했지만, 실상은 이전에 받던 하녀 대접 이상을 기대하기 어려웠다. '행랑어멈'이든 '안잠자기나 드난살이'든 한 달에도 몇 번씩 일하는 집을 옮겨야 하기도 했다. 대개 아무런 이유 없이 주인이나 주인집 아이의 마음에 들지 않아도 쫓겨나기 십상이었다. '조그만 실수, 더딘 대답, 잦은 병치레' 등은 '남의집살이' 여성이 쫓겨나는 주된 이유였다. '남의집살이' 여성의 '남의집살이'가 계약을 통해 성립되긴 했지만, 삶의 일면을 잠깐만 들추어보아도 확인할 수 있듯이 이는 반쪽짜리 계약이었고 계약으로서의 법적 보장도 충분하지 않았음은 새삼 의문의 여지가 없다. 임금에 대해서는 논의를 하였던 반면 기간은 논의하지 않았고, 어느 한쪽에서 불만족을 표명하면 곧바로 계약파기로 이어지는 불안정한 계약일 뿐이었다.[7] 하녀는 전근대적 신분제와 근대적 계약제를 이중으로 살아야 했던 존재로, 이 이중의 억압은 자유계약의 형식이 좀더 강화된 이후에도 크게 달라지지 않았다.

3장

'오모니' 전성시대

제국의 유모, '오모니'

'오모니'라는 호칭은 제국의 시선과 식민의 시선을 동시에 포괄한다. 왜 일본인 가정에서 집안을 돌보던 조선인 여성은 '오모니'라 불리었는가. 식민지기 일본인이 모여 살던 용산 일대에는 조선인 여성의 주거 비율이 높았는데, 일본인 가정에서 일하던 조선인 여성들 때문이었다. '오모니'는 조선에 사는 일본인 가정에 고용된 조선인 가사사용인에 대한 호칭으로 사용되었다. 기혼 여성은 '오모니'로 미혼 여성은 '기지배'로 불렸으며, '오모니'와 '기지배'는 일본인 가정에서 가사와 육아에 참여했다.[1]

'오모니'라는 호칭에는 제국 일본과 피식민 조선 사이의 위계 관계가 새겨져 있다. 일본인들은 조선의 어머니를 '오모니'로 발음하였으나 이는 한국에서 부모를 가리키는 호칭인 어머니 그대로의 의미가 아니라 가사와 돌봄노동을 담당하는 존재에 대한 명칭으로 변형되었다. 조선어 '어머니'라는 호명이 일본인의 발성법에 따라 '오모니'로 변형돼 일본인 가정에서 일하던 '남의집살이' 조선인 여성을 통칭하게 된 것이다. 조선 여성 전체가 '남의집살이' 여성으로 불리는 언어 변용이 일어난 것이다.

'오모니'로 나선 여성들

식민지 조선의 편에서 보자면 어떠한가. 대의를 따르는 남편이 돌보지 않는 가정의 생계는 대개 여성에 의해 꾸려졌다. 서구에서와 마찬가지로, 노동이 임금과 교환된 초창기에 임금노동에 의존하는 사람들은 천대받는 빈민층으로 분류되었다. 임금에 의존하는 삶이란 어떤 의미로든 자급자족이 불가능한 삶을 의미했기 때문에, 생활고에 시달려 떠밀리지 않았다면 임금노동에 나서기 쉽지 않았다. 임금이 궁핍의 증거가 아니라 쓸모의 증거로 여겨진 것은 그리 오래되지 않은 일이다.[2] 이런 의미에서 보자면, 식민지기에 민족의 독립 운동에 혹은 전 세계의 무산자를 위한 해방 운동에 나선 많은 남성이 돌보지 않은 생계 문제가 여성들에 의해 꾸려졌다는 사실에 좀더 많은 관심을 두어야 한다. 그 가운데 많은 여성이 '오모니'로 나섰다. 그녀들은 누구였는가.

경찰의 조서에 의하면 춘경이는 좌야의 집에 '오모니(오마니)'라고 하는 밥에미로 들어갔더라 한다. 그것은 남편의 벌이가 없고 자기 역시 집안 사정으로 여자고등보통학교를 졸업하지 못하여 교원 자격이나마 없는 까닭에 벌이구멍을 트기 어려운 터에 마침 좌야라는 패밀리호텔의 지배인이 하인을 구한다는 말을 남편의 친구 강찬규의 소개로 알고 가게 된 것인데. 그것도 조선 사람의 집에 가면 창피도 하고 월급도 적기 때문에 차라리 이곳이 나으리라고 하여 그리 간 것이라 한다. 그리고 춘경이가 호텔로 가게 된 것은 좌야의 집에 간 뒤 상일이 서툴러서 주인마님에게 귀염을 못 받는 한편에, 춘경이가 중등교육을 받아 일어도 제법 하고 글씨도 잘 쓰는 것을 좌야가 아깝게 생각하여 좌야 집에서 나온 뒤에 다시 호텔로 진권을 해준 것이라고 한다.[3]

허기야 요새도 간혹 아주머니가 찾아와서 양식 없다는 사정을 더러 하곤 하는데, 실토로 말이지 좀 성가시기는 해요. 그러는 족족 그 수용을 하자면 내 일을 못 하겠는걸. 그래 대개 잘라 떼기는 하지요. 그러나 그 밖에, 가령 양 명절 때문에 고깃근이라도 사보낸다든지 또 오면 가면 들러서 이야기낱이라도 한다든지 그런 건 결단코 범연히 하진 않으니까요.
아무튼 그래서 아주머니는 꼬박 1년 동안 '구라다상'네 집 오모니로 있으면서 월급 5원씩 받는 걸 그대로 고스란히 저금을 하고 또 틈틈이 삯바느질을 맡아다가 조금씩 벌어 보태고 또 나올 무렵에 '구라다상'네 양주가 퍽 기특하다고 돈 7원을 상금으로 주고 그런 게 이럭저럭 돈

> 100원이나 존존히 됐지요.
> 그 돈으로 방 한 칸 얻고 살림 나부랭이도 조금 작만하고 그래놓고서 마침 그 알량꼴량한 서방님이 놓여나오니까 그리로 모셔 들였지요.[4]

남편이 감옥에 간 사이에, 그것도 '사회주의자'로 의심받던 남편이 형무소생활을 하는 동안 그의 아내는 아이와 함께 어떻게 생계를 꾸릴 수 있었을까. 염상섭의 소설 『이심』(1929)에서 '배운 여자'인 춘경은 생계를 위해 허락된 직업 가운데 그나마 벌이가 괜찮은 일본인 가정의 하녀 '오모니'로 나선다. 채만식의 소설 「치숙」에서 종종 조카를 찾아와 '양식이 없다'며 어려운 사정을 토로하던 대학교육을 받은 치숙의 아주머니의 경우도 다르지 않았다. 남편이 일본 제국에 저항하며 조선의 독립을 위해 운동하는 동안, 그녀들의 삶을 억압한 것을 제국과 식민의 모순이라고 해야 할까, 부재한 채로 존재한 가부장이었다고 해야 할까.

남편을 잃고 남겨진 자식과 함께 살아남아야 했지만 여성이 따로 직업을 갖기는 쉽지 않았다. 무엇보다도 과부나 홀로된 여성에 대한 성적 폭력이 일상적이고 상시적으로 벌어졌다. 하녀나 안잠자기가 주인의 성폭력에 노출되는 경우는 흔했다. 원치 않는 임신으로 아이를 낳거나 그런 아이를 죽이거나 혹은 자신의 아이를 두고 젖어미로 다시 하녀로 살면서 목숨을 보존하는 경우가 흔했다.

이런 사정들을 모두 고려하자면, 일본인 가정에 들어가 집안

일을 떠맡는 상황이 단지 조선인 가정에서 일하는 것보다 덜 모욕적이라서 혹은 임금이 더 많았기 때문이라고만은 할 수 없다. 따지자면 이런 선택지조차 누구에게나 허락되지도 않았다. 염상섭이나 채만식의 소설 속 여성들이 일본인 가정에 '오모니'로 들어간 것은 그나마 나은 선택이라고 볼 수 있다. 소설 속에서 이들의 행보가 포착된 것도 이들이 어느 정도 이상의 학력을 갖추고 사회적 지위를 가졌기 때문이다.

'오모니'는 직업부인이 점차 증가하는 추세 속에서 그 구직률과 취업률이 가장 뚜렷하게 증가했다.[5] 남의집살이 여성 가운데 오모니는 신분적, 계층적으로 전락할 상황에 놓인 여성들의 직업으로 호응이 높은 편이었다. 가정의 살림과 온갖 허드렛일을 맡아온 침모, 안잠자기, 하녀 등이 다양하게 존재했음에도 오모니의 구인과 구직이 급격하게 증가하면서 가사와 돌봄 활동의 가치를 둘러싼 인식에 미묘한 균열이 일어났다. 1928년에 비해 급증한 조선 여성의 취직에 주목하면서 한 달 사이에 백 명이 넘는 구직여성이 취직했음을 알리는 한 신문기사에 의하면, 취직한 조선 여성 전원이 일본인 가정에 들어간 남의집살이 여성인 때도 있었다.[6] 조선사회에서 여성의 벌이로 가정의 생계가 유지되는 현상이 생겼다고 탄식할 정도였다.[7] 그만큼 일본인 가정에서 조선인 어멈을 요구하는 경향이 증가했고 이에 맞춰 경성에서 구직에 나서거나 구직을 하게 된 여성의 비율도 높아졌기 때문이다.

> **작년만 천여 명**
>
> **9할은 호 내 사용**
>
> 일본 사람이 서울에 들어오기 시작하면서부터 다소 조선 여자를 사용하게 되었다. 하나 그것은 몇몇 사람에 불과하였던 것이오 순전히 직업적 □□화하야 서로서로들 □□□□□□하게 된 것은 최근 삼사 □□□□□한다. 인사상담소에 발을 들여놓게 되는 조선 여자는 모조리 일본 사람의 집으로 가게 된다는데 작년도 1년간의 소개 통계만 보더라도 1788명이 구직한 가운데에서 1007명이 취직하게 되었고 지난 2월 말일까지의 통계를 보면 구직자 237명에 137명이 취직을 하였으나 지원자의 7할은 직업을 갖게 되는 셈이며, 다시 그들의 사용되는 방면을 보면 아궁이 세탁 어린이 보기 등 호 내 사용인이 약 9할을 점령하였고 기타 잡역에 종사하는 사람이 약 1할을 점령하였다 한다. 남자 5500명의 지원에 겨우 1000명 내외가 취직한 것에 비교하여보면 그 시세가 얼마나 좋은가.[8]

일본인의 가정에서 일을 도맡아 하는 조선인 직업여성은 출생지별로 살펴보자면 경성 출신은 20퍼센트에 불과하며 대개 향촌 출신이었다. 십대에서 사십대에 이르는 거의 모든 여성이 오모니 구직에 나섰는데 미혼보다는 기혼 혹은 과부가 다수로, 실질적으로는 삼십대 이하가 75퍼센트에 달했다.[9] (알려진 것과 달리 이혼을 당하고 살던 곳을 떠나야 했던 여성들이 오모니 구직에 나선 경우가 많았다.[10]) 중등학교 졸업 이상의 학력인 여성도 없지는 않았지만, 대개는 일본어를 얼마간 알아듣고 의사소통이 가능한 보통학교 졸업 학력 정도를 갖춘 여성들이었다.[11]

생활고에 시달려서 어멈 자리를 찾아 나서긴 했지만, 그들은 하층계급이기보다는 향촌의 중류계급 이상으로, 가세가 기울면서 탈향한 경우에 가까웠다. 급작스럽게 경성으로 상경했어도, '엊그제까지 자기도 행랑어멈을 부리고 안잠자기를 두고 지내던 사람'이었기에 조선인 가정의 남의집살이로는 쉽게 나설 수가 없었다. 이런 까닭에 일본인 가정을 선호하기도 했지만, 월급의 차이도 무시할 수 없는 선택 조건이었다. 조선인 가정과 비교하자면 월급은 두세 배 정도였다.[12] 남의집살이가 대개 의식주를 제공받으면서 금전적 보수를 거의 받지 못한 게 사실이지만, 앞서 하녀 임금 관련해서 언급했듯이, 보통 안잠자기나 행랑어멈이 3~4원, 젖어미가 10원, 일본인 가정의 '오모니'가 6~7원에서 13~4원까지 받았다.[13] 더구나 고용주의 입장에서도 일본인 여성 월급의 절반 정도의 비용으로 가사사용인을 둘 수 있었기에, 최상위층을 제외한 일본인 가정에서는 대부분 조선인 여성을 고용했다.[14]

> "조선집 고용살이보다 나으냐고요? 물론 낫지요. 첫째, 돈을 위해 하는 일이니 돈을 많이 주는 것이 낫고 또한 잔말을 그렇게 하지 않습니다. 무엇을 잘못해도 몇 마디 하고는 그만입니다마는 조선집에서야 좀 합니까.
>
> 그리고 말 같은 것이라도 그렇게 하대를 하지 않습니다. 조선집에서야

> 일하는 사람이며 좀 차별을 합니까? 결코 그런 일이 없습니다. 그리고 인제는 모든 것이 익숙해져서 조금도 힘들거나 어려운 일은 없습니다. 그러나 여러 가지의 고통이야 있지요" 하며 한숨을 쉬었습니다.
> 그의 얼굴에서는 코를 찌를 듯한 왜분 냄새가 휘날리고 있는 것을 보면 그가 얼마나 그들의 살림에 영향을 받고 있는가를 알 수 있었습니다. 기자는 '돈을 위해서' 하는 그들의 말을 다시금 되풀이하면서 자기의 처지와 경우를 저버린 그들의 생활의 정도를 다시금 생각지 않을 수 없었습니다.[15]

"왜분 냄새"를 휘날리며 자신의 처지에 맞지 않는 소비를 한다는 식의 표현에서도 얼핏 포착할 수 있듯, 일본인 가정의 오모니를 다룬 기사는 비꼬는 투의 논조가 많았다. 조선옷에 게다를 신은 조선 여성의 "기형적畸形的 '스타일'"[16]이라는 식의 비난이 적지 않았다. 다른 한편으로는 제국/식민의 위계 속에서 식민지 여성이 노동력을 착취당하는 모습이 뚜렷하다며, 일본인 가정에 취직한 조선 여성의 처지를 동정하는 시선도 있었다.[17] 일본인 가정에서 남의집살이를 하면 예의범절이나 결혼생활을 위한 지혜를 배울 수 있다는 식의[18] 전근대적 주종관계 인식이 여전히 통용되었지만, 전반적으로 우리 사회는 조선 여성이 일본인 가정의 오모니가 되는 일을 구두계약의 형태일지라도 임금과 노동을 교환하는 근대적 계약관계로 이해하였다. 이 시기를 거치면서 남의집살이 여성을 '주종관계'로 이해하는 방식은 더이상 통용되기 어렵

다는 인식이 공유되었다.[19]

악화된 경제 상황과 맞물리면서 이러한 경향은 점차 강화되어갔다. 1929년 경제대공황의 여파로 1930년대 전후를 거치면서 실업률이 높아져갔고 실업자가 늘어갔다. 대개 남성인 고학력 실업자가 격증한 반면,[20] "가두로 가두로 조선 여성이 나아가는"[21] 경향이 뚜렷해졌다. "조선 '어멈'들이 날로 날로 취직 전선에 방황하는" 사정은 빈곤으로 인한 탈향 현상으로, 즉 "조선의 농촌의 부녀자들이 점차 농촌에서 농사만 지어서는 살 수 없다 하여 도회로 도회로 몰리어 와서 취직 전선에서 싸우게"[22] 되었기 때문이다. 결과적으로 심각한 불경기에 긴축경제의 결과로서 탈향하는 이가 증가하면서[23] 직업소개소를 찾는 여성이 늘었다. 이렇듯 시골 출신 여성의 구직이 특히 늘어나 어멈, 안잠자기, 식모 등 남의집살이 여성이 증가했다.[24] 직업부인에 관한 인식의 차원에서도 남의집살이가 직업으로 이해되는 경향이 뚜렷해졌다.

조선 여성의 '오모니'화

오모니와 여타 남의집살이 여성은 월급의 차이로 구별되지만,[25] 다른 특징도 있다. 일본인 가정에서 밥을 하는 식모를 '조추상'이라 했는데 이들은 대개 미혼 여성이었다. 이들 조선인 '조추상'이 이후 결혼을 하게 되면 고용주인 일본인이 결혼 비용을 대주기도

했다는 기록도 있다.[26]

'오모니'를 선택하는 조선인 여성의 입장에서 보자면, 오모니 자리를 선택한다는 건 돈 이상의 의미를 함축한다. 일본인 가정에서 일하는 남의집살이 여성의 가시화는, 1920~1930년대에 걸쳐 전근대/근대, 제국/식민의 경계가 재편되는 과정에서 여성의 노동이 유의미한 영역으로 부상하였음을 시사한다. 남의집살이 여성의 가사와 돌봄 활동을 노동으로 인식하는 관점이 폭넓게 유포되기도 했으나 1930년대 중반을 넘어서면 논의가 좀더 확대된다. 이후 노동에 관한 논의는, 노동자 가운데 "제일 많은 일을 하고 제일 적은 보수를 받는 노동자는 식모"라는 차원에서, 노동의 대가는 턱없이 낮은데 그들의 사생활까지 지배하려는 것은 과도한 태도라는 차원까지,[27] 나아가 노동 시간과 작업 환경에 대한 것까지를 포괄하게 된다.

식민지기 조선에 살다가 1945년 이후 일본으로 돌아간 일본인들이 조선생활을 회상할 때 '오모니'를 독특한 기억으로 떠올렸다는 사실은 흥미롭게 환기될 지점이다. 식민지기 경성의 민족별 직업 구성을 보면, 일본인은 공무 자유업과 상업에 종사하는 비율이 높았고 조선인은 상공업과 가사노동인이 다수를 차지하는 식으로 민족별 직업 편제는 비대칭적 구조였다. 이런 사정 때문에 조선에 살았던 일본인들에게 '오모니'는 기혼의 조선인 가사사용인에서 나아가 조선인 여성 일반을 가리키는 함의를 갖게 되었다. 말하자면, 재조 일본인들에게 결국 '조선인(조선 여성)=하녀'

라는 감각으로 각인되었음을 확인할 수 있다.[28]

요컨대, 젠더화된 조선인의 표상을 대표하는 '오모니'라는 말은 모국어에 뿌리를 두고 있으나 나름대로 지방화된 말로, 1990년대 이후로 신문 잡지를 비롯한 대중매체에 등장하면서 낯설지 않은 외래어이자 재일 한인 여성에 대한 지배적 표상으로 자리잡는다.[29] 식민지 시기에는 조선 여성을 대표하는 표상으로, 이후로는 한국인 여성을 대표하는 표상으로 '오모니' 즉 하녀가 부각되었다는 사실은 '오모니'라는 말에 지배-피지배의 구도와 더불어 제국-식민의 구도가 이중으로 중첩되었음을 말해준다고 해야 한다.

4장

'직업부인'의 모성은 보호되어야 한다?

근래에는 우리 사회에서도 소위 직업부인이 늘어가게 되었습니다. 이와 같이 부인이 직업을 가지게 되는 것이 부인 특유의 천직인 모성에 대하여 여하한 영향을 주는 것일까 하는 문제가 생깁니다. (……) 신시대의 여성은 일반으로 지능과 건강이 종래로 가정에 갇혀 있던 부인에 비하여 사뭇 우월하게 된 것이 사실로서 판명되었습니다. 지능이 발달되고 육체가 건강하게 되면 모성으로서도 따라서 우월하여질 것이 분명한 일입니다. 그럼으로 직업부인이 되는 것은 가정에 갇혀 있는 것에 비하여 모성으로서 진보되는 것이오 결코 일부에서 말하는 것과 같이 퇴보되는 것은 아닙니다.[1]

1927년 동아일보에서 실린 글 「직업과 모성」의 일부를 통해서도 확인할 수 있는 것처럼, 1920년대 중반, 여성의 직업활동에 대한 논의가 본격화되면서, 경제력을 확보하기 위한 여성의 직업활동을 강조하는 한편 모성 보호 관련한 문제도 외면할 수 없게 되었다. 1929년 진행된 한 조사에 의하면, 조선의 공장노동자 9만 3천여 명 가운데 2만 6천 명 이상이 여성노동자였다. 공장뿐 아니라 광산, 상점, 은행, 관청, 병원에 고용된 여성노동자도 적지 않았다.[2] 임신, 출산, 육아 등의 과정에서 모성 보호 문제가 직업부인에게 절실해질 수밖에 없는 상황이었다.

여성의 지위 향상과 항일 운동을 위해 결성된 근우회의 경성 지부에서도 모성 보호 문제를 중요한 강령으로 내세웠다. 특히 박원희가 모성 보호의 중요성을 가장 강력하게 역설했는데, 그는 엘렌 케이의 모성 보호론에도 영향을 받았지만 남성과 평등하게 경쟁하기 위해 모성 보호가 필요하다는 입장을 취했다. 모성 보호를 위해 국가가 어머니와 아이를 보호하고 출산과 육아에 따른 비용을 보상해야 한다고 보면서도, 모성 문제를 신성하거나 천부적인 직능으로 본 입장과는 거리를 두었다. 즉 직업부인이 남성과 동등한 환경에서 노동할 수 있게끔 모성을 보호해야 한다고 이해했다. 말하자면 자선 구제와 같은 방식이 아니라 노동하는 여성의 환경을 개선하는 방식으로 모성을 보호해야 한다는 입장을 취함으로써, 모성 보호가 여성 해방 운동을 위해 획득해야 할 선결 조건임을 널리 알렸다.[3]

그러나 한 가지 생각할 일은 직업에 따라서 여자의 신체를 파괴하는

> 것이 있습니다. 이와 같은 직업은 분명히 모성에게 해독이 있습니다. 공장 여직공들의 상태를 보면 그런 사실이 이 세상에 많이 있는 것을 가히 알 수가 있습니다. 각처 공장에는 과격한 노동, 장시간의 노동, 설비의 비위생적, 의식의 험악[함] 등으로 인하여 많은 여자들이 모성의 자격을 파괴당하고 있습니다. 어떤 여자로 한평생 임신을 하지 못하도록 되고 맙니다. 이와 같은 직업은 모성에 해로운 것이 사실입니다마는, 지금 와서 여자에게 향하여 공장 직공이 되지 말라고 전할 수는 도저히 없습니다. 그들은 그곳에 아니 가면 죽게 되어 있습니다. 고로 모성도 위하여 사회적으로 할 일은 노동 조건의 개선, 공장 설비의 철저한 혁신일 줄 압니다. 그래서 직업부인의 건강을 보장하지 아니하면 아니될 줄 압니다.[4]

모성 보호에만 한정되지 않고 노동 조건과 환경을 개선해야 한다는 이러한 주장은 선언만으로도 충분히 가치 있다. 하지만 사회주의권의 혁명의 영향이기도 한 모성 보호에 대한 이런 인식이 현실에서 실제로 모성 보호를 위한 제도와 시설 수립의 요구로 곧바로 이어지지는 않았다. 1930년대에 이르면 다른 나라의 모성 보호 관련 제도와 마찬가지로, 출산의 의무를 신성시하는 차원에서의 모성 보호 제도로 그 성격이 변모한다. 모성 보호의 필요성이 국가의 미래와 장래 수호를 위한 조처로 이해된 것이다.[5] 이런 이유로 조선사회에서 실질적으로 이 모성 보호론은 여성의 직업 활동을 제한하는 방식으로 그 영향력을 더 많이 발휘했다.

오늘날 현실도 다르지 않지만, 간호부(전양옥), 백화점원(박한라), 기자(최정희), 미용사(오엽주), 여교원(임효정)과 같은 전문적인 직업을 가진 여성들도 현실적으로 직업활동을 지속하는 일 자체가 쉽지 않았다. 1933년『신여성』지에서 진행한 '직업부인 대좌담회'에 참석한 이 직업부인들이 곽현모, 채만식, 김규택 같은 참석자들과 나눈 논의의 상당 부분은 조선의 가족제도와 갈등관계에 놓인 직업부인의 처지에 관한 것이었다. 가사와 육아를 일과 병행하기란 현실적으로 불가능하다는 점이 논의되었고, 사회적 차원뿐 아니라 생물학적, 우생학적 차원에서 그 난점이 다각도로 언급되었다. 직업을 가진 여성들의 목소리를 직접 들을 수 있는 자리였지만, 모성 보호를 둘러싼 혁신적 논의는 이미 찾아볼 수 없었다.

채만식 여자의 직업으로서 생리적으로 부적당한 것이 있습니까.

최정희 들으니까 버스 차장 같은 것은 생리적으로 보아서 퍽 위험한 직업이라더군요.

채만식 교원 같은 것도 그렇다더구먼요. 교원의 생활이 1년을 통해서 보면 쉬는 때도 많고 비교적 편하나 하루 동안의 것은 퍽 고되다더군요.

최정희 네. 그렇게 늘 서서만 있기 때문 자궁병 같은 것이 생기기가 쉽다고 그러더군요. 저의 동무에도 그런 예가 있는데요.

채만식 분필가루를 많이 먹게 되어서 폐병에도 흔히 걸리고 하지 않

습니까.[6]

여성의 생물학적 특성에 기초한 모성(애)가 내세워지면서 가임기 직업여성의 결혼 문제가 직업여성과 관련된 주요 논점으로 다루어졌다. 임신과 출산, 육아 문제를 중심으로 직업여성의 적합성과 부적합성이 논의되고 상점원, 회사원, 은행원 등 사무노동 종사자에 비해 식모, 가정부, 세탁부와 같은 가사노동 종사자가 난산과 유산을 겪는 경우가 많으며 아이의 발육이 불충분하다거나 수유하기 어렵다는 주장이 과학의 이름으로 이루어지기도 했다.[7]

모성 문제가 이상과 실제의 좁혀지지 않는 격차 속에 놓였다면, 하녀의 모성 문제는 좀더 복잡한 맥락을 갖고 있었다고 해야 한다. 하녀의 모성은 이중, 삼중의 모순 속에 존재했는데, 가령 생계를 위해 남의집살이나 가사노동과 돌봄노동을 떠맡아야 했던 여성들은 언제나 자신의 가정 내 가사나 돌봄 노동까지 감당해야 했고, 종종 두 가정의 노동 가운데 한쪽을 포기해야 할 상황에 처했다. 가정의 생계를 책임지기 위해 자신의 가정을 '직접적으로' 돌보지 못하며, 자신의 아이를 굶기지 않기 위해 자신의 아이를 '직접적으로' 돌보지 못하는 상황에 처한 것이다. 하녀의 모성 자체는 언제나 중층적으로 왜곡되어 있었다. 모순을 가로지르며 돌봄이 계급적 자리 이동을 하고 그 과정에서 저렴한 노동이 된다.[8] 노동에 가치 위계가 만들어지고 모성에도 차별적 가치가 생겨난다.

나아가 하녀의 모성이 갖는 중첩 모순적 성격은 통상적으로 금지와 위반 혹은 일탈로 규정되는 하녀의 행위들에 대해 다른 판정을 고려하게 한다. 하녀의 모성에 근거한 행위를 손쉽게 윤리적으로 판정할 수 없게 한다. 가령, 하녀의 임신중지와 영아 살해는 하녀 범죄의 대표적 죄목이었다. 식민지기 임신중지나 영유아의 살해나 유기는 법적인 처벌 대상인 범법 행위로 간주되었다. 낙태아로 의심되는 태아의 시신을 발견하거나 임신중지를 행한 여성을 검거하고 그녀의 부정을 폭로하는 기사, 여성을 임신시킨 뒤 임신중지를 종용하는 사건이나 이를 시술한 의사를 검거한 기사 소개 등 임신중지와 영아 유기는 신문 매체에서 대표적인 여성 범죄 사건으로 다루어졌다. 하지만 현실에서 임신중지나 영유아의 살해는 임신과 출산을 조절하기 위한 방법으로 사용된 경우가 많았으며, 가난이나 성폭력 등 피치 못할 사정도 적지 않았다. 그 자체로 여러 각도의 재고가 필요하지만, 이렇게 보자면 임신중지와 영유아 유기나 살해와 같은 여성 범죄는 계급과 젠더 폭력이 교차하는 자리에서 가해와 피해의 경계를 뒤흔드는 사건으로 다루어져야 한다. 살인인가 극진한 모성의 표출인가가 논점이 될 수 있는 것이다.

미국에서 일어난 흑인 여성 노예의 자식 살해 사건('가너 사건')을 예로 들어보자. 마거릿 가너는 노예를 대물림하지 않겠다는 의지를 표현하기 위해 자신의 자녀를 살해했다. 그녀의 행위를 두고 노예 지지자들은 광기와 정신 착란의 결과라 했지만 노예제 폐지론자들은 딸을 지키기 위한 영웅적 행위이자 자식을 참혹한 운명에서 보호하겠다는 모성애의 극치로 이해했다. 윤리적 판정이 쉽지 않은 이 사건은 모성이 불변의 생물학적 본능이 아니라 사회, 역사적 맥락에 따라 구성된다는 사실을 일깨운다. 마거릿 가너의 사례처럼 흑인 여성 노예의 임신과 출산 경험이 주체적인 모성의 경험으로 이어질 수 없으며, 심지어 자신의 아이를 노예로 만드는 모성을 경험해야 했던 극단적 경우까지는 아니라 해도,[9] 하녀에게도 빈번하게 발생했던 임신중지나 영유아 유기나 살해가 자신의 생존을 위한 행동인 동시에 아이를 위한 모성이기도 했음을 각도를 달리 해서 고려해볼 필요가 있다.

사실 따지자면, 모성 보호 문제는 직업여성 관련 논의에서 나오긴 하였으나 근대적 가족 형태가 법적, 제도적으로 틀을 갖추어가던 과정과 맞물린 문제이기도 하다. 섹슈얼리티의 은폐를 통해 구축되는 근대가족은 성의 공동체를 가리키는 성性가족을 의미하는데, 이러한 가족 형태의 등장으로 보호받는 대상인 여성이 가정 내 여성으로 한정되기 시작했다. 1930년대 전후로 성을 공유하면서 섹슈얼리티를 은폐하는 가족이 정상 가족의 형태로 안착하면서,[10] 여성의 가정 중심화라는 성격이 뚜렷해지고, 보호되어야 할 모성의 범주가 계급과 성적 지향에 따라 배타적으로 협소화되기에 이른다. 이런 변화과정에서 이성애 중심으로 구성된 가정 바깥에 놓인 여성(모성)은 산업의 요청에 연동하는 노동력, 즉 사용하기 편한 노동자로 변모된다. 전형적으로 "순종 그리고/또는 돌봄을 요구하는" 직종에서 낮은 임금을 받으며 일을 하고, 일이 없어지면 자신이 "속한" 곳으로 곧바로 돌아가는 사회적 메커니즘이 과학이나 의학 그리고 법 지식의 이름으로 안착되고 있었다.[11] 이러한 전환 속에서 가정 바깥, 특히 하층 여성의 몸은 노동력이되 더이상 보호되어야 할 모성이 아니었다. 요컨대, 하녀 모성에 대한 이해는 노동시장과 가정에서 수행되는 유급노동과 무급노동을 연결해서 분석하는 연결적 시야를 요청한다.

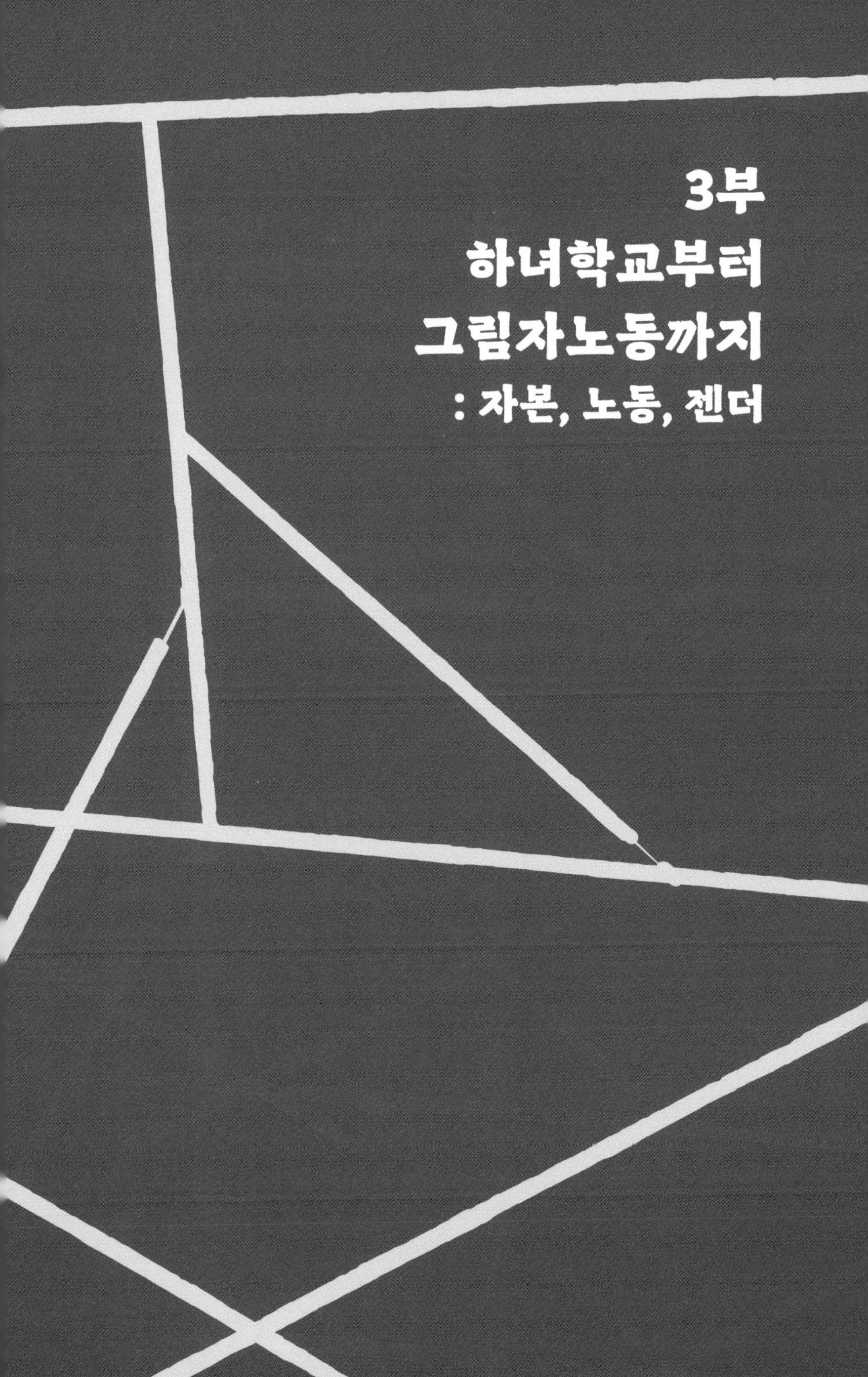

3부
하녀학교부터 그림자노동까지 : 자본, 노동, 젠더

1장
하녀학교에서 식모폐지론까지

> 여성이 왜 다른 누구를 고용해야 하는지 그 이유와는 별도로 가사노동은 그 자체로 여성들 간의 불평등한 관계를 대변한다. 그러나 여성들 간의 불평등관계는 그 자체로 여성들이 가사노동 부담이라는 가부장적 종속을 공통으로 경험함을 드러내는 것이기도 하다.[1]

하녀학교

1929년 황금정 경성부 직업소개소에서 취업률을 조사해본 결과 일본인 가정의 하녀 '오모니'가 가장 높았다.[2] 1930년대 들어서면서 직업소개소를 찾는 구직자 수가 급격하게 늘었는데, 그만큼 실직자가 많아졌기 때문이다. 이러한 변화와는 무관하게 일본인

가정의 '안잠자기' 역할을 지원하는 여성은 항상 만원이었다.[3]

> 시내 황금정 삼정목 61번지 경성 인사상담소의 근황을 들으면 조선인 여자 하인 청구가 늘어서 현재 77명이란 다수의 신청이 있다는바, 조선인 여자 하인을 좀체로 구할 길이 없다는바 그 요구 조건에 다소 일본말을 아는 것을 구함으로 더욱 어려운 모양이라 하며 일본인 여자 하인도 27명쯤 신청이 있으나 이도 역시 용이치 못한 모양이라더라.[4]

> 별항과 같이 일본 사람의 이주가 격증한 관계인지 지난 2월 중 경성부 인사상담소에는 작년 동기에 비교하여 그전에 없던 현상이 생기었다 한다. 상세한 구별을 보면
> ◇ 구인 수
> 조선인 남 176 여 266 / 일본인 남 40 여 49
> ◇ 구직 수
> 조선인 남 282 여 178 / 일본인 남 47 여 19
> ◇ 취직 수
> 조선인 남 94 여 107 / 일본인 남 8 여 16
> 등으로 제일 눈에 띄는 것이 조선 여자 구직 수 178명 중 취직한 사람이 107명에 달하는바, 그들의 하는 일은 모조리 호 내 사용인으로 주인은 전부 일본 사람이라더라.[5]

위의 기사에서 언급한 경성부 직업소개소 통계를 표로 정리

해보면 다음과 같다.

	구인 수		구직자		취직자	
일본인	남	40명	남	47명	남	8명
	여	49명	여	19명	여	16명
조선인	남	176명	남	282명	남	94명
	여	266명	여	178명	여	107명

1928년에 비해 조선 여성의 취직이 급증했음을 주목하면서 한 달 사이에 백 명이 넘는 구직 여성이 취직했음을 이 기사는 알린다. 여기서 취직을 한 여성의 수효보다 눈에 띄는 점은 조선 여성이 전부 일본 사람이 주인인 가정의 가사사용인으로 고용되었다는 점이다.

1930년대 중후반부터 인천에 많은 공장이 세워져 일본인 입주자가 늘었는데 그러면서 인천 직업소개소에도 '하녀'를 구하는 주문이 쇄도했다. 이에 따라 인천 직업소개소는 조선인 여성을 대상으로 간단한 일본어와 산술, 예의범절 등을 2개월에 걸쳐 가르치는 '하녀학교'를 열기도 했다. 일본인 가정에서 하녀로 일하기를 지망하는 13~30세까지의 조선 여성을 대상으로 하는 '하녀학교'는 인천부 내 화정 인보관에 1937년 8월 10일 개교하여 10월 9일까지 운영되었다. 졸업 후 취직 알선을 목표로 사회사업협회에서 마련한 프로그램이었다. 말하자면 현재의 직업학교로 1회 수강생은 총 54명이었다.[6]

앞서 살펴보았듯, '오모니 시장의 특이한 호경기'라고 할 만큼, 기왕에 '하녀'로 일한다면 일본인 가정의 '하녀'가 되기를 선호하는 이가 많았다. 일본인 가정에서도 일을 잘하면서도 임금이 낮은 '조선인 하녀'를 상대적으로 선호했다. 식모를 구하는 일본인 가정의 바람과 달리 일본어를 한마디도 못하면서 오모니를 지망하는 여성도 많았다.[7] '식모기근'으로 표현될 정도로 호황이던 시절을 지나, 1935년 이후 '하녀'는 사회 문제 가운데 하나로 거론된다. 이에 '하녀'를 두지 말자는 권유의 담론이 점차 힘을 얻어갔다.

식모폐지론

남의집살이 여성을 퇴출해야 한다는 캠페인 성격의 논의는 지속적으로 이어졌다. 이는 그만큼 남의집살이 여성의 활용이 일상화되고 있었음을 역설한다. 도시를 중심으로 직업부인도 증가했지만 점차 핵가족('단둘의 살림')이 늘면서 종을 부리던 상류층 이외의 일반 가정에서도 남의집살이 여성을 두는 경우가 많아졌기 때문이다.[8] 생활 형편의 어려움과 무관하게 식모를 두지 않은 집이 드물고 아이 돌보는 이가 없는 집이 없었다고 한다.[9] 남의집살이 구직 여성에 비해 구인하는 쪽이 많아 수급 불균형으로 식모 월급이 상승중이라는 기사가 소개될 정도였다.[10]

"경성 평양, 대구, 부산 등 도회지라고 이름 붙은 곳은 어느 곳이든" "식모이고 애 봐주는 사람이고 하녀들이고 간에 부리는 여인을 구하기가 썩 힘"든 이러한 현상은 "공장工業이 발달되는 한편 여자들의 직업 범위가 넓어짐에 따라" 심화된 것으로 판단되었다. "전국적인 현상"이었던 "개인의 집에서 부리는 여자를 구하기 힘든"[11] 이러한 상황은 1940년대까지도 지속되었다. 1940년만 보더라도 1월부터 8월까지 경성 직업소개소나 화광교원 소개부 등을 통해 공식 집계된 구직자뿐 아니라 개별적으로 움직이는 구직자까지 고려하자면 적어도 1만 5천 명 이상의 식모['안잠자기']가 경성에서 일자리[가정]를 구할 만큼 적어도 여성의 직업 가운데 식모 시장은 꾸준히 활황이었다.[12]

당연하게도, 이러한 남의집살이 시장의 꾸준한 호경기를 사회 차원에서는 긍정적으로 받아들이지 않았다. 들여다보자면, 국가적 차원의 통치술이 전면화되는 과정이었다. 국가적 차원에서 보자면, 전쟁기 국민총동원체제가 수립되면서 일제는 총후국민으로서 여성노동력을 관리하고자 정책을 뚜렷하게 바꾼다. 사회적 차원에서는 중상층 가족 이데올로기의 작동 속에서 식모 없애기가 가정개조의 주요 이슈로 다루어졌다.[13] 식모 없는 주부의 삶이 경제적, 윤리적 차원에서 고평되었고, 가정 바깥에서 활동하는 직업부인에 대한 비난이 거대한 기조를 이루었다.[14]

*

하녀의 삶을 빈곤한 하층민의 삶과 동일시하는 정도로 이해하면 하녀가 빈곤에 떠밀려 그런 일을 한다는 인식이 전제된다. 이러한 인식은 일면 타당하다. 그러나 이러한 관점은 무엇보다도 '남의집살이' 여성 문제를 개별 여성의 상황과 처지의 문제로 치부해버린다. "여러 노동자들 중에 제일 많은 일을 하고 제일 적은 보수를 받는 노동자는 우리 가정에 제일 필요한 식모"이며, 그렇기 때문에 '식모의 생활이 제일 불쌍하다'는[15] 인식은, 사실상 1920년대 중반 등장한 직업여성으로서의 하녀에 대한 사회적 관심이 만들어진 이후로 오랫동안 변함없이 지속되었다. 그러면서도 1930년대 중반을 지나면서 하녀론은 하녀를 위험한 존재로 재규정하는 논의와 함께 '식모폐지론'으로 모아진다.[16] 1930년대 전후로 전 세계적 경제 불황의 여파로 심각한 불경기가 지속되자 실업자가 늘었으며 생활난이 심해졌다. 전시체제가 강화되던 1930년대 중후반 이후로는 국가 차원의 전쟁을 후방에서 지원하는 공간으로 가정이 재배치되고, 여성은 가정 내에서 전쟁을 위한 후방 지원군으로 자리매김된다. 이러한 경향은 노동시장에 동원되었던 여성을 가정으로 되돌리려는 기획 속에서 강화되었다.

현재 우리 가정을 위협하고 있는 큰 문제가 있으니 '식모' 문제라고 생각합니다. 집집마다 앉으면 식모 걱정이오 식모 쟁탈이 계속되어 있어주부들이 적지 않게 위협을 받고 있는 것이 사실입니다.

더구나 경성에 있어서 이 식모 문제가 더 심한 것이 사실이니 이것은 **직업부인이 경성에 많다는 것도 원인**이거니와 경성 사람이란 옛날부터 하인 두기를 좋아해서 행랑어멈 아범이 있는데다가 옛날에는 종의 제도로 웬만한 집에서는 종을 부리는 관계상 지금 시대가 변하여 종의 제도가 없어지니 그 대신 식모 아니 부리고는 견디지 못하는 것입니다.[17]

식모이고 애 봐주는 사람이고 하녀들이고 간에 부리는 여인을 구하기가 썩 힘듭니다. 이러한 현상은 공업이 발달되는 한편 **여자들의 직업 범위가 넓어짐에 따라 점차 더 심하여 갈 터**이지마는 좌우간 개인의 집에서 부리는 여자를 구하기 힘들다는 것은 전국적인 현상의 하나이올시다.[18](강조: 인용자)

식모폐지론과 식모위험론은 값싼 노동력이 풍부했던 사정 때문에 부상했다. 하녀를 적은 돈으로 손쉽게 쓸 만큼 하녀 노동력이 흔했고, 기술과 밑천 없이 경제력을 얻고자 하는 생활고에 시달리는 저학력 여성들도 그만큼 많았음을 유추해볼 수 있다.

'식모무용론' '식모폐지론' 등으로 압축할 수 있는 이러한 논의들은 '하녀'가 가져오는 가정 내의 손실 분석에 집중했다. 구체적으로는 '하녀'를 두면 경제적으로 손실이 크며, '의심과 경계의 대상'인 그들로 인해 정신적 염려도 많이 하게 되고, 무엇보다 보통 가정부인에게는 몸 편한 것 말고는 득이 없는 선택이라며 '하녀'의 불필요성이 강력하게 주장되었다.[19]

> 주택을 개량하고 부엌을 고쳐서 될 수 있으면 식모에게만 맡기는 부엌이 되지 말고 주부의 부엌이 되는 날이라야 모든 손해를 받지 아니할 것이요 만일 하인을 두어야 하겠으면 일할 만큼 보수를 주도록 하고 한 달에 적어도 하루이틀은 휴일을 주는 것이 마땅하다 생각합니다.[20]

원래 주부의 공간이었던 부엌을 식모로부터 되찾아야 한다는 주장은 앞서 살펴본 바처럼 '하녀'에 대한 인간적 동정심의 외피로 둘러싸여 있었다. 그러나 식모의 노동보다 중요한 것은 식모든 아니든 누군가가 그 노동을 떠맡아야 한다는 사실이다. 하지만 이러한 논의에서 그 노동 자체의 강도나 불합리함을 논의하는 경우는 찾아볼 수 없었다. 식모에게 휴일을 제공해야 마땅하다면, 그 휴일의 노동은 주부가 대신해야 합당하다고 여기는 셈이다. 이렇게 보자면, 주부의 역할이 식모와 다르지 않다는 이러한 인식에 기반한다는 점에서, 식모무용론이나 식모폐지론이 결과적으로 무엇을 겨냥한 논의였는지 다시 짚어볼 필요가 있다.

2장

주부와 하녀의 위치

가정주부 역할론

실제로 '식모폐지론'은 곧바로 식민지기 내내 지속되었던 가정개조론과 함께 '가정을 주부에게로'로 압축되는 '가정주부' 비판론으로 이어졌다. 부엌과 가정을 대상으로 생활개선 운동이 진행되면서 '하녀'의 불필요성이 떠올랐지만, '식모폐지론'이 실제로 강조한 것은 가정에서의 가정주부 역할론이었기 때문이다. 이에 따라 가정주부가 '집안의 중심인 부엌을 무식한 식모나 일하는 아이에게만 맡기고 자식의 양육까지 맡기는 일은 천만 불합리한 일'[1]이라거나 '편하게 지내려고 식모를 두려는 것은 도덕상 위생상 좋지 못하다는'[2] 비난도 거세졌다. 아동교육을 논하는 자리에서 가정교육의 중요성을 강조하지 않은 때가 없었으나, 근대 초기부터 근대적 여성이 갖추어야 할 덕목 가운데 하나로 아동교육에 대한 지식이나 소양을 거론한 경우가 적지 않았다. 중상층 이상의 가정에서는 실질적으로 아이를 돌본 하인이나 하녀의 영향력을 의식하기도 했다.[3] 이런 논의가 시간차를 두고 반복되었으며, 급기야 "내 집의 단란을 깨트리는 것도 식모요 경제의 손실을 보게 하는 것도 식모요 주부의 건강을 뺏는 것도 식모"[4]라는 식의 식모절대불가론까지 주장되었다.

'식모폐지론'은 표면적으로 그리고 노골적으로 '하녀'의 불필요성을 강조했다. 그러나 실제적으로는 가정 내 '하녀'를 둔 '여성-주부'가 비난의 대상이었다. '식모폐지론'의 궁극적 목적은, 말하자면 '하녀'가 맡은 '노동'이 본래 주부의 것임을 강조하는 데 있었다. '식모폐지론'은 결과적으로 '하녀'를 가족 단위 바깥으로 밀어내는 힘으로 작동했다. 이 과정에서 근대적 직업이었던 '하녀'의 등장과 함께 '노동'으로 분류되던 '가사'가 가정과 사회 그리고 국가에서 '여성-주부'가 떠맡아야 할 의무로 재규정되었다. 말하자면 '하녀'를 없애야 한다는 논의가 '가사(집안일)'와 '노동'에 관한 재규정을 이끈 것이다. 결과적으로 '가사'가 임금으로 교환되는 '노동'이 아니라 생산과 재생산을 위한 기초 단위, 즉 가정을 유지하기 위한 노역으로 환원되어버렸다.

사실 식모폐지론은 불황으로 인해 전반적인 실업률이 상승하는 상황에서 남성보다 여성의 취업이 용이한 상황이 부른 논의이기도 했다.

식모와 침모를 구축驅逐하라. 여자가 직업전선에 나서 눈에 보이는 적은 수입을 탐하지 말고 가정에 돌아가서 무용의 지출을 적게 하는 것이 묘책이 아닐까 한다.

현대에 소위 신여성들은 가정을 이루면 별로 번다하지도 않은 가정에도 식모와 침모를 두는 것이 한갓 자랑은 될는지 모르나 사인使人들은 안 먹고 안 입고 보수도 없다면 모르나 그것 역시 무용의 장물長物이 아니고 무엇인가. 주부가 좀더 일한들 해될 것은 없지 않은가. 주부가 내 가정에서 일한들 그것으로 명예에 관계될 바도 아니며 허물도 아니라고 믿는다.

학교에서 재봉가사는 배워서 무엇에 쓰려는가. 내 가정에서 활용하는 것이 본의라면 지출을 덜기 위하여 내 가정평화를 위하여 힘써 식모와 침모를 축출하는 것이 좋을 줄로 믿는다.

주부의 손으로 취사를 한다면 전 식구가 안심하고 음식을 먹을 수 있으며 다소 잘못된 점이 있더라도 음식에 대한 투정이 없어지며 때로는 웃음의 자료가 되어 평화스러운 가정이 될 것이나 만약 식모가 조리한 것이라면 사소한 일에도 투정을 내며 그로 인하여 가정이 평화롭지 못할 것이다. 남자들이란 대체 심리가 이상한 특성이 있는 까닭이다. 내 가정에서 사랑하는 처자가 지어주는 음식에는 불평이 없으나 혹 여관이나 요정식당 같은 데서는 사소한 점에도 투정을 부리는 심리가 가정 식모가 지은 것에까지 그대로 활용되는 관계로 가정의 평화를 깨뜨리기 쉬운 일이다. 그러므로 우리는 어떠한 의미로 보든지 먼저 식모와 침모 기타 용인庸人들의 수를 가급적으로 축소 혹은 전폐할 필요가 있다.[5]

마녀사냥과 자본주의 원시축적의 상관성에 천착한 실비아 페데리치의 논의를 빌려 말하자면, 노동시장의 협소화가 젠더적 차별화 논리를 작동시켰다고 말할 수도 있다.[6] 하녀제도의 폐지가 논의되는 동시에 하녀의 위험성에 대한 논의가 급부상했다. 이러한 현상을 두고도 위험성의 내용 자체가 아니라 하녀의 위험성을 부각하는 담론의 구조적 배후를 물어야 한다.

식모를 두는 일의 경제적 손실과 도덕적, 위생적 폐해를 지적한 논의는 대개 가정주부들이 식모를 쓰는 일을 게으름의 소치로 치부하는 논의와 여성들의 직업활동을 부정적으로 평가하는 논의를 포함하고 있었다.[7] 직업여성들의 수입은 '분값 옷값 신값을 제하면 적자인 경우도 없지 않다'는 점을 근거로, 여성의 직업활동을 생산이 아니라 소비를 위한 행동으로 판정하고, 이런 상황이라면 식모를 두지 않아야 바람직하다는 입장이 식모에게 가정교육을 맡기는 어머니에 대한 질타만큼 식모폐지를 둘러싼 주요 논점으로 다루어졌다.[8] 이런 사정까지 두루 고려하자면 식모폐지론을 둘러싼 논의를 통해 여성노동이 경제적 상황이나 노동력의 수요 변화에 따라 재배치되어야 할, 철저한 조절 대상이었던 사실을 다시 한번 확인할 수 있다.

자본, 노동, 젠더

여기서, 엄밀하게 짚고 넘어가야 할 것은 '하녀'를 둘러싼 일련의 논의가 여성의 노동에 대한 논의 변화를 그러니까 '가사'에서 '가사-노동'을 통해 다시 '가사'로 재규정되는 과정을 보여준다 해도, 이 과정을 '식모'에게로 '넘겨졌던' 친밀성의 영역이 '가정주부'에게로 '되-넘겨졌다'고 이해해서는 곤란하다는 사실이다.

> 소년들을 범죄에서 보호하자면 무엇보다 좋은 가정이라야 합니다. 가장 있기 쉬운 예로 이러한 예가 하나 있습니다.
> 고등교육을 받은 여자로 전문학교의 교편을 잡으며 상당한 집안에 계모로 들어간 계모의 실화가 있습니다. 계모가 가정살림을 하면서 학교에 일부러 가고 아버지도 밖에서 일을 하는 분이니 자연이 집안이 비어 있을 것입니다. 전실 아들로 소학교 4년급 자리가 하나 있는데 곧잘 학교에 다니는 줄 알았더니 학교에서 한번은 부형에게 출두하라는 서류가 왔더랍니다. 학교에 가본즉 2학기, 3학기를 거의 결석하였으니 웬일이냐 하고 뜻밖에 말을 하므로 매일 점심을 싸가지고 학교에를 갔는데 그게 웬일이냐고 놀라서 조사해본즉 매일 점심을 싸가지고 나쁜 동무의 꼬임을 받아 놀러 다니며 월사금은 받아서 사 먹고 구경 다니고 또 학교에서는 이상해서 가정방문을 했으나 부모 중에 한 분도 없고 식모뿐이니 그대로 돌아갔다는 것입니다. 거의 불량소년 틈에 끼어 소망이 없어지도록 된 것을 교육받은 어머니라 단연 학교를 그만두

> 고 이 아이의 훈육에 전 노력을 해서 두 달 후에는 완전히 전과 같이 회복되어 다시 집안에 웃음소리가 났다는 이야기를 하며 자칫하였으면 자식 하나 버리고 계모 손에서 자라니까 그렇다는 억울한 비평을 들을 뻔했다는 아슬아슬한 이야기를 들었습니다.[9]

표면화되지 않았다 해도 이러한 기사를 통해 확인할 수 있듯, "근일近日 비상시非常時라 생활방침을 긴축한" 논리, 즉 전쟁 동원 체제로서의 전환 논리가 불러온 생활개선책이 여기에 은폐되어 있었다. 말하자면 주부로서 음식을 장만하는 일은 한 집안의 평화와 안락을 좌우하는 중대한 일일 뿐 아니라 국가의 미래를 책임질 후속세대 즉 아동의 성장과 교육에도 영향을 미칠 일이라는[10] 논리가, 남편 공양과 자녀 성장을 남['하녀']에게 책임지운다는 것은 도리도 아니라거나 바야흐로 "비상시"이므로 온 가족이 한데 뭉쳐야 한다는 논리를 이끌었다. 살림살이도 가솔이 분담하여 서로 공조하는 것이 시대에 적응하는 자력갱생의 기초[11]임을 강조했다. 이러한 논의과정에서 식모를 없애는 문제는 국가 차원에서 수행해야 할 비상시의 중대 사업으로까지 강조되기에 이른다. 식모를 없애는 일이 전시의 중대 사업이 되었을 리 만무하지만, 식모가 책임졌던 '여성노동'이 갖는 의미와 위상이 변하고 있음에는 틀림없다. 여성노동은 국가와 제도 차원에서 구조적으로 활용하거나 재배치하는 영역이 된 것이다. 이런 점에서 가정 내 규율 대상이던 '하녀'가 적극적으로 국가가 규율해야 할 대상으로 환치되는 동시에 국가의 운용을 위해 제거해야 할 영역/장소로 처리되었다고도 말할 수 있다. '하녀'는 '가정주부'에 의해, 동시에 '하녀'와 '가정주부'는 식민주체에 의해, 일방적인 관리·통제·규율의 대상이 되고 있었던 것이다.

요컨대, 식민화과정을 포함해서 사회의 근대화는 불가피하게 소비동력으로서 하위주체의 '노동'을 요청하고 착취했다. 말할 것도 없이 여성 하위주체에게는 중첩된 하중이 가해지게 마련이었다. 지금껏 살펴본 '하녀'를 대표적인 사례로 거론할 수 있을 것이다. '가사'와 '노동' 사이를 가르는 빗금처럼 불안정한 위상 속에서 진동하던 소비동력으로서의 '하녀'는 식민지 모순 위에 가부장제의 모순이 중첩된 공간, '식모학교'와 '식모폐지론' 사이에서 설 곳을 잃게 되었다. '하녀'는, '식모학교'를 통해 식민지 공간에 존재하는 식민주체의 재생산을 위한 '가사/노동'을 떠맡는 과정 속에서, 식민지 중산층의 가족경제와 윤리를 위협하는 '불합리하고 더러운' 존재로 배제되는 과정 속에서, 가정과 사회, 민족의 '바깥'에 놓인 채 존립 근거를 상실하게 된 것이다.

사회학적 문맥에서 감정을 연구하는 잭 바바렛이 감정의 관계적 성격을 두고 아그네스 헬러의 논의를 빌려 강조했듯이, 노동력의 상품화는 자본주의적 전환과 그에 따른 사적 영역과 공적 영역(유급노동 영역) 간의 분리를 초래하고, 감정을 구조화하는 사회적 관습에 큰 변화를 야기했다. 사적/공적 영역의 결합태이자 공동체적 생산활동의 장이었던 가족은 자본주의 논리에 의해 배타적인 '감정적 친밀성'의 공간으로 협소화되었다. 근대 이후 '감정적 친밀성'의 공간이 특정화되었다는 사실보다 주목할 점은, 감정의 범주가 자본의 힘에 의해 변형되고 재규정된다는 사실 자체일 것이다.[12]

식민지기를 두고 보자면, 여기서 '하녀'론에 의해 '하녀'의 불확정적 위상을 거점으로 재조정과정에 놓인 공적/사적 영역의 배타적 재분리과정이 포착된다고 해야 할 것인데,[13] 1920년대 전후로 국가에 의해 여성이 젠더적으로 배치되는 과정에서 영향력을 행사한 '현모양처론'이 식민 통치 말기로 치닫던 1930년대 후반에 이르러 의미의 재규정과정을 거치고 있었다고 말해도 좋을 것이다.

'주부/하녀'의 교환

하녀를 둘러싼 담론과 서사의 순환적 흐름에 비추어보자면 『문학예술』 1956년 8월호에 실린 박영준의 소설 「식모」의 일면은 하녀에 관한 담론과 서사에서 간과해서는 안 될 한 가지 특질을 뚜렷하게 보여준다는 점에서 시사적이다.

> "제발 내쫓지만 말아주세요."
>
> "내쫓는 건 아니지만 같이 있을 순 없지 않소?"

"식모라두 좋아요. 이 집에서 살게 해주세요."

"식모는 월급을 줘야지!"

"월급 없는 식모두 좋아요."[14]

소설 「식모」에서 1년간 미국에서 지내다가 돌아온 한 남자는 그 사이 아내가 탈선 행위를 벌였다는 소식을 전해 듣고 아내를 추궁해 사실을 자백받는다. 교수인 남자는 사회적 시선을 의식해서 아내와의 이혼을 망설이는데, (오늘날의 관점으로도 쉽게 납득되지 않지만) 탈선했던 아내는 자신을 식모처럼 쓰기를 간청한다. 사회의 시선에서 자유롭지 못한 남자의 위선적 태도를 은밀하게 폭로하는 이 소설은 가정에서 아내의 역할이 실상 식모와 다를 바 없음을 누설한다는 점에서 흥미롭다.

의도와는 무관하게, 「식모」는 식모 자리가 매번 가정주부와의 경쟁 혹은 교환 가능한 영역으로서 논의된다는 점을 말해준다. 여성이 노동시장에 투입되어 직업을 가지면 임금노동자가 되는 동시에 가족의 속박에서 벗어나 여성 해방이 이루어진다고 오해하기 쉽지만, 경제적 보상을 위한 생산활동에 참여한 여성이 대부분 빈민이나 하층민임을 환기해볼 때 여성노동은 가족경제에 이바지하고 자신을 부양하는 수단 이상의 가치를 부여받은 바 없었다.[15] 지금도 여전히 그렇듯, 하녀 혹은 가정주부의 노동은 그 자체로서 의미를 갖기보다 사회경제적 상황과 노동시장의 변화에 따라 가치화/재가치화되는 사후적이고 부수적인 노동이었다.

하녀에 관한 서사는 시기를 막론하고 동일하다. 그러나 지금껏 확인했듯이 하녀 담론이 부상하던 시기에도 담론이 지향하는 바에 따라 미묘하게 그 결이 달라졌다. 하녀를 노동시장의 일원으로 포섭하려는 담론이 있는가 하면 하녀를 '가정/가족' 담론을 통해 배척하려는 움직임도 있었다. 하녀의 계보학이라 할 수 있는 관점에서 바라보자면, 1950년대에서 1970년대에 걸쳐 등장하는 하녀 관련 담론이나 서사도 하녀를 직업여성군으로 분류하는 논의에서 하녀위험론에 이르는 논의라는 이러한 스펙트럼을 대개 벗어나지 않는다. 이렇게 보면 여성이 '남의집살이'를 하는 원인을 빈곤으로만 돌리려는 이해는 자칫 노동시장의 임금 변동과 노동력 수급 변동에 따라 작동하는 젠더 차별화 논리라는 심층 원인의 은폐에 기여할 수 있다. 더구나 글로벌한 자본시장에서 여성노동의 활용은 계급은 말할 것도 없이 국경과 인종을 넘어 배치되거나 조절되고 있다. 하녀와 빈곤의 상관성을 적극적으로 재고해야 하는 것은 이러한 연유에서다.

한동안 TV드라마와 연예오락 프로그램을 중심으로 '집밥 예찬' 무드가 폭넓게 확산된 적이 있다. 벗어날 수도 순응할 수도 없이 그저 소진되어갈 뿐인 신자유주의 시대의 삶을 위로하는 대중문화 특유의 유의미한 맥락이 없지 않았다. 그럼에도 '집밥 예찬'이 '집밥'을 가능하게 하는 '집' 그리고 '집밥'을 만들고 가족에게 제공하는 '어머니/주부'의 위상을 그 이면에서 역설했다는 사실을 부인하기 어렵다. 취업 가능성이 좁아지고 실업의 확률이 높아지는 사정은 노동시장 내에서 여성노동력의 비율을 줄이고 임금을 낮추면서 여성을 '가사와 재생산' 영역에 속하는 존재로 재규정하려는 젠더적 사회 재구조화를 촉진한다. 지금-이곳에서도 반복되는, 사회의 위계화와 차별화의 은밀한 작동을 두루 살피기 위해서는 '요리와 유기농 라이프 그리고 집밥 예찬'이 노동과 임금을 둘러싼 젠더적 차별화 전략을 역설하고 있음을 놓치지 않고 짚어봐야 한다. '집'과 '어머니/주부'의 위상이 강조되는 상황을 노동의 비정규직화 경향과 겹쳐놓으면, 노동의 젠더적 차별화가 야기하는 여성노동의 가치절하가 더 열악한 상황을 불러올 것을 자명한 근미래로서 예견하게 한다. 여성노동의 가치에 대한 재고가 본격화되지 않는다면, 그것은 곧 하녀의 삶을 사는 하층민 혹은 이 땅의 비정규직화된 노동 전체의 가치절하로 이월될 것이며 회복할 수 없는 노동가치의 위계화로 이어질 것이다.

3장
가정이냐 직장이냐

노동의 성별 분업이 만든 질문

여성노동이 규율과 조절의 대상이었다는 사실을 통해 충분히 엿볼 수 있듯, 직업여성이 증가했다고 사회적 인식이 그와 비례해 진전되지는 않았다. 1930년대 중반 이후로 직업여성('직업부인')에 대한 사회적 시선은 오히려 부정적으로 보수화된다. 직업여성의 등장이 야기한(혹은 야기할지도 모르는) 젠더 교란의 면모에 대한 사회적 저항의 일면으로서, 제국이 총력전체제로 정비되면서 생긴 조정 국면의 일환으로서 이해된다.

사치 풍조를 비판하고 주방과 주택을 개량하거나 가정주부의 교양, 구체적으로는 가정 과학화와 모성 근대화를 시대적 요구에 따라 강조했다. 그러면서 경제적 이유를 내세운 식모폐지론

즉 남의집살이 여성의 불필요성이 지적되었다. 엘리트들의 원탁 회의에서도, 참석자의 성별을 막론하고 직업부인의 경우에는 "가정에는 충실치 못하게 되"므로 경제활동에 내몰려야 할 정도의 상황이 아니라면 "가정의 단란을 위하여 직업 안 가지는"[1] 것이 바람직하다는 입장으로 의견이 모아졌다. 이 과정에서 양육자로서 남성의 책임이 좀더 약화되었고, 가사와 돌봄 활동을 위한 소비조차 여성 고유의 일로 분류되었다.[2]

'특별 논문 기고 환영'이라는 제목을 내걸고 직업여성에 관한 논문 기고를 독려한 동아일보는 1936년 1월 내내 신문 지면에 「여성의 갈 곳은 직장이냐 가정이냐」라는 기고 논문을 싣는다.

> 가정의 주부로서 매월 기 10원의 수입을 위하여 직업전선에 나서지 말고 가정으로 돌아가서 식모용인食母傭人을 정리하고 세탁비와 기타 무용無用의 지출을 없게 하며 화장품대와 제반지출을 절약함이 가정경제상으로도 유리하며 자녀의 양육과 남편의 출세에도 막대한 도움이 되리라고 생각하는 바이다.[3]

표면적으로는 조선 여성의 사회 진출과 구직 자체에 반대하지 않는다는 입장이지만 논문의 기조는 '우선 가정으로 돌아가라'로 모아져 있다.[4] 경제적 차원은 말할 것도 없고, 내조와 양육 차원에서 여성의 직분은 주부에서 찾아진다는 입장을 견지하며[5] 여성의 가정 귀환을 주장하는 이 논문에는 권유 이상의 뉘앙스가 담겨 있었다. 여성의 사회활동이 적극적으로 권유되던 1920년대의 분위기가 무색하게 자녀에게는 "세상 더 큰 죄악도 없을 것"이며 식모와 같은 이에게 가사를 맡기는 경우 가정에 문제가 있을 것이라며 직업여성을 노골적으로 비난한다.[6] "여성의 본분"은 "건실한 내조자"[7]라는 주장이 서슴지 않고 이루어졌다. 남의집살이 여성의 문제로 한정해서 보자면, '여자가 직업전선에 나서서 눈에 보이는 적은 수입을 탐하기보다는 가정에서 무용한 지출을 줄이는 것'이 경제적이라는 (어딘가 낯설지 않은) 논리에서 '식모와 침모의 구축'이 요청되었다.[8] 주부의 본분을 강조하고 가사활동을 주부의 몫이자 민족적, 경제적, 사회적으로 여성에게 부과된 직분으로 다루었으며, 그에 따라 남의집살이 여성을 들이는 게 민족적, 경제적, 사회적 차원에서 오히려 해가 되는 일로 비판되었다.

이 논문에서는 이렇듯 여성의 가정주부화를 강력하게 요청했다면, 연이어 실린 여성 필자의 논문(가작 당선작 윤경신의 논문)에서는 여성적 시각이 상대적으로 뚜렷했다. 직업여성이 처한 사회적 난점이 현실사회의 맥락 속에서 냉철하게 파악되면서, '가정이냐 직장이냐' 문제가 여성의 선택에만 달린 문제는 아니었다는 현실적 사정이 짚어졌다. 윤경신의 논문은, '가정이냐 직장이냐'라는 논의에 선행해서 과연 여성이 그 선택의 주도권을 가졌는가를 문제 삼는다.[9]

산업화에 따라 저렴한 노동력이 필요해지면서 여성노동이

요구되었다. 식민지 조선에서 1920년대 초중반부터 직업부인을 둘러싼 논의가 시작된 것도 그러한 맥락에서다. 산업화의 성격에 따라 노동은 젠더 역할에 따라 배분되거나 배치되었다. 1930년대 이르러 여성이 저임금으로 생산에 투입되는 상황이 자본주의와 가부장제의 공모의 결과이자 성별 분업의 여파임이 분명하게 가시화되었다.[10] 여성이 선택 가능한 직업군 자체가 협소하다는 점과, 노동의 성별 분업이 이루어지는 동시에 직업군 내에서도 동일 직종 내 성별 임금차가 심각해진 사정이 문제로 지적되었다.[11] 요컨대, 1930년대 중반을 거치면서 여성노동과 직업여성에 대한 사회적 시선 변화가 뚜렷해졌는데 이는 여성의 위치가 가정과 직장이라는 분할적 선택지 속에서 논의되고 여성의 사회적 역할과 가치가 가정을 중심으로 의미화되는 경향이 강화되었음을 말해준다.

성별 분업적 노동 인식

여성이 가정 내부와 외부에 분리되고 배치되는 과정을 현모양처론과의 공모 속에서 살펴보자면, 중산층을 중심으로 한 여성담론의 주류화이자 사회의 성별 이분화인 동시에 여성 내에서 계급적 차별화와 위계화가 생기는 과정으로 이해해야 한다.[12]

한국사회에서 근대 초기 현모양처론은 여성을 전통적 신분제의 억압에서 해방시키는 역할을 했으며 그 결과 가족 내에서 여성의 지위는 상승되었다. 이러한 기여를 무시할 수는 없다. 그러나 자본에 의한 '생계부양자-가정주부' 커플을 중심으로 한 부르주아 경제공동체 이데올로기인 현모양처론은 '남성은 일, 여성은 가정'이라는 식으로 생산 영역과 재생산 영역을 분리시키고 남성과 여성의 성별 역할 분담을 전제로 하는 근대적 분업을 추동하는 담론임이 분명하다. 현모양처론의 실체는, 즉 현모양처론이 허락한 여성 해방이 가부장제 내부로 한정된다는 사실은 식민지 조선에서 1930년대 중반 이후 명백해진다. 성별로 분담된 역할을 기꺼이 떠맡고 충실히 수행할 때 그 역할에 부여되는 권한은 작지 않다. 현모양처론은 여성의 권한을 무조건적으로 축소하는 게 아니다. 이런 의미에서 현모양처론은 전근대적 퇴행을 구현하는 담론이 아니라 자본주의를 작동시키는 주요 동력 가운데 하나인 것이다.[13]

그 결과로서, 사적 영역과 공적 영역의 철저한 분리에 입각한 가부장제 논리에 따라 가정은 공적 영역에서의 생계부양자와 그 파트너인 가정주부로 이루어진 최소 단위의 재생산 공간으로 재구축되어야 했다. 이에 따라 전업주부로서 여성의 역할이 강조되고 여성에게 가사와 돌봄 행위가 의무로서 부과되었다. 특히 모성을 강조하면서 과학화, 표준화, 규율화된 가사와 양육의 전문성을 신경쓰면서, 돌봄 행위가 아내이자 어머니인 여성의 사회적 직분으로 확정되기에 이른다.[14]

이렇게 노동이 성별에 따라 분업된다는 건 남성과 여성이 다양한 일을 배분해서 떠맡는다는 의미를 넘어서는 것이다. 성별 분업을 '타고난' 성별 특성에 따른 배분으로 보이게 함으로써, 남성과 여성의 노동을 인간과 자연의 대비로, 노동과 비-노동의 대비로 바꿔 쓸 수 있게 하기 때문이다. 가사와 돌봄 활동은 바로 이런 전환적 계기를 통과하면서부터 무급의 그림자노동으로 인식된다. 말하자면 그림자노동은 여기서 발견된다고 말해도 좋을 것이다. 새삼 강조하지 않더라도 성별 분업에서 남성노동과 여성노동의 서열적, 착취적 위계구조가 은폐되는 것이 이 전환적 인식이 야기한 가장 심각한 문제다.[15]

중일전쟁 이후 총력전 시기로 접어드는 때 『여성』지에 김남천의 여성 직업에 관한 논의가 실린다. 그의 논의는 전쟁기 여성의 일과 '직업부인'에 대한 인식이 10여 년 사이에 성별 분업에 입각한 노동 인식과 현모양처론의 결합 형태로 사회 내부에 온전히 안착했으며, 전쟁기라는 시대적 환경에 의해 급속도로 자연화되었음을 보여준다. 김남천의 글에 따르면 직업여성이라는 범주가 10여 년의 짧은 역사를 갖는 건 우선 '현모와 양처 되는 일을 여성의 본분으로 여기던' 사회적 인습 때문이며, 직업여성을 적극적으로 요청하게 하는 산업화의 수준이 낮았던 사정과도 연관된다. 초창기 "선각자적인 교육자였던" 교원이 직업여성으로 이해되던 시절을 지나서 "방적紡績과 생사계生絲系의 공장이 처처處處에 생기면서 손길이 부드럽고 섬세하며 대금이 싸고 또 사나이들보다 부리기 편한 부인네들이 공장으로 뽑히어" 들어가는 식으로 산업화가 진전돼 가정에서 직장으로 나아가는 직업여성이 증가했다는 것이다.[16]

이러한 논평을 믿을 만한가와 별개로, 김남천의 논의를 통해 이면에서 근대적 재편을 겪은 유교적 인식인 현모양처론이 그 기원을 상실한 채 근대 이전의 낡은 인습으로 인식되었으며(혹은 내면화되었으며) 동시에 고등교육을 받았느냐 아니냐로 판정되는 직업부인 범주 내에서의 차별화가 일반적인 일이 되었음을 알 수 있다. 무엇보다 값싼 노동을 여성적 자질과 연관해서 이해하는 성별 분업적 노동 인식이 일상에 착색되었음을 새삼 확인할 수 있다.

김남천이 논평하는 여성 직업의 문제는 이런 인식틀 위에서 '가정이냐 직장이냐'라는 식의 선택 문제로 협소화되며, '직업'을 "가정 밖으로 나간다는 것"의 의미로 확정하기에 이른다. 이러한 전변과 자연화는 가정 바깥戶外의 노동이 갖던 신분 위계적 성격이 약화되었음을 의미하는 동시에, 가정 안팎의 노동이 가진 신분 위계적 분할의 성격이 젠더 위계적 분할의 성격으로 전환되었음을 시사한다. 전쟁기인 1940년대 전후로 접어들면서 이러한 인식적 전변과 자연화가 뚜렷해지는데, 젠더 위계적 분할이 더이상 낯설지 않다는 인식의 등장은 1930년대에 걸쳐 점차적으로 직업여성에 대한 비난이 드높아지는 과정에서 역설적으로 그림자노동이 고평되던 아이러니한 장면을 이해할 단서를 제공한다.

*

이러한 변화는 직업으로 인식되는 남의집살이 여성의 등장과 함께 적어도 하층계급 여성에 한해서는 (임금)노동으로 분류되던 가사와 돌봄 행위가 다시금 가정과 사회 그리고 국가 차원에서 주부가 떠맡아야 할 의무 즉 무급의 그림자노동으로 재규정되고 있음을 확인하게 한다.[17] 주부의 임무를 국가적으로 재규정하는 게 어떤 의미를 함축하는지는 좀더 세심하게 짚어야 한다. 직업부인의 범주가 구축되면서 여성의 노동이 사회적 활동으로 가시화되긴 했지만, 한편으로 모성을 정책적으로 보호하고 직업여성 즉 남의집살이 여성의 노동을 식모구축론(식모퇴출론)으로 비난하는데 이는 그림자노동의 비가시화가 사회 전반에서 안정화되고 체제화되었음을 방증하기 때문이다.

말하자면 경제적, 사회적, 국가적 차원 전반에 걸쳐 여성의 역할이 무임금으로도 행복하고 사랑스러운 '하녀'가 되었다는 선언일 수 있기 때문이다.[18] 주부와 남의집살이 여성의 위상이 필요에 따라 대치 가능한 것으로 위태롭게 설정되는 동시에, 저임금의 유휴노동력인 여성노동에 대해서 국가와 자본은 가사노동 예찬론, 가정(가사) 과학화, 남의집살이 여성의 경제적, 사회적 폐해론, 직업부인과 가정주부 대립론 같은 현모양처론의 변주 담론을 활용하는 식으로 우회적으로 노동 활용 방식을 매뉴얼화한다. 이러한 과정에서 그림자노동의 필요성과 범위 그리고 형태가 매번 재편됨을 확인하게 된다.

4장
그림자노동과 행복한 하녀

노동의 성별 재배치와 그림자노동의 젠더화

각도를 달리해서 살펴보자면, 현모양처로서의 여성의 역할은 가정경제를 책임지는 남성과 그런 가정의 유지 가능성을 통해서만 생성되는 젠더적/계급적 직능이다. 가정주부 그리고 저임금에도 불구하고 생계를 위해 직업세계로 내몰리는 여성 사이에는 계급적 위계가 놓일 수밖에 없다. 중산층 이데올로기로 작동한 현모양처론에서 여성의 역할은 남편 혹은 아버지의 수입만으로 생계유지가 어려운 여성들에게는 허락되지 않는다. 하층계급 여성의 노동이 임금으로 환산될 수 있는 영역은, 앞서 보았듯 대개 중산층 이상의 여성에게 직분으로 부여된 가사와 돌봄 활동이다. 하층계급 여성의 임금노동이 되면서 가사와 돌봄 활동은 그 가치 자체가 더 저하되거나 비가시화된 셈이다.

가사와 돌봄 행위의 직업화와 임금화는 가사와 돌봄 행위 당사자의 (자신의 가정에서 행하는 가사와 돌봄 행위) 그림자노동을 전제로 하는 것이자 그 가정의 파괴를 부르는 과정이라는 점에서 주목해야 한다. 가령, 1920~1930년대에도 자신의 아이는 남편에게 맡겨 암죽으로 키우며 자신은 젖어미나 유모로 남의집살이를 해야 하는 여성이 남의 아이를 키우다 자신의 아이를 잃는 비극을 겪는 일이 드물지 않았다.[1] 생계에 떠밀려 직업세계로 내몰린 여성이 직업을 얻고 돈을 벌 수 있었지만, 하층계급 여성이 직업을 갖는 것은 가족 전략에 따른 (불가피한) 타협의 결과이다.[2]

그렇기 때문에 가정 바깥에서 행해지는 여성노동은 여성의 자유나 해방 담론과 곧바로 연결되지 못한다. 가족 전략에 따른 여성노동은 가족경제를 유지하기 위한 성별 분할이 남성에게 할당한 역할을 대리하는 것으로 의미화되며 그런 까닭에 손쉽게 가족경제로 환수되면서 비가시화되고 누락되어버린다. 가사와 돌봄 활동이 무급이라는 인식이 뚜렷하게 형성되는 과정에서 하층계급 여성의 노동 자체가 완전히 누락되는데 이러한 사실에 특별한 주의를 기울일 필요가 있다. 1920~1930년대 남의집살이 여성의 노동은 성별 분업에 입각한 중산층 이데올로기의 사회적 지지대로서 활용되었기 때문이다. 현모양처론과 공모한 성별 분업의 논리는 역할 배분이라는 이름으로 이루어진 남녀의 위계구조를 표층에서 은폐하였고 그와 동시에 여성 내에서의 계급적 위계구조를 보다 심층에서 은폐했다.

가정주부가 여성의 본분이자 직분으로 인식된다고 해서, 그것이 곧 여성이 잉여가치 생산의 주체가 될 수 없다는 의미는 아니다. 그러나 가정주부와 근대적 핵가족의 정상성이 확립되는 사이에, 여성의 잉여가치 생산이 가정주부로서의 본분과 교환되는 것이 아니라 중첩되면서 여성이 생산한 잉여가치가 부수적이고 초과적인 것으로 치부된다는 데 이러한 인식의 기묘한 트릭이 숨겨져 있다. 남의집살이 여성의 노동이 실례로서 일러주듯, 가사와 돌봄 행위는 자신의 가정이 아니라 다른 여성의 가정을 일터로 삼을 때에만 노동으로 인정되고 임금으로 환산된다. 가사와 돌봄 행위가 곧바로 생산을 위한 노동으로 인식될 수 없는 아이러니한 상황은 가정주부의 정상성화가 만들어내는 여성 내 계급적 위계화라는 기묘한 역설로 이해되어야 한다.

이렇게 보면, 생계를 위해 다른 가정의 가사와 돌봄 행위를 책임지는 여성들의 직업적 고충은 개인적으로 겪어야 하는 불행 이상의 의미를 갖는다. 남의집살이 여성이 겪는 직업적 고충에는 두 가정의 위계화 즉 계급적 위계 문제가 은폐되어 있다. 남의집살이 여성의 가사와 돌봄 행위가 직업이 되는 동안 여성 내에서 새로운 불평등이 양산되며 이를 통해 자본과 노동의 성별 배분 구조가 더 공고해지는데 이러한 사실이 지워진다. 그 결과 중산층 이데올로기에 입각한 가족제도 자체가 공고해지며, 직업, 노동을 둘러싼 저변화된 사회적 인식 속에서 다층화된 여성의 면모가 획일적인 하나의 상으로 단일화될 뿐 아니라 훈육화와 규율화가 야기된다.[3] 요컨대, 노동이 젠더화된 결과로서 남의집살이 여성이 등장한 것이 아니라, 남의집살이 여성이 떠맡은 일[가사와 돌봄 행위]이 직업[/임금]으로 규정되는 과정에서, 그림자노동이 젠더화되고, 근대적 젠더 자체가 가정을 중심으로 보다 공고하게 (재)생산되는 셈이다.

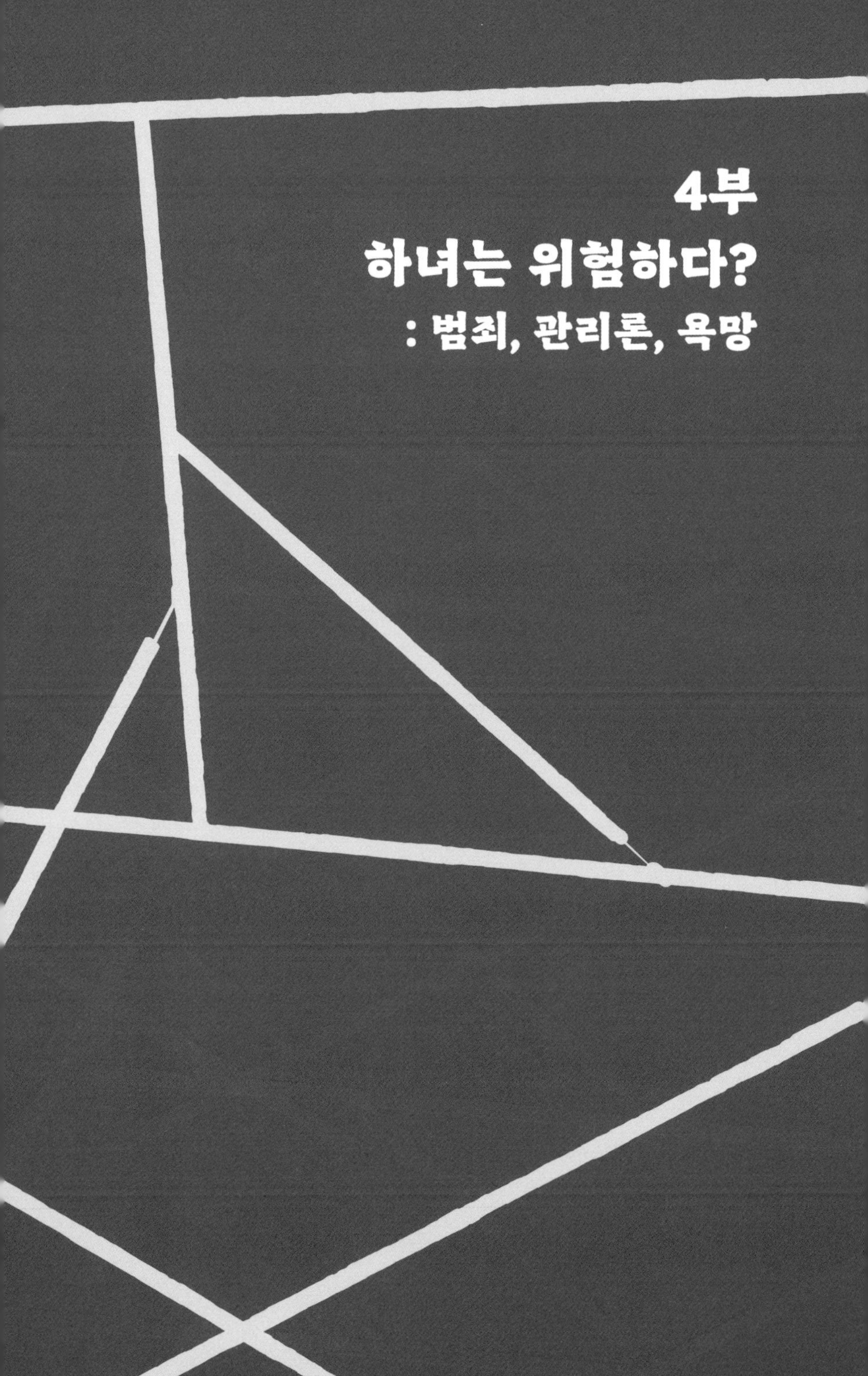

4부
하녀는 위험하다?
: 범죄, 관리론, 욕망

1장
하녀 범죄, 재조사가 필요하다

'되는' 존재들이라는 인식

사회적 문맥에서 '돌봄노동'을 담당하는 '하녀'는 전근대적이면서도 근대적이라는 복합적 위상을 가진 존재였다. 가정뿐 아니라 사회 전반에서 노동력을 부당하게 착취당하는 존재였으며 대개 남성인 당대 작가들에게 가정을 파괴하거나 위협하는 존재로 재현되곤 했다.[1] 물론 '하녀' 중에 위험한 여성이 없지는 않았지만 범주로서의 하녀가 실질적인 위협의 대상이 되었다는 감각은 사회 전체의 것이 아니라 특정 계층의 것이었다고 이해해야 한다. 1960년작 김기영의 영화 〈하녀〉가 보여주었던 것과 마찬가지로, 식민지기 '하녀'들이 가한 위협은 그녀들에게 가해진 폭력이나 인격모독의 크기와 비교할 수 없다. 그럼에도 식민지기 '하녀'는 사회구조적 위계 구도 속에서 '비윤리적이고 무도덕적인' 존재로 규정되고 재현되었다. 그들이 규정'되고' 재현'되는' 존재였기 때문이다.

> 주부 되는 이들은 흔히 '그것들이 사람인가' 하고 '훔치는 것' '꾀부리는 것' '더러운 것' '믿을 수 없는 것'으로 이 불쌍한 동포들의 특징을 삼는다. 사실상 남의집살이하는 이들은 훔치는 일도 있고 남의 살림이라고 제집 살림같이 알뜰히 하지 아니하는 폐해도 있고 동네 집으로 돌아다니면서 주인집 험담을 하는 폐단도 있고 또 더럽기도 하다.[2]

'하녀'에 대한 이러한 인식의 단면은 '하녀'에 대한 사회적 통념으로 당대에 유포되어 이후로 오랫동안 지속된다. 사실상 지금도 다르지 않다. '하녀'를 포함한 사회 배제적 존재들, 통칭하자면 타자로 불릴 수 있는 존재들에 대한 통념이 큰 차이 없이 그대로 반복된다. 이름 불리우고 대상화되는 존재들은 이 부당한 통념화의 메커니즘을 피하기 어렵다. 더구나 '하녀'를 다룬 신문기사를 통해서도 확인할 수 있듯이 '하녀'와 같은 타자에 대한 사회적 통념은 사회의 시선을 대리하는 미디어의 시선에 의해 더욱 강화되고 강고해진다.

가령, 1938년 3월 11일부터 3월 18일까지 매일신보에 「식모」라는 제목으로 연재된 소설을 살펴보자. 소설에서 '식모'는 여주인과는 감정적으로 충돌하면서도 남주인에게는 애정관계를 희구하는 인물로 그려진다. '식모'에 대한 사회적 통념을 '전형적'으로 구현한 인물이라고 할 수 있다. '식모'에 대한 통속적 상상력을 추인한다는 점에서 소설을 통해 '식모'에 관한 새로운 이해를 기대하기는 어려운 편이다. 그럼에도 불구하고 이 소설은 신문 연재 소설이 갖는 대중(적 현실)과의 밀착성 덕분에 '식모'와 여주인의 감정적 격돌의 계기가 된 사건이 내비치는 시대적 진실성을 전해준다. 소설에서 '식모'는 "식모 여보게"라며 하대하는 여주인에게 감정적으로 격분하고, 그때로부터 남주인과의 애정관계를 노골적으로 상상한다.[3] '식모'는 여주인의 자리를 안정된 자리가 아니라고 판단하는데 그래서 자신을 하대하는 여주인에게 불만과 거부감을 갖는다. 이러한 상황은 우선 '하녀'가 범죄자나 사회적 타자로 재현되는 과정이 사회구조적 위계의 하중이 만들어낸 비틀림의 결과임을 유추하게 하며, 나아가 '여주인/식모'의 위계가 근본적으로 불안정하다는 걸 엿보게 한다.

당대의 '하녀' 관련 기사가 '하녀'를 둘러싼 범죄 사건이나 '하녀'의 부정적 속성에 집중한 편이었다는 사실은 어쩌면 당연하다. 식모 일을 하다가 독약 '구레솔'(크레졸)을 마시고 자살 기도를 했으며 결국 절명한 20세 여성의 사연은 다음과 같이 기술된다.

그녀는 전씨 집안에 6세에 민며느리로 들어가 19세에 혼인을 했으나 생활고에 시달리다 결국 남편과 함께 경성으로 올라온다. 자신은 매월 4원씩 받는 식모 일을 남편은 친구 집에 머물면서 아이스크림 행상을 하며 간신히 생계를 이어갔는데, 남편이 셋방을 얻어서라도 살림을 시작하자고 조르던 터, 가난하게 시작하는 살림살이가 싫어 그녀는 자살을 택한다.[4] 아니 자살을 선택했다고 (판단하고) 기록한다. 기사는 가난하게 시작하는 살림살이를 싫어하는 여성의 면모에 주목한다.

죽은 자의 자살 동기를 확인할 길은 없으므로, 아마도 그 죽음의 이유는 추정의 영역일 것이다. 분명한 사실은, 한 여성이 10년이 넘도록 '식모'와 다름없는 노동에 시달렸지만 점점 심해지기만 하는 생활고를 겪다가 결국 고향을 떠나 도시의 하층민으로 편입될 수밖에 없었으며 도시로 와서도 이전과 조금도 다르지 않은 노동에 시달려야 했다는 현실을 부각하려고 기사를 쓰지는 않았을 것이라는 점이다.

하녀 관련 기사들 다수에서 하녀는 이처럼 허영에 사로잡혔거나 부정한 여성으로 왜곡되어 그려졌다.[5] '하녀'가 연루된 사건 가운데 옷가지나 푼돈을 훔치는 절도뿐 아니라 백금반지, 금비녀, 은수저, 놋대야, 각종 금은제구를 비롯한 귀금속의 절취와 같은 비중 큰 건도 많았다.[6] 신세를 비관한 자살[7]과 함께 심각한 범죄로 분류된 영아 살해 사건에 대한 기록도 적지 않았다. '하녀'에 대한 관심을 범죄 사건과 연루하여 다루는 경향은 당연하게도 '하녀'를 사회적 타자로 배제하고 의심과 경계의 대상으로 배척하는 경향을 강화했다.

하녀 범죄의 복합성

기사가 전하는 '하녀' 범죄의 전모는 따지자면 그에게 가해진 육체적, 성적 학대가 원인인 경우가 많았다. 육체적, 성적 학대에 반응해 절도나 영아 살해와 같은 범죄로 이어진 것이다. 그러나 기사에서 사건은 원인이나 경위에 대한 설명 없이 대개 개요로만 전달되곤 했다. 무엇보다 '가해/피해'라는 인과를 서술하지 않고 '가해자로서의 하녀'의 면모를 일방적으로 강조한 경우가 대부분이었다.

드물게 하녀 범죄가 가해/피해의 구도로 단순화될 수 없음을 보여주는 기사가 발견되기도 한다. 이러한 기사에서 여성이 당한 성범죄와 그것이 연쇄적으로 이끈 범죄에 대한 안타까움을 읽어낼 수도 있다. 하지만 「순간의 향락으로 필경은 살아범殺兒犯」이라는 기사 제목이 단적으로 보여주듯, 하녀 범죄자에 대한 연민의 태도가 가해/피해 구도 자체를 문제 삼는 지점으로까지 나아가지는 않았다. 가해/피해의 역전된 구도는 기사의 표제를 통해 강조되었다. 가령, 「누구의 죄?」라는 제목의 기사는 "한번 실수로 처녀로 임신하고 그 실수를 다시 소멸시키려고 영아까지 압살하여 마침내 법망에 걸린 기구한 여성이 평양서에 피검되었다"로, 「순간의 향락으로 필경은 살아범」이라는 제목의 기사는 "여관 하녀로 있다가 잠깐의 실수가 아비 없는 애를 낳아 죽이고 법정에 나선 젊은 여자의 눈물"로 시작된다.

(1) 지난 7일 오전 8시 반경 평양부 내 신양리 71의 2번지 김시창(80)씨 집 뜰 앞에 있는 하수구 속에 갓난 남아의 시체가 들어 있음을 집안 사람이 발견하고 대경실색하여 이 사실을 곧 평양서에 신고한 바 있어 이날은 일요일임에도 불구하고 동서 장경부보가 형사대를 대동하고 현지에 급거 출장하여 조사한 결과 동 범행은 집안 사람의 행사임을 발견하고 그 집의 식모로 있는 이순복(1○)을 동 11시경 예배중인 신양리교회 안에서 검거 엄중히 취조하였던바 범죄 일체를 자백한 바 있었다 한다.

즉 그 여자는 선천군 동면 송현리 308번지 이 모의 딸로서 지금으로부터 약 10개월 전에 평양부 내 모 여학교에 입학하고자 내양하여 평양역전 모 여관에 투숙중 어느 날 밤 동 여관에 투숙하고 있던 어느 남자에게 폭행을 당하여 처녀성을 잃은 채 지망한 학교에는 입학을 못하고 또한 몸이 점점 무거워짐을 깨달아 마침내 고향에 돌아가지 못하고 여기저기에서 방황하다가 전기 김씨 집에서 식모로 있게 되었다 한다. 이렇게 괴로운 세월을 보내자 만삭이 되어 지난 6일 오후 8시경 수도통 옆에서 남아를 분만 수챗구멍 속에 밀어넣고 그 이튿날은 울적한 마음을 참지 못하여 예배당으로 갔던 것이라 한다.[8]

(2) ◇ 뜻하지 않은 남자가 덤벼들어 아이를 배게 하고 그 아이를 낳아서 죽여버렸다는 역시 기약하지 아니한 살인죄로 법정에 서게 된 불쌍한 여성이 있다.

그는 개성부 태평정 166번지 유간년이라는 당년 27세 된 젊은 여성으로 원래 생활이 가난한데다가 6~7년 전 남편을 여의고 살 길 없어 할 수 없이 동부 내 암견여관의 고용녀로 있게 되었다.

◇ 지난 1월 중 그 여관에 숙박중이던 평생 알지도 못하는 손님이 밤중에 그의 몸을 건드려 필경에는 아이가 돌게 되었다.

◇ 그후 만삭이 됨을 따라 동년 10월 9일 해산의 기미가 있어 몸을 아프게 함으로 그는 남이 부끄러워서 그 근방 철도공원에 가서 아기를 분만했다. 그러나 아비 없는 아이, 가난한 자기 신세 등을 보아 도저히 아기를 양육할 수가 없어 생각다못하여 그 근방 개천가에 버렸던 것이다.

◇ 죄가 비록 살인이라고 하나 재판장은 그에게 십분 동정을 하여 2년 징역에다가 3년간 집행유예로 하여 그는 필경 석방되게 되었다.[9]

인용문을 통해 확인할 수 있듯, 사건의 전모를 살펴보면 여학교 입학을 위해 평양에 온 십대 여학생이나 여관 하녀로 있다가 '잠깐의 실수로 애비 없는 애를 낳아 죽이고 법정에 나서 사죄의 눈물을 흘린' 올해 27세인 한 젊은 여성은 사실 영아 살해자 이전에 강간 피해자다.

그런데 사건이 소개되는 와중에 강간 피해자라는 사실보다 "아비 없는 아이, 가난한 자기 신세"를 비관하여 아이를 개천가에 버린 '하녀'의 행위 자체가 강조된다.[10] 이를 통해 사건의 사실관계는 휘발되고 '순간의 향락으로 필경은 살아범'이 된 '하녀'의 행위만 스캔들로 남는다. 주인에게 강간을 당해 임신한 '하녀'에게

낙태를 교사한 사건 기록도 있다.[11] 드물게 이처럼 사건의 전모가 드러나면서 '하녀'가 피해자로서 제자리를 찾는 경우가 있었기에 하녀 관련 자료를 보면서 질문을 던져볼 수도 있다. 하지만 '영아살해'를 둘러싼 사건을 바라보는 시선으로 좁혀보자면 그 가해/피해 구도의 확정성은 조금도 흔들리지 않았음을 새삼 확인하게 된다. 대개 영아 유기나 살해 관련 사건은 '사통'이 빚어낸 불의의 결과로 처리되었다.[12] 더 많은 사건의 경우에는 범죄를 저지른 여성들의 직업이나 정체가 파악되지도 않았다.

동서양을 막론하고 근대 초기에는 여성이 범죄에 연루됐느냐 아니냐는 진위 파악이 쉽지 않았다. 사건 처리가 근대적으로 이뤄지지 않아서 혹은 법체계의 정비가 미비해서라기보다, 여성이 범죄를 저지르는 경우 가족이 보호하거나 은폐하는 경우가 많았기 때문이다. 서구의 경우에도 여성이 재판을 받고 범죄에 관한 기록까지 남는 경우는 대개 가족의 보호를 받지 못하는 독신여성, 그 가운데에서도 가정부나 공장노동자 같은 독신의 하층계급 여성들이었다.[13]

이러한 맥락에서 보자면 과부나 처녀로 밝혀지곤 했던, '불의의 씨앗'으로 추정되는 영유아를 유기하거나 살해한 범인들은, 통칭 '하녀'가 아니더라도, 낮은 임금과 고강도의 노동에 시달린 하층계급 여성들이었을 가능성이 높다. 가정이라는 테두리를 갖지 못한 여성들에게 임신은 생계는 물론이고 심지어 목숨까지 위협하는 심각한 장애물이었다. 그 여성들에게 임신은 죽거나 죽이거나의 선택지로 내몰리는 절체절명의 상황이자 재난이었던 것이다.

2장

하녀 관리론과 감정통제 메커니즘

노동의 관리, 감정의 관리

도쿄 외곽에 위치한 오오지마 공장촌을 배경으로, 공장 내에서의 소요를 다룬 송영의 소설 「용광로」(『개벽』, 1928)에서는 자본이 야기한 분노, 지배와 피지배의 계급적 위계 때문에 자연히 발생한 감정인 '반역적 정열'을 다룬 바 있다. 「용광로」에서는 계급적, 민족적 위계에 기반한 착취구조가 '반역적 정열'인 분노를 유발했고 인간으로서 더이상 견딜 수 없는 '모멸과 학대'에 저항하게 만들었음이 강조된다. 일처리에 미숙한 노동자들에게 꾸중과 조롱을 가하는 지배인의 태도, 인신매매를 당하거나 어린 나이에 팔려와 과도한 노동에 시달리는 조선의 아이들, 매번 더 강화되는 공장 내의 갖은 규칙들(가령, 지각과 불성실 등을 핑계로 행해진 임금 삭감 등) 때문에 노동자들은 분노한다. 이들의 감정이 분출되어 어떤 '행동'에 이르렀음을 보여줌으로써, 작가 송영은 「용광로」를 통해 분노의 '부르짖음'이 인간으로서의 가치를 회복하기 위한 필연적 귀결임을 확인시켜준다. 축적된 원한이 그들을 폭발 직전의 감정 덩어리로 만들었음을 보여준다.

물론 따지자면 이 소설은 비인간적인 처사에 반발하던 노동자가 감정의 덩어리로 변하는 과정을 매끄럽게 보여주거나 조선인 노동자('김상덕')와 일본인 하녀('이마무라 기미코今村君子')가 서로 공감하는 지점을 완성도 높은 서사로서 보여주지는 않는다. 그럼에도 이 소설은 소요를 주도한 조선인 노동자의 감정 폭발과 공장주의 몰이해를 대비함으로써 계급적 위계가 민족적 위계와 중첩되어 있음을 보여준다. 나아가 계급적, 민족적 위계와 감정 분출 사이의 보편적 상관성이 내장되어 있음을 드러냈다는 점에서 의미를 갖는다.

> "영감 우리는 그 규칙은 못 받겠소…… 못 받아요……"
>
> 주인 영감은
>
> "무엇…… 이런 무례한 놈 봐……"
>
> 그는 더욱 완강하게 서서
>
> "무엇이 무례해요! 말하는 것이 무례해요."
>
> 군중은 손뼉을 친다.
>
> 그는 다시 이어서

> “무례고 유례고 간에 우리도 살아야죠. 이 핑계 저 핑계 하고 조금도 여가를 안 주며 또 뭐니뭐니해서 그 많이 주는 월급까지라도 깎으려면 되나요.”
>
> 주인은 한풀 꺾인 듯하였으나 역시 큰 목소리로
>
> “아니 월급을 깎다니”
>
> “그럼 깎는 것과 똑같지 뭐예요. 깎을 수는 차마 없으니까 벌금이란 조목으로 자꾸 감해내면 그만 아니야요.”[1]

사실 따지자면 여기서 주목할 점은 감정의 폭발 자체가 아니다. 노동 운동으로 요약되는 민족적, 계급적 위계가 만들어내는 저항의 정당성과 그 의미에 대한 논의를 굳이 덧붙일 필요는 없을 것이다. 오히려 송영의 소설이 환기하는 것은, 감정 폭발을 통한 대치 국면이라기보다 그 감정을 대하는 상층부의 태도이다. 소설은 ‘인간’으로 살기 위해 공장측에서 만든 일방적 규칙을 받아들일 수 없다고 선언하며 감정적으로 폭발하는 조선인 노동자에게 공장주가 무엇보다 먼저 노동자의 ‘태도의 무례함’을 지적한다는 흥미로운 사실을 짚는다. 조선인 노동자의 저항적 행위 앞에서, 감정적으로 폭발하는 게 문제 해결을 위한 적합한 방식이 아니라거나 예의의 범주를 벗어난 행위라는 식으로 규정해 저항 자체를 무력화하고자 한다는 사실을 보여줌으로써, 이 소설은 감정이 공적 논의장에서는 배제되어야 한다는 인식을 지배자들이 공유하고 있었음을 보여준다. 반대로 말하자면 이 소설을 통해 분노로 형태화된 급발성 감정이 하위주체의 것인 동시에, 계급적 위계구조 속에서 억눌러지거나 관리되어야 할 것으로 인식되었음을 확인하게 한다.

(지배)권력이 노동을 관리하는 일은 노동하는 하위주체의 감정을 통제하는 일이자 그 감정을 규율화하는 일임을 이 소설로 우회적으로 확인할 수 있다. 이러한 인식은 하녀에게도 동일하게 적용된다. '사람이 아닌 존재', 범죄자 또는 '훔치는 것' '꾀부리는 것' '더러운 것'이라는 비인칭 존재로 표상되는 '하녀'를 어떻게 관리하고 통제할지 논의가 적지 않았다. 특히 '하녀'의 감정을 어떻게 다루어야 하는가를 둘러싸고 당연하게도 '하녀' 관리에 대해 논의하면서 그들의 감정을 통제하는 부분까지 언급하는 경우가 많았다. 그렇지만 이러한 논의는 뚜렷하게 일관된 논리를 갖추지 못했으며, 균열을 보이는 지점을 내장하기도 했다. 따지자면 하위주체를 '감정적 차원에서' 통제해야 한다는 논리는 '하녀' 관리론에 내장된 그 분열의 지점에서 만들어졌다고도 할 수 있을 것이다.

노동의 착취, 감정의 착취

비교 가능한 하급의 일 가운데에서 가사노동이 유독 심하게 착취적인 건 가사노동이 독특하게도 고용주와 피고용인 사이의 사적 관계로 엮인 자리에 놓이기 때문이다. 가사노동에 대한 연구에 의하면, 고용주가 가사노동자를 평가하는 기준 가운데 노동수행 능력보다 노동자의 인성과 고용주와 맺는 관계를 우선적으로 고려하는 경우가 많다. 수행된 노동의 질과 상관없이 복종적이거나 순종적인 역할을 성공적으로 연기하는 이가 가사노동자로서 높은 평가를 받는 셈이다. 이런 이유로 고용주는 가사노동의 권력관계를 구조화하고 자신들이 원하는 복종을 끌어내기 위해 다양한 수단을 활용한다. 피고용인에게 하대를 하거나 고용주에게 꼭 존칭을 쓰게 하는 것도 위계구조를 강제하는 대표적인 수단 가운데 하나이다.[2]

홍미롭게도 이러한 사정 때문에 '하녀'론 가운데에서도 '부리는 사람'인 '하녀'의 사회적 지위와 처우에 대한 논의가 휴머니즘에 입각한 정서를 강조하게 된다. '하녀도 인간'이라는 논의는 그들의 비참한 일상을 언급하는 자리에서 빠지지 않고 등장한다. 가령 다음과 같은 진술을 대표적으로 거론할 수 있다.

> 여러 노동자들 중에 제일 많은 일을 하고 제일 적은 보수를 받는 노동자는 우리 가정에 제일 필요한 식모일 것입니다. 또 제일 불쌍한 것도 식모의 생활일 것입니다. 몸이 괴로운 때도 한 번 마음놓고 누워서 쉴 수도 없고 나가고 싶은 곳이 있더라도 제 마음대로 자유롭게 나갈 수도 없습니다. 새벽부터 밤까지를 싫다는 말 한마디 없이 우리를 위해서 일을 합니다. 남들은 8시간도 많다는 노동을 그들은 15시간 이상의

> 일을 하고 있음에도 불구하고 조그마한 실수를 해서 일을 저지를 때는 눈물이 쏟아지도록 야단을 치고야 맙니다. 어느 정도까지는 참아버리고 말 일도 만만한 그들을 여지없이 몰아줍니다.
> 우리가 식모에게 주는 돈이 과연 얼마나 많은 돈입니까? 이렇게 많은 노동의 값이 겨우 제일 많아야 5원밖에 안 주면서도 무슨 큰 은덕이나 베푸는 것같이 우리 일은 말할 것도 없이 그들의 사생활까지 쥐고 흔들려고 합니다. 생각하면 우리는 너무나 양심이 없이 잔인한 것 같습니다.[3]

그리하여, 이러한 관점은 '하녀'의 당면 문제에 대한 흥미로운 통찰을 이끌기도 한다. '하녀'에게 가해지는 부당한 착취가 그들의 불안정하고 애매한 사회적 위치에서 기인한 것임이 검토되었고, "사회의 근본적 개조"[4]에 해결책이 놓여 있음이 인식되기도 했다. 그러면서도 '하녀'론은 사회 통념을 근거로 한 규정에서 한 발짝도 나아가지 않았다. '하녀'론은 '하녀'를 비참한 일상을 사는 존재인 동시에 '현실적으로 신뢰할 수 없는' 존재로 규정했고, 바로 그런 연유로 대개 '하녀'를 규율의 대상으로 삼아야 한다는 식으로 논지가 귀결되었다.

> 그들을 한 식구로 보라. 딸로 보고 며느리로 보라. 그래서 채찍을 치려 말고 사랑으로 인연을 맺으라. 반드시 그러한 주부의 맘은 화평하고 만족할 것이오 그에게는 복이 올 것이며 그러한 사랑을 받는 '어멈'들

은 감사함과 기뻐함으로 더욱 힘드는 줄 모르고 일할 것이오 훔치지도 않고 꾀도 아니 부리고 주인집 험담도 아니하게 될 것이다.[5]

부리는 편에서 말하면 하인이 주인집을 **자기의 집**과 같이 생각해주기를 바랄 것입니다. 여기서 주인 편으로부터 우선 먼저 맘속을 널리 펴고 싹싹하게 거리낌 없이 이야기를 하게 되면 쌓임 없이 웃도록 만들어주어서 맘을 턱 놓게 하도록 해주는 것이 제일입니다. 그래서 맘으로 참으로 이 집 부인은 싹싹한 분이라고 인정하게 되어야 합니다. 그러나 일에 대해서는 똑똑하게 그름 옳음을 비판해주어야 합니다. '아직 서투르니까……'라는 말로 무심히 손 접어두면 못씁니다. 그 결과는 반드시 남주인의 불만족을 느끼게 되며 또 하는 사람도 처음에 아무렇게나 하던 습관을 고치기에 새삼스러운 고통을 역시 느끼게 됩니다.(강조는 원문)[6]

인용문들은 '하녀'에 대한 휴머니즘적 접근법에 담긴 규율과 통제의 뒤엉킨 논리가 패턴처럼 반복되는 면모를 보여준다. 하녀 관리론은 대개 주인들이 '집에서 부리는 사람들-어멈이나 할멈'이 하는 일에 불만을 갖기에 앞서 주종관계로만 그들을 이해하는 인식틀에서 벗어나야 한다는 논리를 편다. 그러나 결국 이러한 논의는 '하녀를 어떻게 다루어야 하는가'라는 지배와 통제 논리를 재구축하면서 마무리된다.

사실상 인용문들은 하위주체를 순화하고 규율하는 방법론,

감정적 차원에서 규율하는 정서적 통제 논리를 권유한다. 정서적 통제법으로 제안된 가장 대표적인 방안이 '하녀'를 가족의 일원'처럼' 만드는 것('가족의 한 사람으로 만들어서 식구화'[7]하는 것)이었다. 친밀성에 기반한 관계 내부로 편입시키면서[8] '감정노동'을 강제하는 방법인 셈이다. 이러한 가족화는 노동자에 대한 자본가의 화법으로서 이미 우리에게 친숙한데 위계적인 구조에 대한 관심을 소거하는 해법이라는 점에서, 그것이 약속하는 가치와는 무관한, 결코 실현될 수 없는 방법이었다. 이런 이유로 '하녀'에 관한 사회적 관심은 주로 범죄 사건을 중심으로 이루어지며 그러한 방식으로만 가시화되는데 이로써 '하녀'를 가족의 일원'처럼' 대우하거나 만든다는 해법이 동정심이나 자선심이 없이는 결코 실행 불가하며 실질적으로 불가능한 일[9]임을 확인하게 된다. 말하자면 수많은 '하녀' 관련 범죄 사건들은 위계구조를 어긋남 혹은 불가능의 영역으로서 가시화한다고 이해해야 한다.

3장
남편을 죽인 여자들

일상 풍경으로서의 가정폭력

> 이리하여 간부와 공모하여 남편을 독살한 15세의 독부가 생겨났다.
>
> **백신애, 「소독부少毒婦」**

김동인의 소설 「감자」(1925)에서 엄격한 가율이 남아 있던 농가의 딸 '복녀'는 열아홉 나이에 자신보다 스무 살 위인 동네 홀아비에게 80원에 팔려 혼인한 후 전락을 거듭하는 삶을 살게 된다. 천성이 극도로 게을러 물려받은 밭을 지키지 못한 남편과 함께 살면서 점차 소작도 어려워져 막벌이 생활로 떠밀려야 했으며 행랑살이도 여의치 않아 급기야 빈민굴 생활까지 한다. 그러던 중 솔밭 송충이잡이 인부로 공공근로를 나갔다가 '일 안 하고 공전을 많이 받는 인부'의 존재를 알게 되면서 복녀의 도덕관과 인생관은 송두리째 뒤바뀐다. 이후로 그녀는 빈민굴 근처 중국인 채소밭에서 감자와 배추를 도둑질하고, 그 도둑질을 몸으로 무마해가며 살다가 급기야 매춘을 생활의 방편으로 삼는다. '일 안 하고 공전 받는 인부'가 된 일이 생긴 후 스스로 "처음으로 한 개 사람이 된 것 같은 자신까지 얻"[1]게 된 그녀는 욕망하는 주체가 된 여성이라면 당연히 그렇듯이 소설 속에서 허무하고도 비참한 최후를 맞는다.

매매혼이 아니라 스스로 남편을 선택한 여자의 삶도 빈궁한 현실이라는 제약 속에서 특별히 다른 가능성을 보여주지는 않았다. 나도향의 소설 「물레방아」(1926)를 보면 죽이겠다는 남편의 위협에도 굴하지 않고 2년 전 간부와 사랑의 도피를 해 마을 부잣집의 방 한 칸을 얻어들어 그 땅을 부쳐 먹으며 근근이 살던 '방원의 계집'이 등장한다. 함께 사랑의 도피를 한 남자(이방원)와 마을 부자이자 세력가(신치규)와 달리 "한창 정열에 타는 가슴으로 가장 행복스러울" 스물두 살 나이의 그녀는 그저 '계집'으로 불릴 뿐 자기 이름이 없다. 반면 그녀의 외모에 대해서는 "새침한 얼굴이 파르족족하고 길다란 눈썹과 검푸른 두 눈 가장자리에 예쁜 입, 뽀로통한 뺨이며 콧날이 오똑한데다가 후리후리한 키에 떡 벌어진 엉덩이가 아무리 보더라도 무섭게 이지적인 동시에 또는 창부형娼婦型으로 생긴 것"[2]이라며 그 묘사가 꽤 상세하다. 이 계집은 자신에게 후사를 부탁하고 호강시켜주겠다고 약속하면서 치근덕대던 신치규의 제안(/유혹)에 못 이기는 척 넘어간다. 막실살이 이방원 입장에서는 모시던 상전이 자신의 계집을 빼앗은 상황이다. 자신의 모든 것을 걸고 사랑의 도피를 위해 고향까지 등졌으며 심지어 상전에게 상해를 입히고 옥살이까지 한 이방원의 처지에 대한 서술자의 태도는 미묘하게 동정적이지만, 그럼에도 소설은 '계집'의 변심이 그녀 자신의 선택임을 강조한다.

> 발길이 엉덩이를 두어 번 지르니까 계집은 그대로 거꾸러졌다가 다시 일어났다. 풀어헤뜨린 머리가 치렁치렁 끌리고 씰룩한 눈에는 독기가 섞이었다.
> "왜 사람은 치니? 이놈! 죽여라 죽여, 어디 죽여보아라, 이놈 나 죽고 너 죽자!"
> 하고 달려드는 계집을 후려쳐서 거꾸러뜨리고서,
> "이년이 죽으려고 기를 쓰나!"
> 방원이가 계집을 치는 것은 그것이 주먹을 가지고 하는 일종의 농담이다. 그는 주먹이나 발길이 계집의 몸에 닿을 때 거기에 얻어맞는 계집의 살이 아픈 것보다 더 찌르르하게 가슴 복판을 찌르는 아픔을 방원은 깨닫는 것이다. 홧김에 계집을 치는 것이 실상은 자기의 마음을 자기의 이빨로 물어뜯는 것이나 다름이 없는 것이다. (……) 계집을 치고 화풀이를 하고 난 뒤에 다시 가슴을 에는 듯한 후회와 더 뜨거운 포옹으로 위로를 받을 그때에는 두 사람 아니라 방원에게는 그만큼 힘있고 뜨거운 믿음이 또다시 없는 까닭이다.[3]

하지만 '계집'에 대한 그의 애정이 실상 가정폭력의 전형적 모습인 점은, "구차하고 천한 생활"[4]을 거부한 그녀의 선택이 사랑 대신 돈을 선택한 속물적 행위만은 아니었음을 신중하게 짚어보게 한다. 그녀는 (그것이 무엇이듯) "나 하고 싶은 것"[5]이라는 자신의 욕망에 충실했으며 이를 실현하기 위해 거듭되는 살해 위협에도 굴하지 않았다. 결국 그녀는 남자의 칼에 찔려 죽는다.

소설 속 그녀들을 두고 말하자면, 가정에 속한 여성은 그 욕망이 흘러넘쳐도 모자라도 곤란하다. 욕망하는 주체가 되는 순간 그녀들은 대개 죽음이나 그에 가까운 징벌을 피할 수 없다. 부부 사이의 불균형한 성적 욕망은 성적 폭력을 야기하며 심지어 그녀들을 범죄자로 만들기도 한다. 1920~1930년대 소설에 등장하는, 일하던 중에 정신을 잃고 쓰러질 정도로 과도한 노동에 시달리는 나이 어린 색시의 삶은 함부로 부리고 때릴 수 있는 팔려온 하녀의 삶과 그리 다르지 않았다.

한 구술생애사 연구에 따르면, 빈농 촌부의 하루 일과는 "물 긷고, 방아 찧고, 빨래하고, 밤에는 설거지하고 나면 보리방아 쪄서 말리고, 길쌈하고, 저녁 먹고 밤새 삼 삶고, 면 잣고, 보리방아 찧는 노동"의 연속이었다. 그뿐 아니라 집안일 외에도 마을 내 부잣집에 일을 나가거나 밭일을 해야 했고 경우에 따라 남편이 머슴을 사는 집으로 식모살이를 가야 했다. 시집의 생활 수준이 여성의 노동량을 크게 좌우하지는 않았으며, '부잣집 며느리' 역시 고된 노동에 시달리기는 마찬가지였다.[6]

과도한 노동과 함께 그들이 남편을 죽인 범죄자가 된 것은 무엇보다 '아내 노릇'으로 포장된 성적 폭력을 견딜 수 없어서이기도 했다.

> 시집온 지 한 달 남짓한, 금년에 열다섯 살밖에 안 된 순이는 잠이 어릿어릿한 가운데도 숨길이 갑갑해짐을 느꼈다.
> 큰 바위로 내리눌리는 듯이 가슴이 답답하다. 바위나 같으면 싸늘한 맛이나 있으련마는, 순이의 비둘기 같은 연약한 가슴에 얹힌 것은 마치 장마지는 여름날과 같이 눅눅하고 축축하고 무더운데다가 천근의 무게를 더한 것 같다. 그는 복날의 개와 같이 헐떡이었다. 그러자 허리와 엉치가 빼개내는 듯, 쪼개내는 듯, 갈기갈기 찢는 것같이, 산산이 바수는 것같이 욱신거리고 쓰라리고 쑤시고 아파서 견딜 수 없었다. 쇠막대 같은 것이 오장육부를 한편으로 치우치며 가슴까지 치받쳐올라 콱콱 뻗지를 때엔, 순이는 입을 딱딱 벌리며 몸을 위로 추스른다…… 이렇듯 아프니 적이나 하면 잠이 깨이련만 왼종일 물이기, 절구질하기, 물방아 찧기, 논에 나간 일꾼들에게 밥 나르기에 더할 수 없이 지쳤던 그는 잠을 깨랴 깰 수가 없었다.[7]

현진건의 소설 「불」(1925)에서 열다섯 살 소부少婦인 순이가 시집온 지 한 달 남짓 만에 남편의 방에 불을 내는 것은 '가슴을 짓누르고, 온몸을 바스라뜨리는 듯한 쇠몽둥이'로 매일 밤 시달리는 고통을 더이상 견딜 수 없어서였다. '아내 노릇'에 대한 요청이라는 이름으로 이루어진 성적 폭력은 그녀에게 매일 밤 반복되는 죽음의 위협이자 공포 자체였다.

> "아이고, 무서워라. 암창궂기도 하지."
> "글쎄 말이지, 열다섯 살밖에 안 먹은 계집년이 사내를 죽이다니!"
> "아니, 갑술이 놈하고 언제부터 붙었던고…… 서방질을 하다니…… 고런 죽일 년이 어데 있소."
> "아이고 무섭고 독한 년."
> "연놈이 의논하고 죽인 게지, 어린 년이 어쩌면……"
> 동네는 물 끓듯 소란한 가운데 색시는 갑술이와 함께 꽁꽁 묶여 순사 두 사람에게 끌려 그 멋들어진 향나무 서 있는 샘터를 왼편으로 끼고 돌아 주재소로 갔다.[8]

백신애의 소설 「소독부」(1938)에서 시집온 지 1년 된 열다섯의 어린 여성이 동네 총각 갑술을 떠올리는 것도 시집오던 날부터 시달린 '무섭고 괴로운 아내 노릇' 때문이었다. 시집간 그녀를 못 잊고 "나는 네가 다른 사람에게 시집갈 줄 몰랐다. 나는 죽겠다"라고 고백하며 눈물짓고 한숨 쉬며 그녀 주변을 맴돌던 갑술은 결국 술에 약을 타 먹여 그녀의 남편을 죽이고 만다. 샘터 주변에서 소문은 퍼져나갔는데 어느새 그녀는 "간부와 공모하여 남편을 독살한 15세의 독부"[9]가 되어 있었다. 남편 아닌 남자가 주변을 서성거렸고 여자의 남편이 살해된 사건 앞에서 누가 진짜 범인인가는 따질 필요도 없는 문제였다.

1920~1930년대에 걸쳐 농민 다수가 땅을 잃고 빈곤의 나락으로 떨어지던 식민지기 조선의 궁핍한 현실뿐 아니라 돈의 위력이 강화되는 현실 속에서 점차 타락해가는 존재들을 비판하고 철저하게 희생되던 존재들에 대한 연민을 복합적으로 담아낸 이 소설들은 식민지기 빈궁한 농촌을 살아간 다수 여성들의 삶에 대한 보고로도 부족함이 없다. 빈농층에서 미혼 여성은 춘궁기에 혹은 부채 때문에 가부장에 의해 푼돈에 팔리는 경우가 많았다.[10] 환금성 가치로 다루어졌기 때문에 나이 어린 기혼 여성의 삶은 하녀나 팔려간 노예의 삶과 그리 다르지 않았다. 그들은 아내나 며느리로서 가족의 구성원을 이루었지만, 실질적으로는 명목에 불과했던 계약관계로 일하는 여성들의 삶과 다르지 않거나 심지어 더 비참하게 살아야 했다.

식민지기 빈궁한 농촌의 여성들이 처한 이러한 사정은 어린 촌부의 삶을 통과해 조선 농촌 현실의 참혹함 이상을 보여준다. 소설들은 빈궁함 혹은 전근대적 면모의 효과로서 식민지기 조선 농가에서 매매혼, 가정폭력, 부부 강간, 부부 살인, 영아 살인, 방화와 같은 폭력과 범죄가 상시적으로 난무했음을 드러낸다. 아울러 (「불」이나 「소독부」에서 확인되듯) 빈궁한 농촌의 어린 촌부들이 육체적으로 특히 성적으로 감당해야 하는 '아내 노릇'으로 죽음의 공포를 느꼈다는 것을, 그 공포를 해소하려는 절박한 시도 때문에 다양한 형태의 여성 범죄가 발생됐다는 사실을 말해준다.

그녀들의 범죄를 통해 유추할 수 있듯, 여성 범죄들은 대개 여성의 섹슈얼리티 문제와 결부되었다. '하녀'의 범죄에 대한 논의를 여성 범죄 전반으로 확대해서 논의해봐야 하는 이유가 여기에 있다. 이러한 사례들은 기술 의도와 무관하게, 부부관계로 온전히 회수되지 않는 섹슈얼리티를 둘러싼 정치학이 부부 사이의 섹슈얼리티의 불균형에 대한 사적 조절이라기보다 공동체 바깥으로 내쳐지거나 영원히 배제되는(죽음) 공적 규제의 성격을 띠었음을 말해준다.

남편을 죽인 여자들

식민지기 전반에 걸쳐 여성 살인범 관련 기사에서는 본부 살해, 독부, 독살, 소부 등의 용어가 빈번하게 사용되었다. 매일신보 1916년 11월 29일자 기사는 호열자균이 사용된 남편 살해 사건을 '범죄 수단으로 자못 교묘한 처음 듣는 일'로 기록한다.[11] 살해 방법의 특이성에 관심을 보였음에서 알 수 있듯, 본부 살해 범죄가 처음부터 남편 살해범을 중심으로 주목된 것은 아니다. 그러나 1920년대 이후로 조선일보나 동아일보를 통해서도 남편을 살해한 여성에 관한 기사가 꾸준히 등장했다. 조선일보나 동아일보를 중심으로 보자면, 남편을 죽인 여성들은 '본부 살해'라는 명칭이 아니라 그 여성들의 잔혹한 면모를 강조하는 명명법으로 호명되었다. 그녀들은 대개 '독부'나 '소부'로 불렸고, '독살'과 함께 대표적인 표제어로 선정되었다. 1930년 전후로 매일신보, 동아일보, 조선일보, 조선중앙일보에서 나이 어린 색시가 남편을 살해했다는 기사의 빈도수가 급격하게 증가했다.[12] 실제로 남편 살해범 가운데 소부가 다수였는지를 검증하는 일과는 별개로 그만큼 '나이 어린' 여성 범죄자에게 사회적으로 관심이 컸다고 이해된다.

남편 살해 자체나 방법의 잔혹함을 '에로 그로'적으로 강조하건 여성 범죄자의 외모에 대한 관심을 적극적으로 표명하는 경우건 어떤 표제어를 선택하든 남편 살해 사건 관련 기사는 대개 남편을 살해한 여성 범죄자를 섹슈얼리티 관련 스캔들로 다뤘다는 점에서 공통적이다. 물론 따지자면 기사 내용 자체가 선정성을 지향한 것으로 보이지는 않는다. 오히려 기사는 범죄 관련 공판 기록 전달에 충실한 편이었다. 담당 재판관과 검사의 이름이나 가해자와 피해자의 주소지가 번지까지 정확하게 표기되고, '왜 죽였는가, 어떻게 죽였는가'도 비교적 소상히 기술되었다.

엄밀하게 들여다보자면, 조사와 재판을 둘러싼 최소한의 정보가 제공되거나 사건의 전모, 살인이 벌어진 시공간, 살해 도구, 살인 방법에 대한 상세한 소개가 이루어지기도 하는 등 범죄에 대한 소개는 그 범위가 차이나긴 했다. 하지만 무작위 추출 방식으로 관련 기사들을 검토해보면 쉽게 확인할 수 있듯, 기사 내용은 담당 검사의 사건 조서에 바탕을 둔 공판과 판결 내용 소개에서 크게 벗어나지 않았다. 남편을 죽인 여자에 대한 검사의 사건 조서가 여성 범죄에 대한 사회적 인식의 단초를 마련하고 있었다.

> 평남 맹산군 옥천면 북창리에 원적을 두고 중국 간도 연길현 사도구 양목정자 삼포촌에 거주하던 이정옥(21)이라는 여자는 열여섯 살 때부터 심병록(34)이라는 사람에게 출가하여 전기 주소에서 이래 동거하던 중 남편이 수년 전부터 이역에서 병을 얻어 오랫동안 신고하고 있음으로 자기의 성욕을 만족시킬 수가 없는 것을 유감으로 생각하고 작년 음력 3월 중에 그 부근에 거주하던 고덕문(48)이라는 독신자의 집에 가서 정교하기를 간청하여 비로소 관계를 맺은 후 이래 불의를 계속하여오다가 남편에게 사실이 탄로되어 크게 책망을 당하고는 남편을 죽여 없앤 후 간부와 동거할 결심을 한 후……[13]

> 강원도 철원군 철원면 관천리에 사는 조성녀(20)는 남편을 살해 미수하였다는 혐의로 철원지청에 심판사가 취조한 결과에 증거불충분으로 면소가 되었는바 소관 청원지청 검사는 이 사건을 경성복심법원 검사국으로 항고하였음으로 복심검사국에서는 다시 취조에 착수하였다더라.[14]

> 경기도 이천군 청계면 방석리 257번지 김삼남(25)의 아내 강소환(16)은 작년 12월 29일에 전기 김삼남에게 시집을 갔는데 그는 시집가기 전에 동군 설성면 신초리 간산진(18)이와 불의의 정을 통하여오며 같

이 살자고 하던 터이라 남편 싫은 생각이 나서 지난 1월 29일 오후 1시경에 전기 김삼남을 살해하고자 떡국에 양잿물을 타서 먹이고자 하였으나 김삼남은 조금 먹다가 맛이 이상한 까닭에 먹지 아니하여 다행히 목숨을 건진 사실이 있었던바 지난 15일에 그 사실이 발각되어 소관 이천서에 검거되어 방금 취조를 받는 중이라더라.[15]

평남 평원군 순안면 군상리 24번지의 임원식(24)의 처 이복태(16)는 자기의 남편인 전기 임씨가 싫어서 백방으로 생각하다못하여 죽이는 것이 제일 좋은 수단으로 알고.[16]

강원도 인제군 남면 김부리 306 남천란(30)과 남옥출(45)의 두 남녀는 얼마 전에 경성지방법원에서 살인죄로 두 사람이 모두 사형의 판결을 받고 경성복심법원에 공소중이던 바……[17]

【신의주】 부내 마전동 294번지 김두하(31)란 여자가 지난 5월 20일 오전 3시경 그의 남편 박세화를 허리띠로 목을 졸라매고 도끼로 머리를 때려 즉사시킨 사건은 저간 신의주서에서 엄중 취조중 지난 9일 일건서류와 함께 신의주지방법원 검사국에 송치하였는데……[18]

【함흥】 …… 그들은 함남 덕원군 풍화면 내백리에 거주하던 김형조(33)와 김복남(20)이라 한다.

김형조는 소화 6년 봄부터 자기 사는 마을에 있는 김복남이를 알게 되

> 어 수차 정을 통하여오던 중에 김복남의 남편 최성실(42)을 살해하고 그가 소유하고 있는 토지 4일경과 그 밖의 저금한 금액 기타 상품을 강탈하고자 계획하여오다가……[19]

담당 검사의 사건 조서에 바탕을 둔 기사이기에 사건의 전모가 공정하게 소개되었다고 하기는 어렵다. 그럼에도 기억해둘 점은 남편을 살해한 여성들이 아이러니하게도 사건 조서에 의한 정보 공개로 자신의 이름을 찾는다는 사실이다. 살인범이 되면서 비로소 자기 이름을 찾는 이 역설적 상황으로 기사가 보여주는 또 다른 중요한 특징은 그녀들이 사는 지역과의 관련 속에서 좀더 유의미해진다. 인용문에서도 파악할 수 있듯, 평안도, 함경도, 강원도, 경기도 등 도시가 아니라 농촌의 어린 여성들이 여성 범죄와 관련한 기사를 통해 등장했다.

남편을 살해한 여성들은 앞선 소설에도 등장한 빈농 촌부들이다. 어린 나이에 팔리듯 혼인한 후 과도한 노동에 시달리며 새로운 노동력을 재생산한 여성들, 인간이라기보다 아내라는 직무에 복무하며 노동하는 기계로 살았던 비가시의 그녀들은 남편 살해범인 채로 자기 이름을 찾았다. 식민지기 조선 인구의 85퍼센트 이상이 농업에 종사했음을 고려하면, 촌부야말로 조선 여성의 대다수였다고 해야 할 터이다. 근대교육을 받은 '신여성'과의 대비 속에서 구습을 체현한 '비가시적 존재'인 이 여성들은, 말하자면 구습을 체현함으로써 이름 없는 비가시의 존재가 되거나 공동

체에서 배척될 존재(간통녀, 살인범)가 되면서 가시화되는 역설의 비극을 살아야 했다.[20]

4장
촌부, 욕망, 노동

남편을 죽이게 한 것은 결국 누구였습니까?[1]

촌부: 음욕의 여성들

신문기사를 중심으로 살펴보자면, 기사에서는 반복적으로 남편 살해 사건의 원인으로 '불의의 정을 통한' 여성이 남편을 살해했다고 강조했다. 남편 살해 관련 기사에서 범죄자는 대개 '젊은 남자와 불의의 단꿈을 꾸어오던' 여자들로, 결혼 전부터 정부와 관계를 맺고 밀회해왔으며, 남편과의 동거를 원치 않았고 '정부와 살고 싶은' 열망 때문에 남편을 살해하려 했다.[2] 친밀성 범죄는 시집의 재산을 노리고 남편을 살해하거나 전남편이나 전처의 소생을 살해하는 경우도 없지 않으며 남편을 포함한 시집 식구가 오랜 기간 학대해 남편을 살해하거나 반대로 자살한 경우도 적지 않다.[3]

그러나 실제 범죄의 통계가 아니라 살인 미수까지 포함해서 남편 살해 사건을 다룬 기사에 주목해보면, 그녀 혹은 그들은 대개 남편이 "나이도 많고 인물도 맘에 맞지 아니하여 항상 불만을 품고 지"[4]낸다. 그리하여 "비밀히 정을 통하여오던 중" 남편 때문에 "자기네들이 서로 같이 재미있게 살지 못함을 깊이 원망하"[5]며, 정인과 "백 년을 같이 살자고 굳게 약속"[6]을 하고, "둘이서 한번 재미있는 가정을 만들어보자"[7]는 열망에 사로잡힌다. 남편을 살해하려던 시도가 실패하면 간부와 함께 공동체를 등지는,[8] "사랑할 수 없는 처지임에 불구하고 사랑하는 사이"[9]가 된 존재들이자 일생을 뜻 맞지 않는 남편을 섬기며 사느니 이후의 편안한 삶을 위해 징역살이라는[10] 선택을 불사하는 존재로 그려진다는 점에서 특징적이다. 기사로 보면, 여성 범죄는 여성의 욕망이 가시화된 사건으로서, 그저 무섭거나 싫다는 이유만으로 남편을 살해한 게 아니다.

【고창】 고창군 고창면 읍내리 박이차(28)는 신병으로 약 2개월 동안 신고중에 원기가 극히 쇠약되었음을 기회로 하여 지난 4일 오전 10시경에 처 김쌍동(18)은 인두에 불을 달궈가지고 병석에 누워 있는 남편을 살해하려고 무한히 승강을 하다가 사람 살리라는 고함 소리에 이웃

사람이 달려가서 겨우 구원하고 전기 쌍녀는 경찰에 잡히었다. 그런데 전기 쌍녀는 16세 먹는 해부터 동리 박복기라는 청년과 남몰래 정을 통해오던 결과 당금 3~4삭의 포태胞胎까지 되었는데 거년 12월 19일에 전기와 같은 고창 읍내 박이차와 결혼식을 하고 이튿날 시가인 고창으로 와서 시집살이를 하고 있는데 항시 남편의 따뜻한 사랑을 거절하여 짝사랑 격으로 지내오던 중 전기와 같이 집에 다른 사람 빈틈을 타서 남편을 숯불 화로에 인두에 불을 달아가지고 입을 벌리라고 함으로 박이차는 대경실색하여 최후의 힘을 다해 고함을 질러 겨우 죽기를 모면하였는데 고창 경찰서에서 취조를 마치고 정읍 검사국으로 송치할 터라 한다.[11]

【신의주】10년이나 연장되는 남편에게 꿀 같은 사랑을 받아오던 이팔청춘의 소부가 남편의 참다운 사랑에도 권태를 느끼었던지 동리의 남자와 남편의 눈을 속여가며 금년 봄부터 관계를 맺어오다가 남편에게 들키자 남편의 감시는 심하여짐으로 정부와의 만날 기회가 적어짐에 반하여 정부와 만나고 싶은 마음 정열에 타오르는 마음을 금치 못하여 같이 자던 본부를 낫으로 찔러 죽인 의주군 옥상면 북사동 장치복(29)의 처 김옥녀(18)에 대한 판결 언도는 지난 15일 신의주 지방법원에서 곡전谷田 검사 입회 아래 국지菊地 재판장으로부터 사형 구형한 것을 감형하여 무기징역을 언도하였다고 한다.[12]

【평양】최근 성천군에는 18세의 소부가 본부를 살해하려다 미연의 발

각으로 소활 경찰서에 검거되어 목하 엄중한 취조를 받는 중이다. 성천군 구룡면 용연리 32번지 송홍걸(17)의 처 김탄실(18)은 지난 9월 15일 자기의 본가인 동군 숭인면 삼인리 28번지에를 간 후 동리 30번지 김모(23)와 간통을 하는 동시 장래를 같이하자고 굳은 맹세를 한 후 즉시 전기 시가로 돌아와서 본부를 살해할 목적으로 지난 10일 자기의 남편이 먹을 밥에다 다량의 잿물을 혼입하였던바 밥을 먹으려던 남편은 악취가 심하여 먹지 못하고 즉시 친부에게 말하여 결국 목적을 달하지 못하고 발각되어 전기와 같이 소활서에 체포되어 무서운 살인 미수 죄로 엄중한 취조를 받는 중이라고 한다.[13]

【진남포】 보기 싫은 남편을 죽여버리고 사랑하는 사람과 살아보려고 하다가 뜻을 이루지 못하고 살인 미수죄로 유치장 신세를 지고 있는 방년 19세의 미인이 있다. 주인공은 진남포 모 정미소 선미 여공 박제도(19)로 작년 10월 부모의 강제 결혼을 부인하지 못하고 부내역 양기리 이봉수(22)에게 출가는 하였으나 마음에 없는 남편이라 날이 갈수록 염증이 생기어 자기 본집을 달아나기를 수십 차나 하였다. 그러나 부모들조차 동정할 여지가 없이 속히 시집으로 가라고 책망할 뿐이었다. 그리하여 박제도는 남편을 죽여버릴 작정으로 지난 16일 남편이 먹을 밥에다가 다량의 양잿물을 섞어 먹이려는 것이 발각되어 방금 진남포 경찰서에서 엄중한 취조를 받고 있는데 일체를 함구하고 말하지 않음으로 취조에도 매우 곤란을 보고 있다고 한다.[14]

남편을 살해한(/하고자 한) 촌부들의 간통을 어떻게 이해해야 하는가. 간통과 불륜은 대개 여성들의 행위를 지칭하는 용어로 사용되지만, 사실상 행위 이상의 의미를 갖는다. 앞서 지적했듯 대개 촌부는 강제혼이나 매매혼을 한 탓에 조선의 농촌에서 혼인에 개인의 선택이 개입되기는 어려웠다. 남편을 살해하고자 한 여성들은 정인과 정을 통하면서 혹은 혼인 상대와는 다른 정인과 장래를 약속하고 범죄자가 되었다(/되고자 했다). 그 여성들이 촌부였다는 점은 그들의 연령이나 출신지 차이보다 중요하게 다루어야 하는데, 이른바 신여성(모던걸)의 경우도 그러했듯, 당대에 혼인 상대 이외의 남자와 정을 통한 여성이 공동체 내에서 일원으로 용인될 가능성은 거의 없었기 때문이다. 식민지기 조선에서, 따지자면 지금도 크게 다르지 않은 듯하지만 여성의 간통은 사회적 삶 자체를 포기하는 행위를 의미했다.

대개 간부와 정을 통한 후 그와 부부로 살고자 남편을 살해했으나, ("불의의 쾌락"[15]으로 명명되지만) '사랑'이라 불러도 손색이 없을 내면을 발견하고 자신의 욕망의 주인이 된 촌부들은 '무식한 촌부'인 아내 자리를 버리고 근대교육의 수혜자와 사랑을 나누며 스위트 홈을 열망한 남성들 혹은 자신의 욕망을 자각한 '신여성'들과 얼마나 어떻게 달랐다고 말할 수 있을까. 근대지식의 수혜자로서 구습에 억눌려온 욕망을 발견한 이들 남성들과 신여성들이 근대적 개인으로 호명되는 것과는 달리, 자신의 욕망을 발견한 촌부는 왜 '남편을 살해한 독부'로 호명되어야 했을까.[16] 자신들에게 허용된 삶의 경계를 위반한 이들을 그저 조혼으로 대표되는 강제결혼의 피해자로 호명하는 게 과연 적절할까.

물론 다음과 같은 해석의 가능성이 배제되지는 않는다. 남성 정인을 둔 채 혼인을 한 상황이 불러온 사태라고 해야 할 남편 살해 사건들을 근대의 박래품인 자유연애 사상이 섹슈얼리티의 발견이라는 형태로 조선 전체로 유포되는 과정에서 생겨난 비극적 사태로 보아야 하지 않을까. 동시에 정반대로, 가정과 사회의 구조적 재편을 야기할 수 있는 근대적 인식이 도시에서 농촌으로 공간적으로 확산되면서 불가피하게 야기된 (사회의) 불안의 젠더적 표출이라고 해야 하지 않을까. 촌부의 품행에 대한 비난의 시선을 담고 있는 남편 살해 관련 기사들은 여성 범죄의 이름으로 촌부를 호명하면서 섹슈얼리티를 사회적으로 조절하려는 은밀한 시도를 담고 있는 동시에, 이미 발견되어 더이상 숨겨지지 않고 온전히 통제되거나 조절되지도 않는 여성 섹슈얼리티의 일면을 누설하고 있었다. 개별적으로 악독한 존재이자 사회적으로 구습의 희생자인 남편 살해범의 중층적 위상이 의도치 않게 노출한 분열적 지점이라고 해야 할 터다.

동서양을 막론하고 여성에게 투표권을 통한 법적 지위가 주어진 것은 백 년도 안 되는 짧은 역사를 갖는다. 여성의 법적 지위는 대개 가부장 혹은 공동체를 통해 관리되었다는 이야기인데, 이러한 사정은 범죄에 연루되었다 해도 재판에 회부되어 형무소에 갇히는 여성 범죄자 다수가 가족이나 공동체의 보호를 받지 못하는 여성일 수밖에 없었음을 시사한다.[17] 여성 범죄자를 둘러싼 이러한 비가시적 맥락을 고려하기 위해서는 남편 살해범이 빈농의 촌부였음에 좀더 주의를 기울이고 사회변화의 소용돌이를 가로지르는 남편 살해 사건의 면모를 보다 다층적으로 파악할 필요가 있다.

떠오르는 몸, 가라앉는 노동

앞서 살펴본 소설까지 포함해서 언급해보자면, 여성 범죄에 관한 재현들은 친밀성에 기반한 관계에서 발생하는 폭력이나 범죄에 대해 피해와 가해의 구도를 명확히 가르기 쉽지 않으며, 그런 까닭에 가시권에서는 명백한 가해자가 비가시권에서는 극심한 피해자일 수 있음을 표본적 사례로서 보여준다. 여성의 가시화는 어떻게 여성의 비가시화로 귀결하는가. 친밀성 범죄 발생의 복합적 면모가 부부관계 내부로 환원되지 않는 성적 욕망의 층위로 돌려지고 친밀성 범죄가 여성 범죄의 이름으로 가시화된다는 점에서, 남편 살해로 구현된 여성 범죄는 여성을 과학적으로 설명하려는 경향이 식민지 조선의 규율화와 통치 논리와 만나면서 사회문제로 부각됐다고 해야 한다.[18]

이러한 메커니즘의 작동 속에서 비가시의 영역에 놓인 여성들이 (여성 범죄자로 명명되면서) 역설적으로 여성의 자리를 얻는다. 하지만 엄밀히 따지자면 여기서 온전한 의미의 여성에 대한 논의가 이루어졌다고 말하기는 어렵다. 남편 살해론을 통해 '어떤' 여성 혹은 여성의 '어떤' 영역이 가시화되었다고 말할 수 있다면, 이는 남편과의 관계 속에 놓인 직무 혹은 기능으로서의 여성과 그 영역일 것이다. 즉 임신과 출산을 위한 몸, 자궁을 가진 몸으로서의 여성이 가시화되는 것이다. 말하자면, 남편 살해론의 담론적 수행성은 조혼의 폐해나 이혼의 제도적 미비함을 비판하는 게 아니라 생식을 위한 몸으로서의 여성 이외 모든 영역을 철저하게 비가시의 영역으로 밀어넣는 기능에서 획득되었던 것이다.

남편 살해론을 통해 해체되고 재구축된 여성의 가시화(비가시화)된 면모와 이를 추동한 식민지기 인식의 일면을 확인하고 나면 구습의 희생물이자 무식한 생식하는 몸으로서 인식되던 조선 촌부를 어떻게 새로이 규정해야 할까. 조선에서 발생한 여성 범죄 아니 남편 살해를 통해 호명된 (욕망하는) 여성에 대한 존재론적 재규정은 가능한 것일까. 이 질문에 응답하는 과정은 식민지기 여성 범죄에 대한 이해나 조선 여성에 대한 인식과 담론 검토로만 축소될 수 없다. 결국에는 비가시 영역에 갇혀 있거나 배제된 존재들을 어떻게 복원할 것인가 하는 질문과 맞물리기 때문이다. 보다 거시적 차원으로 인식 전환이 필요한 것이다. 인식 전환의 가능성을 더듬는 일이 간단치 않음은 분명하다. 따지자면 친밀한 관계에서 행해지는 폭력과 그 극단적 형태인 범죄는 전 지구적 세계화 시대를 맞이한 오늘날에도 충분히 가시화되지 않았다. 여성을 비롯한 소수자와 약자에게 가해지는 것임에도 피해와 가해 구조에 내장된 젠더적 위계관계에 대한 예민한 감각이 널리 보편화되었다고 말하기도 어렵다.[19]

식민지기 남편 살해 사건을 다룬 기사와 서사에서 남편을 살해한 가해자로서의 독부와 조혼의 폐해를 구현한 사회구조적 피해자로서의 소부라는 명명, 즉 대상화된 존재로서의 촌부 범죄자의 다른 일면을 파악하기는 꽤 어렵다. 그 원인은 우선 아카이브의 한계 때문일 것이다. 그러나 남편 살해범의 복합적 면모를 파악하기 어려운 또다른 사정은 아카이브에 진입해 들어갈 관점의 미비와 연관되기도 한다. 빈농의 생활난과 그로 인한 하중이 어린 아내/며느리에게 전가되는 중층적 착취의 면모를 보여주는 식민지기 서사물을 통해 조선 빈농이 친밀성에 기반한 매매혼, 가정폭력, 부부 강간, 부부 살인, 영아 살인, 방화 같은 수다한 폭력과 범죄가 편재한 공간이었음을 확인한 것은 '다른 관점'을 도입하면서였음을 기억해둘 필요가 있다.

기사를 통해 누설된 비가시의 영역이 자신의 섹슈얼리티(/욕망)를 발견한 촌부의 면모였다면, 비가시의 영역 저편으로 철저하게 누락된 것은 여성노동의 측면이었다. 앞서 검토했듯 식민지기 서사물은 여성 범죄론으로 구현된 여성 관련 인식틀의 사회적 유포에 깊이 관여하고 기여한 바 있다. 사실상 친밀성 범죄의 장면을 보여주는 많은 서사물들은 각종 인쇄매체의 기사 내용을 거의 그대로 차용한다. 이런 점에서 보자면, 앞서 요청한 인식전환적 성찰이 불러올 연쇄반응의 의미는 결코 적다고 할 수 없다. 인식을 전환하는 성찰을 해가면서 식민지기 특히 1920~1930년대 조선 농촌을 살아간 여성의 서사화가 당대의 빈궁한 현실과 그녀들의 참혹한 삶의 현장을 보고하는 동시에, 역설적으로 제국/식민, 도시/농촌, 남편/아내로 인종적, 젠더적 위계를 반복하면서 강화되었음을 확인할 수 있기 때문이다. 간접적이고 우회적인 방식으로 서사물은 전근대와 근대를 관통하던 여성을 '임신하고 출산하는' 생식적 몸으로 재구축했음을, 이러한 논의가 여성 범죄에 대한 해법으로 정당화되고 있었음을 되새겨야 한다.

그럼에도 그 누락된 면모를 조금이나마 더듬어보게 해준 건 아이러니하게도 당대 서사물이라는 사실은 부인할 수 없다. 앞서 검토한 소설 속 여성 인물들을 통해 확인할 수 있듯, 소설에서 노동력으로서의 여성의 의미는 노골적으로 전면화되어 오히려 풍광처럼 자연화된 채 기술되지만, 들여다보자면 그녀들은 무엇보다도 끝나지 않을 것 같은 노동 때문에 고통스러워했다. 가정 안팎으로 요청되던 촌부의 노동력은 식민지기 빈궁한 농촌의 생계와 생활을 가능하게 할 절대적 요소였으나 촌부가 남편 살해범으로 호명되는 과정에서 철저하게 배제되어 그 의미와 가치가 은폐되고 지워졌다.[20] 촌부에 대한 관심은 여성노동에 대한 환기로서 재의미화되어야만 한다.

5장
하녀 살인 사건

물건을 도둑질했다는 억울한 누명을 뒤집어쓰고 사적 폭력에 노출되었던 가사 고용인의 사연은 인쇄매체가 아니더라도 쉽게 접할 수 있는 익숙한 서사다. 식모가 등장하는 소설에서 한번쯤 보았던 장면이기도 하다.

> 지난 구 정월 13일 아침 전남 순천군 순천면 매곡리 홍양호의 집에서는 홍량호의 처가 금비녀를 잃어버리고 자기 집에서 어린애 보는 리두리(13)를 삼사 일 동안이나 계속 난타하며 비녀를 내놓으라고 위협함으로 사실을 알지도 못하는 리두리는 혹독한 주인의 매에 견디지 못하여 여기에 두었다 저기에 두었다라고 헛말을 하였는데 마침 이 소설을 들은 리두리의 오빠 리용연(20)이 홍양호의 집으로 달려가본즉 어린애를 결박하고 바늘로 찔러가며 사람의 눈으로 보지 못할 혹독한 형벌

> 을 하고 있음으로 분에 북바치어 자기의 누이동생을 빼앗아놓고 경찰서에 구두 고발을 하여 방금 사법계에서는 가해자를 검거하여 엄중한 취조를 하는 중이라 한다.[1]

공지영의 『봉순이 언니』의 봉순이 언니가 집을 떠난 것도 도둑으로 오해받아서였다. 어머니의 다이아반지를 훔친 도둑이라는 누명을 쓰자 봉순이 언니는 모욕을 견디지 못해 집을 떠난다.

> 사라진 봉순이 언니는 사라짐으로써 자신이 다이아반지를 훔쳤다는 것을 입증해 보인 셈이었고, 어머니도 아버지도 우리 언니나 오빠, 그리고 동네 사람들 모두 그녀의 배신에 대해 혀를 차고 있었다. 게다가 부끄럽게도 스물도 안 된 처녀가 남자와, 그것도 평판이 안 좋은 남자와 도망을 치다니. 그녀는 배신자며 도둑이며 화냥녀였다. 경찰서에 신고하지 않은 것도, 그런 아이를 배곯을 때부터 데리고 키워준 것도 다 어머니가 사람이 착해서였다. 동네 사람들이 그렇게 말하고 있었던 것이다.[2]

결국 어머니의 오해였으며 봉순이 언니한테는 아무런 잘못이 없었음이 밝혀지지만, 어머니는 봉순이 언니를 제자리로 되돌리지 않았다. 봉순이 언니에게 했던, 얌전히 있으면 기술학교에 보내주겠다는 약속도 지켜지지 않았고, 봉순이 언니가 식모 노릇도 계속하지 못했다. 화자가 포착한 봉순의 모습이 어떠하든, 그녀의 인생 유전이 온전히 그녀의 책임일 수 없다. 하녀 문제가 사회적 문제이자 한 사회가 거쳐온 역사의 문제인 것은 이러한 이유에서이다.

그나마도 이들이 그보다 더한 폭력이나 억울한 죽음을 면한 것을 다행으로 여겨야 하는 걸까. 식모가 성폭력을 당하거나 살해되는 일도 드물지 않았다. 그 가운데에는 〈그때 변홍례〉(2019)라는 연극으로도 다루어질 정도로 악명 높은 사건도 있다. '부산 마리아 참살 사건'으로 알려진 '조선인 하녀 살인 사건'은 여성의 성기 훼손을 포함한 엽기적인 살인 사건이었다. 일본인 부부 가정에서 하녀로 일했던 조선인 여성이 피살된 사건으로, 일본인 가정과 그 집 하녀라는 이중 위계적 하중 아래 놓인 조선인 여성 피해자 관련 사건이라는 점에서, 1931년 사건 발생 이후 판결이 마무리되는 1934년에 이르기까지 사건의 해결과정이나 관련 판결에 관한 사회적 관심이 클 수밖에 없었다. 범인 검거가 쉽지 않았고 범인이 잡힌 뒤에도 충분히 조사되거나 사건 종결이 제대로 이루어지지 않은 듯한 미진함을 남겼기에, 사건의 잔인성이 불러일으킨 공포와 함께 선정적 호기심을 은밀히 자극하는 사건으로 다루어졌다.

1930년대를 떠들썩하게 했던 '조선인 하녀 살인 사건' 이후로, 강력 범죄에 대한 보도는 다각도로 확대되었다. 1930년대 전후로 탐정소설과 범죄 기사가 왕성하게 번역되고 창작되었으며 대도시에서 발생하는 범죄 사건들이 탐정소설과 신문의 탐정 실화,

야담류에서 '에로 · 그로 · 넌센스'적인 것으로 재현되었다.[3] 신문의 사회면과 문화면을 통해 당시 발생한 범죄가 기사로 유독 많이 소개되었던 것도 익히 알려진 사실이다.[4] 범죄 사건은 독자의 흥미를 끌 수 있는 주된 방법으로서 유용하다는 판단에 의해 서사화된 사건으로 소개되었다.[5] 흥밋거리로 읽을거리를 찾는 독자들의 요청이 당대 실제로 발생한 강력범죄에 대한 관심과 결합하여 범죄 기사에 대한 일반적인 보도 경향을 강화하고 확장하게 되었다.

여성이나 여성 관련한 범죄 이야기를 국가적, 계급적, 젠더적 위계 구도의 모순적 면모를 가시화하기 위해 활용하는 사례는 드물지 않았지만, '조선인 하녀 살인 사건'에 대한 사회적 관심은 조혼이 원인이 된 본부 살해 사건 관련 기사가 이 시기를 거치면서 뚜렷하게 증가한 경향이나 범죄, 특히 여성 범죄에 대한 사회적 관심이 확대되던 시대 분위기와 무관하지 않았다.[6] 미수에 그친 사건에 대한 소개나 해외 사례에 대한 소개도 적지 않았다는 사실에서 알 수 있듯,[7] 본부 살해에 대한 관심이 사회 전반에서 폭넓게 유포되어 있었는데, "진기한 에로 살인"으로서[8] 1920년대 이후로 인쇄 매체에 지속적으로 소개되었던 남편 살해 사건은 1930년대로 접어들면서 사회적 · 과학적 원인 분석에 대한 기사와 함께 경향적 현상으로서 다루어지기 시작했다.[9] 범죄 기사가 아니더라도, 경성지방법원에서 열리는 판결과 공판에 대한 소개도 대개 잔혹한 사건에 집중된 편이었다. 가령, 1931년 경성지방법원 새해 첫 공판에 대한 소개 기사는 절도죄와 함께 10년 만에

범죄가 탄로난 남편 살해 사건과 젊은 남자와 통정하여 낳은 아이를 죽인 사건이었다.[10]

여성과 관련된 범죄에 대한 관심이 증폭된 이 시기에 발생한 사건 가운데 하나인 '머슴 살인 사건'이 세간의 주목받은 것도 젊은 여성 범죄자에 대한 관심이 커진 상황 속에서였다. '벌을 달게 받겠소'라는 제목으로 연재 기사로 다루어지기도 했던 '머슴 살인 사건'은 여성이 범인인 강력 범죄라는 점에서 범죄 가운데에서도 드문 사례에 속했다.[11] '머슴 살인 사건'은 강원도 평강 군서면 정산리 김기달의 아내 박재(25세)가 7년 전 결혼을 하여 자녀 남매를 두고 가정생활을 하던 중, 그 집 머슴 손칠룡(30세)을 살해하고, 곧바로 경찰서에 자수한 사건이다. 피해자 손칠룡이 박재와 통정을 했다는 소문을 내고 다니자, 모함의 말에 분개한 그녀가 피해자를 죽이고 자신도 죽겠다며 도끼를 휘둘러 살인을 저지른 것으로, 임신중이었던 피고인 박재는 감옥에서 출산한 아이를 품에 안고 재판장에 서서 범행 당시 전후 정경을 대답했다고 한다.[12]

'머슴 살인 사건'에서 사건의 특이성보다 주목할 것은 1심 재판에서 피고인에게 언도된 징역 15년의 판결이 복심(2심) 재판 과정에서 징역 2년에 집행유예 3년으로 바뀌었다는 점이다. 피의자가 미모의 얼굴에 음전한 여성이었으며 범죄 후 곧바로 자수하여 자백했다거나 그녀의 남편은 장애를 가진 사람이었고, 피해자는 서른이 되도록 총각으로 살면서 결혼을 할 수 없는 빈곤한 처지에 놓인 욕구 불만의 남성이었다는 사실이 사건 발생의 주변적 요인으로서 언급되고 있었다.[13] 그러나 이러한 사실들보다 그녀의 살인이 피해자가 퍼뜨린 근거 없는 소문에 기인했다는 점을 우선적으로 중요하게 다루어야 한다. '정조'를 둘러싼 근거 없는 소문("터무니없는 거짓말")에 대한 그녀의 결백 주장이 결국 그녀의 살인의 죗값을 상당 부분 경감시키는 이유가 되었기 때문이다.[14] 판결에서 그녀의 정당방위가 인정되었다고 할 수 있는데, 이는 여성의 명예나 평판이 성생활과 직접적으로 연관되어 있음을 말해주며,[15] 유교적 가부장제에 기반한 정치체제를 유지하기 위해 동원되었던 가장 대중적 이데올로기인 정조 보호가 사회적 질서 유지를 위한 판결에서 중요한 판결 기준으로 작용했음을 시사한다.[16] "여자로서는 생명이나 다름없이 생각하는 젊은 아내의 정조에 관한"[17] 모함에 살인으로 저항한 사건이라거나 "재판관의 동정 있는 판결"에는 살인의 죄를 저질렀음에도 "그 여자로 있어서는 생명을 걸어놓고 변명하지 않으면 안 될 딱한 사정"[18]이 있었다는 식의 기사 서술 역시 여성의 정조가 여성의 생명과 다르지 않다고 여기는 법률적 판정 기준과 당대 사회가 일반적으로 합의했던 여성의 정조에 대한 가치를 재확인하게 한다.

'머슴 살인 사건'과 그 판결은 여성 범죄의 이해에서 젠더적·섹슈얼리티적 인식의 중요성을 새삼 환기한다. 당대 여성의 성에 대한 인식, 여성에게 할당된 젠더적 역할에 대한 인식을 배제한 채로는 여성 범죄에 대한 판결을 내리기 어렵다는 사실을 말해주는 것이다. 이러한 사실은 '조선인 하녀 살인 사건'의 엽기적 면모를 파헤치는 것과는 다른 각도로 이 사건들을 바라볼 필요가 있음을 시사한다. 흥미롭게도 두 사건에서 하녀계층의 두 존재, 하녀와 머슴이 살해되었다. 이때, 피해자 하녀와 피해자 머슴의 계급적 지위는 다르지 않았다. 피해와 가해의 의미 역시 중첩된다. 하지만 그 둘 사이에는 큰 차이가 있으며, 젠더 격차가 만들어내는 그 차이는 결코 적지 않았다.

김기영의 영화 〈하녀〉는 1956년 당시 한 식모가 저지른 살인 사건에서 아이디어를 얻은 작품으로 알려져 있다. 식모가 돌보던 아이를 저수지에 빠뜨린 사건으로 가시화되었지만, 후일 밝혀진 바에 따르면, 자신이 식모로 있던 집 아이들을 익사시킨 18세의 여성은 1년에 걸쳐 집주인인 교사에게 성폭행을 당했고 집주인의 사정을 눈치챈 아내에게 절도 혐의를 받아 해고되었다고 한다.[19] 아이들의 공부를 봐주던 김동인의 소설 「약한 자의 슬픔」의 가정교사 강 엘리자베트가 집주인 남작에게 성폭행을 당하고 결국 그 집에서 쫓겨난 상황과 조금도 다르지 않는 장면이 뜯어다 이어붙인 듯 반복된다. 시대를 가로질러 반복되는 하녀 잔혹사를 환기하자면, 조선인 하녀 사건에 민족적 울분을 덧씌우거나 일본인 부인의 비윤리성이나 잔혹성의 층위로 다루는 것만으로는 적절하지 않거나 충분하지 않다. 계급적 논의 위에 젠더적 논의를 겹쳐둔 채로, 소수자의 몸의 문제로 살펴야 하는 것이다. 지금 이곳에서 벌어지는 여전히 반복되는 폭력의 구조를 들여다보기 위해서는 그래야 한다.

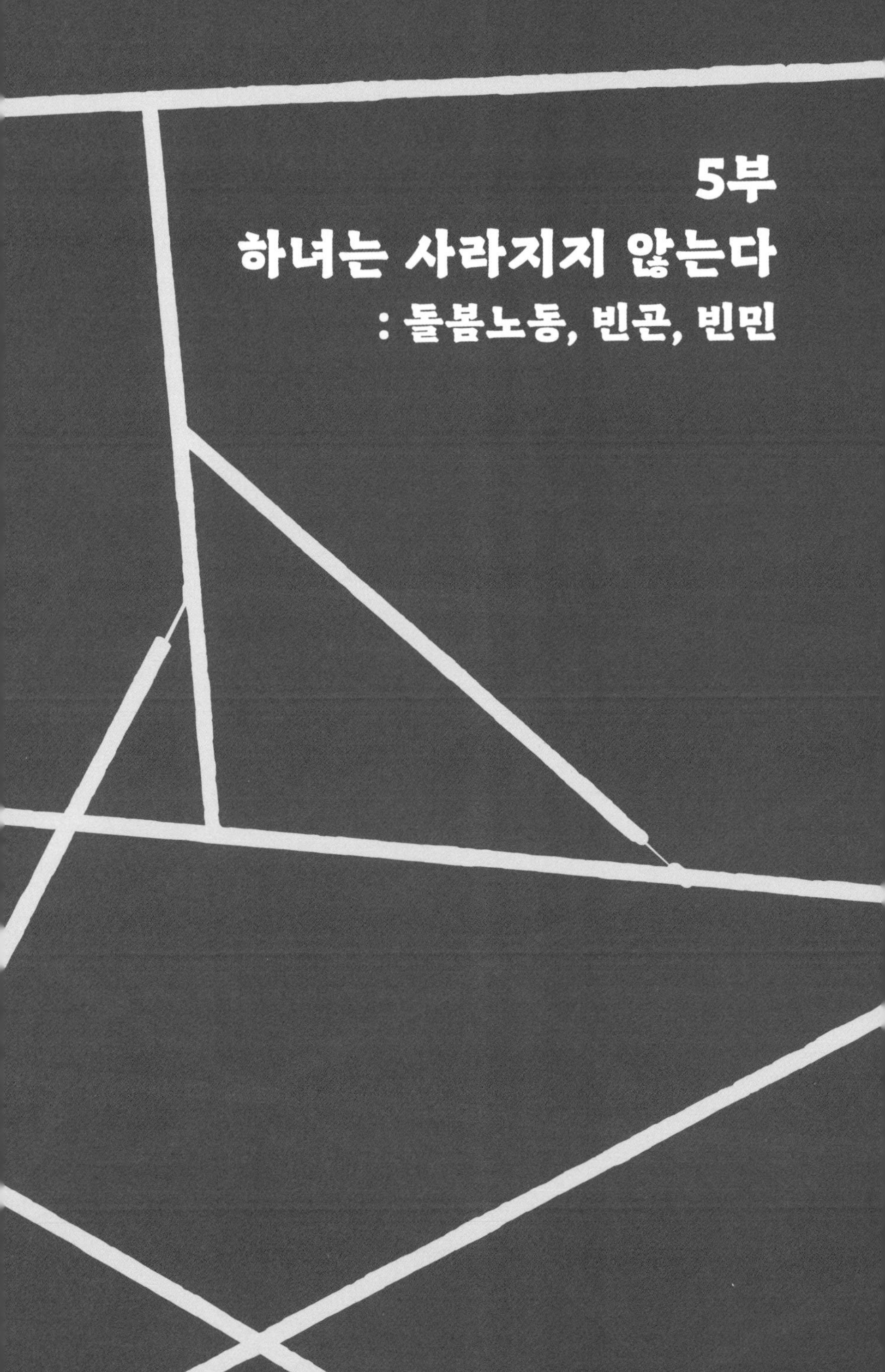

5부
하녀는 사라지지 않는다
: 돌봄노동, 빈곤, 빈민

1장

태금이는 왜 미친년이 되었나

돌봄노동의 대체 인력들

굴곡 많은 한국의 역사적 흐름 속에서 고향을 떠나 타지를 유랑해야 했던 삶은 역사가 짧지 않다. 적군에 의한 피해가 아니더라도 지난한 지상전이었던 한국전쟁이 공동체 내부의 잠재적 갈등을 수면 위로 밀어올렸으며, 뒤이은 결과로서 보복전의 성격을 띤 폭력 속에서 공동체가 해체되고 이탈되는 과정을 상시적으로 경험했다. 해체와 이탈의 틈새에서 가족의 안위와 생계를 책임지기 위해 여성이 사회 전면에 나선 일은 드물지 않았다.[1] 식민지기와 마찬가지로 해방과 전쟁으로 사회적 기반이 붕괴되면서 아버지들이 "생활에 무능해져버렸고, 대신에 어머니가 살림을 억척으로 꾸려나갈 수밖에 없었다".[2]

박완서의 '억척 모성'은 말할 것도 없거니와 오정희의 소설 「유년의 뜰」(1980)이나 「중국인 거리」(1979)를 통해서 여성의 억척스러움은 여성이 사회에 나선다는 것 이상의 의미를 내포하며, 그 실상은 여성의 몸을 매개로 한 '연명하는 삶'의 참혹함으로 압축됨을 확인할 수 있다. 집안의 생계를 책임져야 할 가장이 강제징용되거나 목숨을 부지하기 위해 고향을 떠나 밤도망을 한 후 연고 없는 타지에 임시 정착한 가족의 삶이 어떠했으며 예고 없이 가장으로 떠밀린 그녀들의 삶의 무게가 어떠했을지(「유년의 뜰」) 떠올려보는 일에 특별한 상상력이 필요하지는 않을 것이다.

여성의 몸을 매개로 한 '연명하는 삶'으로서의 일상은 특정 계층에 한정된 사정이 아니며 전 계층에서 연쇄적으로 발생한 사태이자 역사가 전변하는 국면에서 과정적으로 되풀이된 사태라고 해야 하는데, 이 연쇄의 사태는 피할 수 없는 사회구조의 변화를 이끌었다. 집안에 있던 여성들은 시장으로 공장으로 나서야 했고 그녀들을 대신한 돌봄노동이 그보다 하층의 여성에게 떠맡겨져야 했다. '농촌/고향'을 떠난 젊은 처녀들이 대개 도시화가 요청한 돌봄노동의 대체 인력으로 투입되었는데, 황석영의 소설 「잡초」(『월간중앙』, 1973)의 '태금'이 공장노동자 가족의 일손을 돕기 위해 식모살이를 온 것도 이런 사정에서였다.

「잡초」는 해방 이후부터 한국전쟁 시기를 대상으로 하면서도 이데올로기 대결 국면에 노동과 노동자, 특히 탈향한 가족과 하위주체 문제를 겹쳐놓고 다룬다. 그러는 한편, 해방 이후 만주에서 평양으로, 다시 서울로 월남한 가족이 사회로부터 뿌리 뽑혀 생활능력을 상실하고 적응력을 쉽게 회복하지 못하는 사이에 여성을 중심으로 생계가 꾸려지면서 생활 수준이 나아져간 사정을 포착한다. 1941년에 주택난을 해결하기 위해 주택영단을 조직해 그의 주도하에 주택이 지어지고, 대체로 한국인 노무자에게 분배된 영단주택 동네에 사는 「잡초」 속 주인공 가족을 통해 제철공장과 방직공장을 중심으로 자본이 축적되고 고향을 떠난 이들도 모여들게 되었다는 사실을 확인할 수 있다.

소설에서 시골 처녀 '태금'과 소설 내 화자인 '나'와의 첫 대면은 그녀의 순박하고 생기 있는 면모를 단박에 각인시킨다는 점에서 인상적이다. "키가 자그마하고 머리를 허리까지 길게 땋아 늘인 처녀"인 태금이 "몽당치마 아래 흰 버선을 신고" 있는 모습을 통해[3] 그녀가 농촌 여성이자 전근대적 면모를 지닌 존재로 표상되고 있음을 유추할 수 있다. 산업화 이전의 시공간을 대표하는 듯한 '태금'의 외양은 '계집애(지지바)처럼 생겼으며' '옷에 흙이 묻지 않도록 늘 조심해야 하는' '나'와 대조되어 때 묻지 않은 순수와 훼손되지 않은 생기를 보여준다. 또한 섬약하고 여성적인 소년과 투박하지만 순수한 생기를 가진 소녀가 대비되면서 곧 도시와 시골을 대표하는 이미지를 생성한다. 보따리에서 꺼낸 갱엿을 치맛자락에 문질러 '나'에게 건넨 '태금'의 행위를 통해 오롯이 확인할 수 있듯, 황석영의 소설에서 농촌의 이미지는 '태금'의 몸을 통해 마련되며 '태금'이 보여준 훼손되지 않은 건강성으로 모아진다.

「잡초」에서 도시로 유입되기 이전, 도시화 이전의 농촌은 계몽되거나 부정되어야 할 대상이 아니며 시대착오적인 것은 더더욱 아니다. 반대로 '태금'의 면모에 대한 기술은 황석영의 소설에서 삶의 활기와 건강성이 자연의 것이자 산업화 이전의 것이며 도시화 이전의 것으로 재배치되고 있음을 말해준다. '인사성 바르고 똑똑하지만' 제 분수를 몰랐던 공장노동자를 만나 젊은이다운 생기를 발산하기도 했지만, 동네 안의 이데올로기적 보복의 연쇄를 통해 공동체적 동질성을 완전히 파괴해버린 전쟁을 겪은 후 '태금'은 음산한 군가를 흥얼대는 미치광이가 되고 만다. '태금'이 미치광이가 되고 마는 사정은 그녀가 결코 이전의 상태로는 되돌려질 수 없음을 말해주는 것이라고도 할 수 있다. 소설에서 그녀는 떠나온 곳으로 다시 돌아가지 못한 채 도시의 내부도 외부도 아닌 곳에 지워버릴 수 없는 과거에 대한 진혼가처럼 불편한 군가 소리로 남는다. 소설은 태금을 통해 생의 활기나 건강성이 이제는 회복될 수 없는 과거의 것이 되었으며, 무엇보다 사라지지도 못한 채 도시의 밑바닥에 회한으로 남게 되었음을 말해준다고 하겠다.

'훼손된/상실된' 고향, '여성/고향'의 낭만화

1960~1970년대 농촌사회의 구조 변화를 다룬 소설에 대한 평가

는 '급속한 근대화에 따라 농어민이 도시로 이주해 노동자가 되거나 도시 빈민으로 떨어지고 전통적인 농어촌 공동체는 급격하게 해체되는' 양상을 포착하는 데 모아진다. 이때 농촌사회의 속성은 전근대적이긴 하나 그것이 담지한 공동체성과 일원의 순박함으로 규정되고, 그 공동체성은 낭만적으로 희구되며 그것이 파괴된 현실은 회복되어야 할 '과거이자 미래'로서 비판되며 호명된다.[4]

> 서울 턱밑에 이런 투박스런 시골이 있을 수 있었다는 게 상배는 이해가 안 갔다. 이런 시골을 두고 조국근대화니 반공 방첩하며 떠드는 게 아닐까 하는 엉뚱한 생각도 해보았다. 그러나 이런 시골은 이런 시골 나름대로의 그 분위기가 있을 터임에, 이런 시골다운 사회로 유지돼가야 할 것 같았다. 조국근대화란 허울로 초가지붕을 그 볼품없는 슬레이트 따위로 다시 잇는다거나, 어우러진 넝쿨 속에서 박덩어리가 함지박으로 익어가던 변소 벽에 시퍼런 페인트칠을 한다든가 하는 따위야말로 아무런 의미가 없는 짓일 것 같았다. 더욱이 하계 농촌계몽대란 명목으로 되다 만 대학생들이 몰려와 갖은 잔주접 다 떨고 민폐만 끼치고 올라가는 따위의 장난만은 정말 필요가 없을 거 같기도 했다. 썩어가는 퇴비더미 속에 메주콩을 띄워 집장을 담가 먹고 썩은 막걸리 찌꺼기로 식초를 앉혀 먹는 슬기를 갖춘 사람들일진대, 행주를 끓여 써라, 도마도 가끔 대패로 밀어 써야 한다는 따위 잘못된 근대화 타령이 무슨 소용 있으랴 싶었다. 그네들도 유선방송의 시끄러운 소음이며

> 농협의 관료적인 운영에서 받는 수탈 등 신종 농촌 공해쯤은 경계할 줄 알고 있을 게 분명하던 것이다.[5]

공동묘지 이장 작업에 동원된 하층민의 이력을 보고하면서, 고향을 떠나 도시의 변두리에서 개발정책의 말단 노동력으로 동원된 이들의 인성 상실의 면모들과 조국 근대화의 허상을 비판한 이문구의 소설 『장한몽』을 통해 뚜렷하게 드러나듯, 여기서 고향과 농촌은 "시골 나름대로의 그 분위기"가 있는 공간으로, 조국 근대화의 허울은 그것을 온통 파괴하는 일에 불과한 것으로 다루어진다.[6] 고향과 농촌은 도시와의 대별적인 영역에 놓인 것이자 복원되고 희구되어야 할 것으로 상정된다.

> "뭐…… 돼가는 대루. 그런데 삼포는 어느 쪽입니까."
> 정씨가 막연하게 남쪽 방향을 턱짓으로 가리켰다.
> "남쪽 끝이오."
> "사람이 많이 사나요, 삼포라는 데는?"
> "한 열 집 살까? 정말 아름다운 섬이오. 비옥한 땅은 남아돌아가구, 고기두 얼마든지 잡을 수 있구 말이지."[7]

> "삼포라구 아십니까?" (……) "말두 말우 거긴 지금 육지야. 바다에 방둑을 쌓아놓구, 추럭이 수십 대씩 돌을 실어나른다구."
> "뭣 땜에요?"

"낸들 아나. 뭐 관광호텔을 여러 채 짓는담서, 복잡하기가 말할 수 없데."

"동네는 그대루 있을까요?"

"그대루가 뭐요. 맨 천지에 공사판 사람들에다 장까지 들어섰는걸."

"그럼 나룻배두 없어졌겠네요."

"바다 위로 신작로가 났는데, 나룻배는 뭐에 쓰오. 허허 사람이 많아지니 변고지. 사람이 많아지면 하늘을 잊는 법이거든."

작정하고 벼르다가 찾아가는 고향이었으나, 정씨에게는 풍문마저 낯설었다. 옆에서 잠자코 듣고 있던 영달이가 말했다.

"잘됐군. 우리 거기서 공사판 일이나 잡읍시다."

그때에 기차가 도착했다. 정씨는 발걸음이 내키질 않았다. 그는 마음의 정처를 방금 잃어버렸던 때문이었다. 어느 결에 정씨는 영달이와 똑같은 입장이 되어버렸다.[8]

고향에 대한 떨칠 수 없는 그리움과 낭만적 회한의 정서가 만들어지는 것은 과거의 시간으로 봉인된 '농촌적/공동체적' 정서가 도시 밑바닥에 여전히 흐르기 때문이다. 역설적으로 회한과 노스탤지어의 대상인 '농촌/고향'은 실제 농촌에서는 결코 찾을 수 없는 상상의 장소가 된다. '끼인/배제된' 존재들의 귀향이 과거 시간으로의 복귀를 의미하지 않으며, 복귀의 불가능성으로 귀결되는 것도 이러한 이유에서이다. 고향을 떠나 도시 변두리를 빈민으로 떠도는 이들의 대표자라 할 만한 황석영의 소설 「삼포 가는 길」의 '정씨' '영달'이 탄식하듯, 우리에게 돌아갈 고향은 더이상 없다. 낙원 상실에 대한 회한이 문학적 재현으로 축적되는 동안 '이농/탈향'의 존재들은 도시에 편입되지 못한 채 바깥으로 떠밀려가며 '농촌/고향'의 복원 가능성은 좀더 불투명해진 것이다.[9]

「잡초」나 「삼포 가는 길」에서 확인할 수 있듯, 산업화의 여파가 문학으로 재현되면서 고향에 대한 상실감은 고향을 떠난 여성들에 대한 회한과 맞물려서 포착된다. 농촌의 건강성이 '태금'의 모습으로 실체를 마련하듯, 산업화과정에서 여성의 몸은 종종 떠나온 '고향/전통'의 재현적 공간으로 환기된다. 지금 여기 없는 것으로 낭만화되거나 훼손되었거나 폐기해야 할 대상으로 다루어진다. 이러한 방식으로 '고향/전통'은 과거에 봉인되고, 어머니로 상징되는 '여성/고향'은 복원 불가능한 공동체적 자질로서 호명된다. '여성/고향'을 낭만화하는 문학적 재현을 통해 '상실된 고향'과 (여성의) '훼손된 건강성'이 낙원에 대한 동경으로서 근대화의 속성이 된 것이다. '여성/고향'은 망각되고서야 비로소 기억과 복원의 대상이 될 수 있었다.

과거 회귀적 퇴행으로도 보이는 감성, 고향에 대한 노스탤지어가 이농과 탈향 경험이 불러온 욕망의 뒷면이라고 할 때, 그 욕망은, 엄밀하게는 젠더화된 것 즉 남성 주체의 것이다. 여성은 고향이나 자연에 대해 그러하듯, 대개 노스탤지어의 대상 즉 "과거 그 자체"로서 다루어지는 편이다.[10] 어머니이자 집으로 상징되는 여성이 자본의 논리 이전의 것으로 상상되고 근대 이전의 존재로서 과거에 봉인되는 것이다.「잡초」의 '태금'이가 그러했듯,『영자의 전성시대』로 유명한 조선작 작가의 다른 소설, 고향을 떠나 도시의 빈민으로 살면서 '식모'에서 '창녀'로 인생 유전을 겪는 한 여성의 삶을 다룬 장편소설『미스 양의 모험』(동아일보 연재, 1975)의 주인공 '양은자'가 보여주듯, '이농/탈향' 여성들이 근대 이전의 존재로 머무르기를 거부할 때 가족과 사회 그리고 국가 차원에서 그들은 온전한 존재로서 존중받지도 인정받지도 못한다. 그녀들은 도시를 떠나지 못한 채 미치광이가 되거나 윤리적으로 단죄되어야 할 '타락한/훼손된' 존재가 되는 것이다.

2장

반복되는 역사, 이촌향도

농촌의 과거화

"한 사회가 산업화되면 농부는 노동자가 되고 봉건 영주는 완전히 파산을 하든가 아니면 기업가로 변신한다. 계급class의 흥망에 따라 한 개인은 취업자가 되기도 하고 실업자가 되기도 한다."[1] 이것이 농촌 중심 사회를 벗어나 산업 중심 사회로 이동한 시대의 일반적 특징이다. 이러한 변화를 계기로 자유와 평등을 지향하는 주체가 부상하고 주체를 중심으로 본격적인 의미의 근대 시대가 열린다. 이러한 변화가 한 개인을 외부 환경 변화에 수동적으로 반응하거나 적응해야 하는 상황에 놓이게 하는 것만은 아니다. 산업화가 불가피하게 도시화를 피할 수 없다는 점에서, 도시화로 압축되는 이 변화는 지리 감각의 전면적 변화를 동반한다. '농부가 노동자가 되고 지방 부호가 기업가가 되는' 이른바 산업화의 경험은 공간 중심의 삶에서 시간과 속도 중심의 삶으로의 전변을 불러온다. 땅은 산업화를 위한 공간으로 존재 의미가 재편되고, 일상을 영위하는 이들의 세계 인식의 척도인 거리 감각은 시간 감각으로 대체된다.

산업화는 근본에서 도시화를 의미한다. 도시와 농촌이라는 대립적 공간을 만들어낸다기보다 농촌의 일상조차 도시인의 습성으로 채우는 것이 바로 도시화다. 지리경제학적으로 도시와 농촌은 분리된 두 공간이 아니라 발전적 위계 위에 놓인 공존하는 다른 시간대이다. 산업화는 농촌적 삶을 도시적 삶으로 바꾸는 일이기 때문에, 결국 이농과 탈향은 산업화 혹은 도시화의 다른 이름인 셈이다. 지속적 산업화는 농촌을 과거로 도시를 현재와 미래의 시간으로 배치하며, 이에 따라 도시화는 과거로부터 현재로 나아가는 과정이 된다. 농촌의 점진적 파괴와 도시로의 이동은 산업화가 부른 불가역의 운동성이다.

이때 농촌에서 도시로의 이동은 '이동'이라기보다는 농촌에서 안정적 삶을 유지하기 어려운 존재들이 농촌으로부터 '이탈'하는 일에 더 가깝다. 빈한한 하층 여성들이 대개 가장 먼저 '이탈'하는 대상이 되고 산업화를 위한 부수적 동력으로 동원되어 도시의 빈민이 되며 가족의 생계를 위한 임금이 된다.[2] 한국전쟁 이후 지속적으로 가속화된 산업화와 함께 서울이 세계적 도시가 된 오늘날까지 수많은 이가 농촌(/고향)을 떠나 도시의 일원이자 빈민의 일원이 되었다. 주변부 노동을 떠맡으며 도시의 중심부로 진입하고자 하는 존재들이 대개 그러했듯이, 산업화의 유용한 동력으로 호명되지만 대부분은 도시의 일원으로서 온전히 받아들여지지 않았다.

'끼인/배제된' 이들의 사회적 위상은 어떤 변이과정에 놓여 있었는가. 그간 농촌을 떠나 도시로 진입한 이들의 욕망이 끝내 좌절될 수밖에 없었던 사정에 대한 검토가 적지 않았다. 대개 그들은 농촌에서 도시로 이어진 근대화라는 터널을 통과하지는 못했고, 농촌에도 도시에도 속하지 못한 채 '끼인/배제된' 존재로 남았다. 그간 그들은 도시화의 거대한 흐름에 자발적으로 연루되었다거나 반대로 도시화과정에서 일방적 희생과 착취 대상으로 다루어졌다. 이들을 '문제적 개인'에 못 미치는 '뜨내기'로 보는 관점이 대표적이다.[3]

도시화와 산업화로 구체화되는 근대화는, 기존의 모든 것에 대한 단절과 혁신으로 이루어지는 멈추지 않는 재배치의 연속이자 그러한 흐름이 만들어낸 역설적 욕망의 발원지이다. 이농과 탈향의 경험이 항상 파편화로만 인식되지 않으며 때로 상상된 과거의 은유적 힘을 환기하고, 이를 통해 연속성이나 안정성을 획득하려는 반응을 야기하기도 한다. 안정성과 연속성에의 욕망은 유동적 변혁의 힘인 근대화가 불러오는 자기조절적 반응인 것이다. "진보의 시대"가 "잃어버린 상상 속의 낙원을 그리워하는 동경의 시대이기도 했던 것"은 그래서이다.[4] 근대적 속성으로서 노스탤지어의 기능을 고려해보자면, 도시화가 과거의 시간으로 봉인된 농촌적 삶과 전면적 단절을 통해 규정된다고 말하기는 어렵다. 산업화를 통해 농촌적 세계 인식이 도시적인 것으로 바뀌지만 그 과정이 단절적일 수는 없는 것이다. 전통사회의 윤리가 도시적 삶에 기묘하게 변형되어 안착된다고 말하는 편이 더 적확한 포착일 수 있다.

근대화를 압축하여 겪은 한국사회는 가부장제 윤리와 공모하면서 산업화가 야기한 시차에 적응하고자 했다. 도시적 삶을 위해 복원해야 할 전통이 호명되었고, 구습으로 분류되었던 농촌사회의 속성이나 산업화의 일면이 폐기되어야 할 부정적 폐습으로 치부되었다. 그간 충분히 지적되어왔듯이, 공간적, 경제적, 문화적 차원에서 농촌으로부터 도시로의 시차를 통과하던 이농과 탈향의 주체가 산업화의 모순 한가운데 놓인 존재였다면, 그 모순은 여성에게 덧씌워져 모순의 처리가 '이농/탈향'의 존재들에 대한 '처리/관리'로 이행되는 경향으로 드러났다.[5] 여성의 의미를 사회적 차원에서 고향이나 전통과 가까운 곳에 배치하는 방식으로, 한국사회는 농촌이라는 공간의 재배치와 그것이 품고 있는 일상문화에 대한 재가치화 방식을 마련해간 셈이다.

이농과 탈향을 강요한 구조와 '고향/전통'이 어떻게 여성으로 은유화되었는지, 하위주체와 그들의 몸이 어떻게 산업화가 야기한 사회적 갈등과 충격의 완화장치로 활용되어갔는지 그 과정에 주목해보자. 그러려면 근대와 근대 이전의 '연속적/중첩적' 시간을 단절로서 바라보게 하는 인식구조가 어떻게 만들어지는가, 왜 그것이 하위주체의 몸 특히 젠더화된 하위주체의 몸을 통해 이루어지는가를 살펴야 한다.[6] '빈곤과 빈민'에 대한 인식 변화와 젠더화된 하위주체의 사회적 배치에 대한 추적은 한국의 산업화과정에서 전근대적 유제가 어떻게 처리되었는가를 알려주는 실체이자 유의미한 단서이기 때문이다.[7]

이농과 탈향

식민지기는 말할 것도 없고 여유로운 방 한 칸만 있으면 식모를 들였다는 1960~1970년대에도 여성이 식모나 가정부가 된 사정은 대개 유사하다. 거시적으로 보자면 사회가 여성의 값싼 노동력을 대량으로 요청할 때, 다르게 말하면 산업화가 급속도로 이루어질 때 여성은 임금노동시장으로 폭넓게 편입되는 동시에 하녀가 되어간다. 1960년대와 1970년대에도 반복된 그 장면들을 통해 하녀 계보의 긴 역사를 만들어내는 사회 풍경의 일면을 들여다볼 수 있다.

이농과 탈향은 도시화와 산업화가 동반한 사회 변동의 가시적 원인이자 결과이자 한국사회가 겪어야 했던 점진적 사회 변화의 계기이자 양상이다.[8] 쿠즈네츠 곡선Kuznets curve으로 알려지기도 한, 경제성장에 따른 사회구조 변화의 일반적 패턴은, 전 산업 중에서 농업 비중이 감소하고 비농업 부문의 비중이 점차 증가하는 쪽으로, 이에 따라 생산 단위의 규모가 확대되고 도시와 농촌의 성장 속도가 달라지면서 인구와 노동력이 농촌에서 도시로 이동하는 형태를 취한다. 한국에서도 농가의 인구가 도시로 이동하는 경향은 '경제개발계획에 의한 도시의 산업발전에 따라 더욱 뚜렷해진' 현상이다. 하지만 산업화가 진행되고 농업 인구가 상대적으로 감소하면서 노동력이 이탈되는 선진 산업국이나 농촌에 존재하던 잠재 실업의 요소가 경제성장과정에서 도시로 유입되는 후발 산업국의 경우와 한국사회에서의 이농과 탈향의 원인이 완전히 일치하지는 않는다.

이농과 탈향이 한창이던 1970년대를 거치면서도 여전히 한국사회에서 농가 인구가 차지하는 비율은 50퍼센트에 육박했다.[9] 산업화가 농촌의 도시화를 의미하기보다는 농촌의 피폐화와 도시화가 꽤 오랫동안 병존했다. 농지개혁법이 실시된 1949년 이후로, 농촌사회는 지주에게 신분적으로 예속되거나 고율의 소작료를 수탈당한다는 폭력적 현실에서 해방되었다. 하지만 여전히 한국 농업은 영세 경영에 머물러 있었고 농가는 낮은 곡식 가격과 높은 이자 수탈에서 벗어나지 못하고 있었다. 뚜렷한 농업증산이 이루어질 수 없는 조건으로 농민의 열악한 삶이 좀체 나아지지 않았다.[10]

1960~1970년대를 거치면서 확실히 이농과 탈향 현상이 뚜렷해지긴 했지만 따지자면 해방과 전쟁을 거치면서 한국사회는

해방으로 인한 월남민이나 해외 동포의 귀환, 전쟁 피난민의 귀환 등 지속적 탈향의 경험을 축적해왔다. 한국에서 이농과 탈향이 사회의 일원에게 피할 수 없는 경험이 된 계기는 한국전쟁이라고 해야 하며,[11] 해방과 전쟁이 야기한 고향 이탈의 경험은 도시화와 산업화에 의해 급속한 사회 변화를 이끌었다. 제도적 차원에서 1960년대 초반에 공업 부문 생산력의 기초를 마련하기 위한 농업 생산 증대가 요청되었고 이에 따라 일시적으로 중농주의가 표방되었다. 하지만 공업화정책이 본격화된 1960년대 후반 이후로 농업 생산 증대 기획은 유야무야되었고, 이 과정에서 도시로의 인구 집중 현상이 가속화되면서 도시와 농촌 간의 격차가 심화되었다.[12]

물론 1970년대 전후로 극심해진 이농과 탈향 현상을 산업화와 도시화의 부산물로만 보는 관점은 사회구조적 변동과정에 대한 세심한 이해로서는 불충분하다고 해야 한다. 도시로 인구가 집중된 데는 종전의 읍 등 농촌의 일부가 도시로 흡수되어간 행정구역 변경 탓도 있으며, 이농과 탈향을 강제한 일상 층위의 삶의 조건 변화도 무시할 수 없기 때문이다. 특히 1967년부터 급격하게 증가한 농촌 인구의 이동은 3년간 이어진 남부 지방의 심한 가뭄을 빼놓고 말하기 어렵다.[13] 1908년 기상 관측을 시작한 이래 60년 만의 극심한 가뭄이 들었던 1967년의 농촌을 직접적 배경으로 삼은 소설이 여러 편 존재할 정도로 이때의 가뭄은 사회적 영향이 심각했다.[14] 이후로 정부당국에서 농업용수개발사업을 본격적으로 나설 수밖에 없게 한 1967~1968년 광주와 목포를 중심으로 호남 지방을 휩쓴 '한해旱害'는 소설 「초가」에 당시의 피해 상황이 요약 진술된다. "50년 이래 처음 당한다는 지독한 것이어서 쌀 한 톨 수확하지 못한 농민들이 대부분이었다. 밭에서 간신히 거둬들인 얼마 되지 않는 잡곡과 구호양곡으로도 연명치 못한 농민들은 무슨 구원의 땅이기라도 하는 양 서울로 서울로만 떠나고 있었다. 개중에는 중류층 이상도 더러 섞여 있었지만 대부분 부락에서도 영세농으로 손꼽히던 사람들이었다."[15]

농촌의 상황이 매우 열악했기 때문에, 해방 이전에나 존재했을 것으로 오해하기 쉬운 머슴살이가 드물지 않았다. 가능하다면 다른 지역으로 머슴살이를 가고자 하는 이들도 적지 않았으며, 도시로 날품팔이를 하러 떠나는 이도 많았다. 이 시기 혹심한 가뭄에 쫓겨 정든 고향과 농토를 버린 채 서울로 올라온 영호남 지방의 한해민旱害民은 평균 이십만 명에 달하는 기록적인 수준이었다.[16] 그러나 양식이 떨어지는 극심한 빈곤으로 정든 땅에서 밀려나야 했던 이들에게 도시는 기회의 땅이기보다는 겨우 생존이나 가능할지 모르는 불가피한 차악의 선택지에 가까웠다.

서울역에 영호남 지역 출신의 상경객이 늘어나고, 밤마다 이백여 명의 이농 상경자들이 남대문 지하도 시멘트 바닥에서 밤을 지새우는 일이 빈번했다. 서울역 주변 지게꾼이 오백여 명 이상 늘었고 서울에 올라온 근거지 없는 이농민들이 일산이나 김포 등 서울 근교를 떠돌며 남의 벼를 베어주고 품삯을 받는 날품팔이로 연명했다.[17] 날품팔이가 불가능한 부인들은 식모살이를 계획하는 이들이 많았다.[18] 이러한 기록이 이농한 이들의 삶이 어떻게 전락했는지 그 일면을 실감하게 해준다. 이러한 현실의 일면은 도시 빈민층의 삶을 가감 없이 포착한 황석영의 「이웃 사람」과 같은 소설을 통해 한 개인의 경험으로서 좀더 깊이 있게 확인된다.

> 한 달 동안은 갈월동 노동회관에서 40원짜리 숙박을 했었지요. 창고 같은 델 널판자로 칸막이했구요, 세멘 바닥 위에다 다다미를 깔은 좁다란 방에 스무 명쯤이 서로 발바닥을 맞대고 누워 자는 형편이었죠. 침구라곤 반으로 자른 군용 누비이불이 전부죠. 창문이 없어서 아침에도 불을 켜야 할 정도루 어두웠어요. 거의 날품팔이들인데, 열여덟 살짜리부터 환갑이 가까운 늙다리들까지 천차만별입니다. 밤 9시쯤에 하나둘씩 모여들고 아침 8시엔 관리인이 전부 바깥으로 쫓아내더군요. 저녁마다 이 방 저 방에서 보잘 것 없는 술판이 벌어지고 법석대며 싸우는 난장판 때문에 새벽이 되어야 겨우 코 고는 소리들이 들리지요. 문앞에서부터 벌써 퀴퀴한 더러운 살냄새가 나구, 벌거숭이 사내들이 빨지 못해 누리끼해진 속옷 바람으로 복도를 어슬렁거리는 꼴은 무슨 짐승우리 같은 느낌입니다. (……) 기동이가 일러준 대로 나는 새벽 4시 반에 일어나 빌딩을 짓는 공사장에 찾아가 막일꾼을 자원했어요. 십장이 지원자에 따라 노임을 깎고 일을 붙여주데요. 모래나 자갈이 담긴 들통을 지고 비계를 올라가는 일이었습니다. 거름지게와 나뭇짐을 지며 자라온 내게는 견딜 만한 밥벌이였습니다. 그런데 일거리를

매일 붙잡을 수가 없었습니다. 우리네 같은 놈들이 한둘이라야 말이죠. 조금이라도 시간 차질이 나면 그날 하루는 공을 치는 거였습니다. 다시 합숙소로 돌아와 막일꾼을 모으러 오는 떠돌이 십장을 기다리거나 아니면 중앙시장으로 가서 채소나 나르는 일거리가 걸리길 바라고 어슬렁대죠.[19]

당시 한 기록에 따르면, 해방 이후 생겨난 서울의 무허가 판잣집 총수 27만 7천여 채 가운데 74퍼센트 이상이 이농민 출신 주민의 거주지였다. 주거 문제를 쉽게 해결할 수 없었기 때문에, 서울의 사회적 인구 증가에 기여한 이들 가운데 90퍼센트 이상이 판잣집 살이를 피할 수 없는 시절이었다.[20]

3장

근대화의 시차, 심리적 도시화

농촌 문제

1970년 전후로 농촌사회 문제는 학계에서도 분석을 필요로 하는 심각한 주제로 다루어진다. 1971년 11월 30일자 한국일보에는 「한국농촌 수이집단의 문제」「가설협정에 있어 인과관계 설정의 의의」「농촌구조 면에서 본 농촌사회 변동」「한국의 국내 이동과 도시화에 관한 연구」「대도시 인구 이입의 연구」를 주제로 한 발표가 있었던 한국사회학회 주최 발표회(11월 27일 개최)와 그 가운데 김대환 교수(이대)의 발표문「농촌구조 면에서 본 농촌사회 변동」이 요약 소개된다.

인구 이동의 유형이 가구형家口型보다 개인형 이농이란 특징이 생산 규

> 모 확대를 제약하고 있음을 알 수 있다.
> 근원적으로는 농업 인구가 과잉했다는 사실도 있지만 농업 외 소득에 의지치 않으면 생계유지가 안 될 만큼 영세한 생산구조로 농촌사회의 변동을 유도할 요인이 되기엔 너무나 허약하다.
> 농촌의 생산구조의 허약성은 농촌사회의 개발보다 정체를 낳았으며, 그것은 결국 농촌의 계층 분화를 둔화시켰다. 다만 인구의 공간적 이동으로 농촌을 떠나 도시로 모여든 이농민을 도시산업사회의 비탄력성으로 도시 주변의 빈민으로 전락시켜 생업조건의 불안정과 생활 환경의 부조리로 하나의 위기계층으로 유동케 하는 나머지 건전한 생산계층으로서의 시민을 형성하는 데 큰 저해를 주게 된다.[1]

정부의 경제개발정책의 구상과 실현은, 한국경제가 긴박하게 해결해야 할 문제 영역이라는 사회적 합의 속에서 가능한 것이었다. 고도성장을 지향한 경제정책이 심각한 부작용을 낳으면서 경제정책은 근본적 수정 요청에 직면할 수밖에 없었다. 당시 문학이 사회문화의 대표성을 획득하고 있었음을 고려하더라도, 문학을 논의하는 자리에서조차 농촌사회의 구조 변화 문제가 언급되었음은 경제정책 전환 요청의 긴급성을 유추해보게 한다.

이런 분위기 속에서 '문학과 사회'의 상관성을 논의한 문학평론가 김병걸 역시 앞선 발표문의 일부분을 인용하면서 "농촌 인구가 맹목적으로 도시에 집중하는 첫째 이유는 도시와 농촌 사이에 존재하는 소득 · 생활 환경 · 취업 기회 등 모든 부분에 걸친 격차 때문이겠지만, 그러나 보다 넓은 관점에서 볼 때 농촌 인구의 감소와 경작지의 유휴화는 단순히 산업화와 도시화가 빚어놓은 부산물이라고 받아넘기기엔 너무나 많은 문제를 안겨주는 사회구조의 변동이라고 평가하지 않을 수 없"[2]다고 반복해서 강조한 바 있다. 경제발전 신화가 마련되던 시기에도 계속된 절량화의 현실 즉 농촌의 빈곤한 삶과 일상적 층위의 갈등 양상에 대한 폭로가 이러한 변화에 대한 문학적 응답을 피할 수 없게 했던 것이다.[3]

농촌의 식민화

'보릿고개'라는 말로 압축되는 절량의 삶이 1960년대까지도 이어졌다. 다수가 농민이었던 사회에서 빈곤은 피할 길 없는 삶의 숙명 같은 것이었다. 해방 이전에도 그러했듯, 농촌에서 가장 심각한 당면 문제는 빈곤이지만 그러한 빈곤의 근본원인이 토지소유관계의 모순에서 야기되었기에 해결책을 마련하기가 어려웠다. 해방 이후 한국정부 수립 직후, 토지개혁이 실시되었으나 봉건적 착취관계는 해소되지 않았고, 이후 근대화의 명목으로 자본의 힘과 결합하면서 별다른 변화 없이 모순적 상황이 고착되었다.[4]

1962년부터 지속된 경제개발계획이 점차 차수를 높여가면서 전반적으로는 빈곤이 조금씩 해소되었지만, 3차 개발계획 기간을 거치면서 농촌의 빈곤은 이전과는 다른 성격을 띠게 되었다.

가령, '풍년기근'이라는 묘한 말이 유행할 정도로 물건 값은 상승하는 데 비해 "오르지 않는 곡가" "아니 채소값"이 문제였다. "농민들이 지은 물건들만이 유독 값이 헐했"[5]다는 인식은 농민들의 과장된 엄살만은 아니었다. 이농 경향이 심화됨에 따라 피폐화된 농촌 경제를 우려하는 목소리도 높았지만, 정부 시책은 물론 미디어나 대중문화를 통해서도 도시화된 삶에 대한 낙관적 전망이 역설되었다. 그리하여 점차 농가와 도시노동자의 소득차가 심화돼 농가의 소득이 도시노동자의 소득과 비교할 때 66.5퍼센트 수준에 불과할 정도였다.[6] 1970년대 후반에 접어들면서 농촌의 청년층이 대거 도시로 유입된 현상의 이면에는 제조업, 건설업, 서비스업의 전반적 호황이 놓여 있었다.[7]

농촌의 빈곤이 도시의 성장과 밀접하게 관련된다는 점을 새삼 강조할 필요는 없을 것이다. 이 관련성 속에서 농촌은 점차 도시 차원의 자원 착취와 욕망 해소의 장소로서 규정되어갔다. 더 나은 삶을 찾아 이농과 탈향을 시도하지 않는다 해도 농촌에 거주하는 한 산업화와 도시화가 불러온 난점을 피할 수는 없었다.

> 논이래야 거의가 천수바리기뿐인 이 산마을 사람들은 시오리가 넘는 읍내길도 걷기가 보통이었다. 대개가 산날가지에 붙은 황토밭에는 감자와 고구마며 옥수수를 심고 고추를 가꾼다. 고무신 한 켤레 마음 놓고 못 만져보는 그들은 비바람이 사납고 눈보라가 추울 때라야만 마지못해 버스를 이용한다. 그러한 그들은 이따금씩 몰려왔다 몰려나가는

> 대도시의 놀이꾼들을 마치 먼 이방인처럼 바라보곤 하였다. 그 화려한 나그네들이 한번 설치고 간 저수지나 산날가지에는 으레 비어버린 사이다나 콜라병이 즐비하였다. 그리고 손도 안 댄 고급 안주와 과자 부스러기들이 그대로 널려 있을 때도 없지 않았다. 반짝이는 낚시바늘도 떨어져 있었고 예쁜 찌도 얌전하게 누워 있었다.
> 그러므로 저수지의 둑을 끼고 초등학교로 향하는 이 산마을의 아이들은 집으로 돌아올 때면 으레 물가를 누비는 게 버릇처럼 되어버렸다. 빈병이라도 모아두면 그건 읍내에서 들어오는 강냉이장수가 받아가기 마련이었다.[8]

1975년『창작과비평』에 실린 한천석의 소설「반점」에는 도시에서 온 이들이 나들이 행각 끝에 버린 쓰레기를 주워 먹는 산골 마을 아이들의 모습을 통해 아이들의 허기와 농촌의 상대적 빈곤이 피할 수 없는 농촌 현실로 포착된다. 소설은 쓰레기를 주워 먹는 아이들이 도시와 농촌의 먹이사슬구조의 숨길 수 없는 폐해의 현현임을 밝힌다. 근대화의 여파가 산골 마을에까지 미칠 때 필연적으로 벌어질 수밖에 없는 갈등의 비극성이 포착되기에, 소설의 면면을 통해 그 갈등이 농촌 내부로부터 야기된 것이 아님을 파악하기는 어렵지 않다. 소설의 배경이 된 푸른 산과 맑은 저수지를 앞뒤에 낀 이 작은 마을처럼 농촌은 도시와 한없이 가까워졌다. 그렇지만, 고속버스로 한 시간 남짓의 거리나 읍과 마을을 연결하는 버스나 택시가 도시와 농촌을 시공간적으로 이어붙일 수는 없었으며 오히려 도시와 농촌의 수직적 위계구조를 만들거나 심화했다고 보아야 한다.

소설은 산골 마을이 점차 근교 도시의 식민적 공간으로 전락해가는 과정을 요약적으로 제시한다. '도시로부터 주말을 즐기러 내려온 나그네들이 철새처럼 찾아오며, 도시 공해 문제로 쫓긴 군소공장이 마을로 진입하고, 과수원을 차리려고 덤비는 축들이 밀려들며, 헐값이던 땅값이 치오르기 시작하자, 별장을 짓고 들어서는 이들도 생기게 된다.' 농촌 현실을 두고 "오늘의 농촌"은 "도시에 대한 내국 식민지의 위치를 감수하면서, 자본주의 경제체제의 구조적 모순에 따른 셰에레 현상(자본주의 발달로 공산품과 농산품 사이에 가격의 격차가 점점 벌어지는 현상)의 심화로 외국자본의 압박이 전가되어" "이중 식민지의 역할"[9]을 하고 있다고 신경림이 단언할 때, 그 실상이 무엇인지를 소설로서 확인 가능한 대목이 아닐 수 없다.

역설적이게도, '이농/탈향'한 이들의 토지에 대한 열망 자체는 사그라지지 않고 강화된다.[10] 어찌 보면 이는 우선 한 평의 땅이라도 뿌리내리고 살 곳을 마련하고자 하는 뿌리 뽑힌 자들의 열망에 의한 것이라고 해야 한다. 농민층을 향한 광범위한 탈농민화 압력은 '이농/탈향'한 이들을 생존을 위한 자구책으로 산간벽지의 황무지 개간에 나서게 했고, 소작제도의 재생을 불러오기도 했다.

"얘, 막벌이 얘기 꺼내지두 말아라. 대처살이라면 이젠 입에서 신물이 나는구나. 그저 어떻게 하든지 돈을 모아 땅을 사야 한다. 땅만 있다면…… 댓 마지기라두 내 땅이 있으면 얼마나 좋겠니."

"웃집 사람들 여전하죠?"

서씨는 다시 말을 않고 우물쭈물했고, 아들이 말했다.

"내일이 추석이라구 어머니가 일 도우러 가셨으니, 아무때나 툭하면 하인으루 데려다 부려먹는 거지 뭐 달라진 게 있겠습니까."

"그 집이 여기선 상전인데 어떡하겠냐."

"지금이 어느 세상이라구 서방님, 아씨, 나으리……"

"땅이 없는 탓이다."[11]

소설집 『가객』(1978)에 「종노」로 제목을 바꾸어 실은 황석영의 소설 「폐허, 그리고 맨드라미」가 보여주듯이, 근대화는 농촌을 유지하던 전근대적 습속들을 쇄신하거나 없애기보다 오히려 복원시키는 역할을 하고 만다. 심지어 새마을운동 사업은 마름을 출현시키고 소작제도를 되불러오는 동력이 되기도 했다. 땅주인과 소작인 사이의 모순적 관계가 강화되는 과정에서 땅에 대한 열망이 되불려나오는 것이다.

이미 「초가」를 통해 확인했듯이, 당대의 소설들은 사적 부의 획득과 공적 농촌 회생의 가능성을 탐색하던 농촌 청년들의 시도가 번번이 실패하고 마는 사정도 날카롭게 포착했다. 1977년 『창작과비평』에 실린 김웅의 소설 「사설」은 토지에 대한 열망이 '운남에선 흙도 돈이다'라는 말로 압축할 수 있는 돈의 논리에 다름 아님을 재확인하게 한다. 흥미롭게도 소설은 농민이 처한 당대의 현실 특히 '함평 고구마 사건'으로 대표되는 고구마 수매를 둘러싼 농민들의 피해를 파토스를 담아 서술한다. 1976년 8월에 있었던 '함평 고구마 사건'은 중앙에서 내려온 수매자금을 공무원들이 유용하고 손실을 농민에게 덮어씌웠던 사건이다. 9일간의 단식 농성으로 농민들이 피해액을 보상받으며 마무리되었다. 농민들의 피해보상 투쟁이었던 이 사건은 현대적 농민 운동의 기점이 되었다.[12] 고구마와 유채 농사가 주업인 「사설」의 주인공(나, '황동호')은 "악착같이 돈을 모아 저수지 밑 논 한 필지를 사는 것"[13]이 유일한 소원이다. 그 돈을 마련하기 위해 「초가」에서도 다루었던 절간고구마 농사와 판매를 둘러싸고 농민과 농협조합, 주정회사 그리고 상인(거간꾼) 사이에서 벌어지는 눈속임 사기 행각을 소상히 밝힌다. 고구마 밭에서 잘라 말린 흙먼지 덩어리인 고구마를 가마니에 담아 파는 과정에서 가마니에 함께 들어간(실제로는 넣은) 흙뿐 아니라 자갈이며 왕모래까지 돈으로 둔갑하는 상황은 농협조합의 부조리한 자금 운용과 농산물 유통방식으로 생겨난 일임을, 가족 전체의 근면하고 성실한 태도로 해소될 수 있는 문제가 아님을 폭로한다.

> 어디 그것뿐이랴? 앞으로의 영농자금 하며, 설 보름 명절은 그냥 넘겨버릴 수 없는 게고, 조부모며 선친의 기제사가 있고, 어머니와 아우와

> 나 세 사람의 1년치 담배값만도 소올찮을 것이고, 중학에 다니는 막내 아우며 초등학교에 다니는 내 두 아이들의 학비며, 철마다 식구들 옷가지 하나씩이라도 사 입히지 않을 수가 없을 것이며, 빨래비누며 세숫비누며 치약 등도 사 써야지, 성냥에다 조미료며, 한 달에 다만 몇 차례 생선 꼬랑지라도 맛을 봐야 할 게고, 천하 없어도 전기세는 다달이 내야 하며, 그러저러한 문압것도 물어야지……마른 땅에 물 붓기다.[14]

그들이 해가 갈수록 더 큰 빚의 수렁에서 헤어나지 못하는 것은 농촌이 점차 공산품의 원료 제공지이자 소비처로서 전락했기 때문이다. 더구나 정착에 대한 소망이 매번 좌절되고 끊임없이 더 척박한 곳으로 떠밀려야 했던 도시 빈민촌을 다루면서 박태순이 증명해왔듯,[15] 불량 주거 환경 개발을 취지로 이뤄진 수많은 도시재개발 사업은 정착민들을 보다 낙후된 곳으로 추방하는 정책을 취해왔다.[16] 그러니 「독가촌 풍경」이 보여주듯, 사실상 '귀농/귀향'은 살길을 찾지 못해 보따리를 싸들고 고향을 등졌으나 서울에서는 변두리로만 돌던 "끝판 인생들"의 마지막 희망이 될 수 없었다. '내 땅을 가질 수 있는 길이 있다'는 꿈같은 희망을 좇아 황무지 땅을 살러 산간벽지로 들어간 귀농 개척자들이 그들이 개간한 땅의 소유자가 될 수 없었음은 당연한 이치였는지도 모른다.[17]

4장
빈곤과 빈민의 재배치

연쇄이고 중첩인, 도시와 농촌

농촌 인구가 서울·인천·부산과 같은 대도시와 수도권으로, 그나마도 점차 서울로만 몰려들었다고 해서 도시에서만 근대화가 이루어졌다거나 도시의 근대화만 가속화된 것은 아니다. 일상 변화에 시간차가 있었을 뿐 근대화는 한국사회 전체를 변화시킨 동력이었다. 기록적인 가뭄이 강타한 곳은 농촌만이 아니며 그 영향은 "마산 섬유공장으로, 울산 비료공장으로, 부산으로, 서울로" 이어지는 연쇄적인 것이었다. 그 연쇄의 고리를 타고 도시 하층 빈민과 노동자 다수를 이룬 '이농/탈향'인들이 자신들의 관심사와 농촌적 풍습 혹은 미신 등을 도시로 가져왔다. 시장과 공장 등을 통해서 다른 계층과의 접촉도 끊이지 않았다.[1] 농촌현실과 문학의 관련성을 논의하는 자리에서 한 비평가가 적확하게 지적했듯 "도시의 위력 앞에 농촌이 자기분해적 위기를 맞이하고 있는 것과 똑같은 정도로 도시는 농민의 유민이라는 도전 앞에서 그 나름의 갈등과 파탄을 경험하지 않으면" 안 되었다. "농민이 심리적으로 도시화되어 있음"에 못지않게 이들 도시 유입자들은, 적응에 성공한 극소수를 제외하면 "도시인도 농민도 아닌 어중간한 상태로 방황"하면서 "새로운 물결이 들이닥치기 전의 농촌을 구슬프게 회상"[2]해야 했다.

농촌 역시 근대화의 흐름을 피할 수 없었다고 할 때, 그것이 새마을운동으로 사업화되었던 지붕개량이나 도로포장 같은 변화만을 의미하는 것도 아니었다. '서울, 부산에 있는 건 근대화되는 농촌의 곳곳에 다 있게 되는 것', 가령 절량화의 일상 속에서도 고속도로가 개통되고 근처 마을에조차 '미장원이 일곱 군데, 양장점이 아홉 군데, 다방이 두 개, 당구장도 하나', 약방 근처의 "라디오·전축 월부판매점, 재봉틀·자전거 월부판매점도 각각 두 군데" "피어리스, 유가, 주리아, 오스카, 몽브랑 등 화장품 특약점"도 생기게[3] 되는 심리적 도시화가 기우뚱한 근대의 다른 일면이었다.

> 아주머니 영감 애새끼들까지 모두 철 따라서 대처엘 왔다가 시골루 되돌아가는 사람들이 많지요. 시골이나 대처나 몸 붙일 데가 없지만 그런 짓이 몇 년이구 되풀이되다보면 그것두 어엿한 생활이죠. 개중엔

나처럼 젊은 신세를 망쳐버리든지, 계집년인 경우엔 대부분 작부나 갈보로 흘러버립니다. 언젠가 골목에서 고향 아주머니 한 분을 만났는데 웬일이냐구 그랬더니 부촌의 집집으루 돌아다닌답니다. 무슨 장사냐구 했더니 장사가 아니라 젊은 부부 사는 집을 찾아가 빨래나 해주고 밥 한끼 얻어먹고 또 다음 집을 찾아가구 한답디다. 시골에 양식이 돌 동안 그 짓을 계속하는 거라 이 말씀이요.[4]

이농과 탈향이 농촌에서 도시로의 지속적 인구 이동을 의미하기는 했지만, 농번기를 농촌에서 농한기를 도시에서 보내는 이들도 적지 않았다. 가족보다는 가족의 일부가 도시로 이동한 경우가 대부분이었기 때문에, 도시는 말할 것도 없고 농촌 역시 서로 다른 이질적 문화의 충돌을 겪을 수밖에 없었다. 이농이 심화되면서 토지가 매물로 나오는 일이 많았지만 토지를 매입하려는 이가 줄어들면서 토지 가격은 더 떨어지는 경향이 있었다. 도시로의 진입이 안정적이지 못했던 사정이 토지에 대한 열망을 역설적으로 부추겼으며, 계절노동을 통한 겸업 농민이 증가하면서 농촌을 둘러싼 의식을 변화시키는 데 적지 않은 영향을 미쳤다.[5]

도시와 농촌의 문화적 영향 관계는 도시로부터 농촌으로 일방향적으로 이뤄지지 않았다. 무엇보다 그 전환은 어중간한 상태에 놓인 이들에 의해 촉발된 것이었다. 가족의 일부가 도시 쪽에 반쯤 편입된 사정 자체가 전통적 가족구성법에 불가피한 변화를 요청했던 것이다.

당시 모습을 담은 오유권의 「토속기」라는 소설을 통해 그 변화를 들여다보자. 소설의 주된 갈등은 도시의 일원으로 편입된 주인공 '인수'가 어머니의 임종도 지키지 못한 데서 불거진다. 농촌을 떠나 도시로 이동했지만 도시에서 안정적인 주거 기반을 마련하지 못하고 셋방살이를 한 탓에 주인공은 맏아들임에도 어머니를 고향이 아니라 다른 마을에 사는 동생에게 맡길 수밖에 없었다. 이러한 상황이 어머니의 죽음을 처리하는 과정에서 그간 없었던 복잡한 갈등을 불러온다. 전통이 흔들리는 모습은 "상여를 향리의 유둣골 청년들에게 맡기느냐 아니면 어머니가 돌아가신 동생네 칠석골 청년들께 맡기느냐"[6]를 둘러싼 갈등으로 가시화된다. "향리 쪽의 유둣골 청년들은, 뭐니뭐니해도 인수가 맏상제인데다 이날껏 마을에 초상 품을 들어두었으니 우리가 가서 운상을 하는 것이 떳떳하다는 주장이고 동생네 쪽 칠석골 청년들은 비록 작은아들네 집이지만 자기 마을에 와서 죽었으니 자기들이 운상을 해야 옳다는 것"[7]이 갈등의 주된 내용이었다.

상주측에서는 음식만 장만할 뿐 나눠줄 권리가 없으며 운상하는 이들이 음식 배분을 관장하는 마을의 풍습에 비추어, 맏아들이 부득이 어머니를 모시지 못하고 임종도 지키지 못한 사정은 향리의 갑계, 상포계, 효부계, 쌀계 등 농촌의 일상을 구축하고 유지하는 네트워크의 운영 전반에 갈등과 균열을 불러올 문제적 계기가 된다. 마을과 마을의 세력 다툼의 원인이 될 수도 있을 일을 두고, 결정권자인 맏아들 인수의 고민이 깊어진다. 자신이 어떻게 선택하느냐에 따라 동생들의 이후 생활도 달라진다는 사실을 잘 알기 때문이다. 도시에 정착하려는 그가 고향에 남아서 생활을 이어가야 하는 동생들의 삶을 뒤흔드는 상황에 처한 것이다. 결국 농촌의 삶에 도시의 삶이 중첩된 곳이라면 그곳이 농촌이든 도시든 그 시간 속에서 모든 이의 일상이 재구축될 수밖에 없었음을 단적으로 확인할 수 있다.

사회적 빈곤

현민이가 아궁이 위에다 두 손을 좍 펴가지고 불을 쬐면서 말했다. 보낸다 보낸다 하면서도 중학을 졸업한 지가 이태가 넘도록 아직껏 고등학교를 보내지 못하고 있었다. 아들은 형편이 조금만 풀리면 무슨 학원에라도 보내가지고 어떻게 공부할 수 있는 길을 뚫어본다지만 그네는 도무지 달갑지가 않았다. 그러느니보다는 차라리 남의 집 아이들같이 일찌감치 서울로나 보내서 어디 있을 만한 곳에 끼워주고 싶었다. 비단 넷째인 현민이뿐만 아니라 다섯째인 현철이꺼정 말이다. 식당 같은 곳도 좋고, 저 건너 감나무집 아이들같이 무슨 빠라고 하든가 카바레라고 하든가 뭐 그러한 곳에 있을 자리를 구해줘도 좋고, 갯가 사돈네 아이들같이 다방 같은 곳에 있을 자리를 하나 마련해주어도 좋을 성싶었다. 뭐니뭐니해도, 잇적부텀 몰(말)은 낳으면 제주로 보내고 사람은 낳으면 한양으로 보내라고 했응께…… 그래서 감나무집 아이들

> 같이 에미 생일에 옷감이라도 부쳐 보내고, 추석이나 설 명절이면 고깃근이라도 들고 에미를 찾아오는 날이면 더 부러울 것이 없을 것이었다. 게다가, 지성이란 녀석은 공부도 놈만큼 했고, 서울서도 제법 오래 살았응게 헐라고만 들먼사 그까짓 동생들 두엇쯤 못 넣을 바도 아니련만…… 그러나 큰아들 현준이는 막무가내였다. 한해寒害가 2년간이나 거듭되어 먹을 게 없게 되자 마을의 사내애고 계집애고 반반한 것들은 모조리 서울로 서울로만 올라가는 형편인데도 큰아들 현준이는 동생들을 꽉 붙잡고 놓아주질 않는 것이었다.[8]

남편 없이 큰아들이 가장인 집안에서 일곱 아이를 공부까지 시키는 일은 녹록지 않으며 생계를 꾸리기조차 쉽지 않은 것이 현실이었다. 서울에서 대학을 졸업하고 도시에 안착하기보다 귀향을 택한 청년의 농촌 정착 실패기인 소설 「초가」 속 어머니처럼 아이들을 공부시키기보다 서울 어디로든 보내서 생일에 옷감이라도 보내오고 명절이면 고기라도 몇 근 들고 오기를 바라는 것도 무리는 아니다. 하지만 그녀가 아이들의 서울행을 바라는 건 푼돈으로 얻을 수 있는 생활의 풍족함을 열망해서만은 아니다. 오히려 서울에서 대학까지 나와 농촌개혁을 이룩하고 가족의 형편을 낫게 하리라 믿었던 큰아들이 성심껏 노력했음에도 해마다 농사에 실패하면서 빚만 늘어가는 상황이 개선되지 않는 현실에 대한 비관적 인식의 귀결에 가깝다.

「초가」는 벼와 채소류 중심의 농사와 목축 등이 육성사업으로 권장되었던 정책적 현실과, 젖소 키우기, 닭 키우기, 유채, 참깨, 고추 등 환금작물을 중심으로 한 영농계획에 투신한 청년들의 도전을 뒤따라간다. 그러면서 큰아들 '현준'의 잇단 실패를 거점 삼아 영농계획의 예측하지 못한 결과를 보여주고 그로 인한 농민들의 고통이 개인적 과실의 문제일 수 없음을 말한다. 대학은커녕 고등학교도 제대로 마치지 않은 채 중기 운전을 배우고 운전기술을 익혀 그것으로 월남과 괌도를 다녔던 '동준'의 동기동창이 돈을 긁어모으다시피 해서, 부락에서도 가장 좋은 논밭의 소유자가 되어간 사정이 '현준' 가족의 연이은 농사 실패와 대비됨으로써(「초가」, 372쪽), 농촌에서의 생활수준 개선이 농촌의 자본을 토대로는 원천적으로 불가능하다는 사실을 선언적으로 전한다.

한 청년과 그 가족이 성실하고 근면하게 농사를 지어갈수록 빚더미에 앉게 되는 부조리한 사정은 개인적이면서도 결코 개인적일 수만은 없는 농촌사회의 중핵적 문제이다. 하지만 이는 산업화의 결과일 뿐 아니라 식민지 시기로부터 이어온 농촌사회의 근본 모순과 맞닿은 문제였다. 농촌 문제의 대책 마련을 위한 거시적 관점을 획득하기 위해서는 농촌 문제가 도시 문제와 깊이 연동된다는 사실을 인식하지 않으면 안 된다. "도시의 비대화와 농촌의 빈약화, 부의 편중과 여기에서 오는 개인의 격차, 배금주의적 사고방식의 팽배에서 오는 '인간'의 왜소화 내지는 부재 등 사회의 모순을 대변하는 것으로서 농촌과 도시는 똑같은 문제를 가지고 있는"[9]으므로, 농촌 문제는 "농촌에서만 일어나는 것은 아니며 오히려 사회학적 위기 현상으로선 도시 변두리의 서민층에서보다 심각한 문제로 대두"된다고 보아야 한다. "도시 밑바닥의 군상"은 "도시 자체에서 생겨난 존재"는 아니며 "거의가 농촌에서 살다 더이상 견딜 수 없어 무작정 상경한 이농층"이라는 점에서, "도시의 가난한 사람들의 고통은 어디까지나 농촌사회가 안고 있는 고통의 연장"으로[10] 이해되어야 한다.

이런 사정으로, 1970년대 전후로 심화되어간 농촌의 빈곤과 탈향인들의 도시 빈민화는 '빈곤/빈민'을 바라보는 다른 관점을 불러왔다. 열악한 노동 환경이나 도시 빈민이 처한 현실에 대한 폭로가 이뤄진 사회적 사건들, 예를 들어 1970년 11월 13일의 전태일 분신 사건이나 1971년 7월 대규모 폭동 사태로 발전한 광주대단지 사건 등을 통해 확인할 수 있듯, 빈민은 도시의 팽창과 이농 현상과의 상관성 속에서 점차 사회적 문제로 부각되었다. 1970년대 전후로 부의 발전을 위한 토양이자 욕구의 확장을 위한 원천으로서의 빈곤이 점차 사회의 안녕과 발전을 저해할 수도 있는 반사회적인 것으로 치부되어간 것이다.

'끼인/배제된' 시공간과 도시 빈민의 몸

사회의 안전을 위협하는 존재로 매혈하는 부랑자(황석영, 「이웃 사람」)와 같은 '노동-진보-행복'의 논리를 거부하는 이가 배치된다면, 다른 한편에서 '창녀'와 잠재적 윤락녀로 다루어지는 '식모' 즉 '섹슈얼리티의 몸'으로 취급되는 이들이 사회를 더럽히는 오염원으로 분류되었다. '요보호 여자'로 분류되었던 윤락 여성들에 대해서 국가 차원에서 법령을 통해 동태 파악 요청이 실질적으로 수행되기도 했다. 가정 바깥에 존재하면서 통제 관리가 쉽지 않은 이들을 사회 차원에서 처리 곤란한 골칫덩이들로, 어떤 의미에서는 공포의 대상으로 여긴 것이다.[11]

도시 변두리에서 날품팔이 막노동꾼으로 살아간 한 남자는 왜 매혈을 하면서 간신히 목숨을 유지하다가 끝내 살인을 저지르게 되었는가. 밑천 없이 농촌을 떠나 도시 빈민으로 편입된 청년에게 무슨 일이 있었던 것인가. 그는 왜 도시의 변두리로 겉돌기만 하다가 도시의 일원이 되지 못한 채 도시 바깥으로 튕겨져버린 것인가. 왜 그는 사회의 안전을 위협하는 범죄자로 내몰리게 되는가. 고백에 따르면, 그는 군대에서 제대한 후 남의 땅이나 부쳐 먹는 처지인 노모와 형님 식구에게 군식구가 될 수 없어 고향을 떠나야 했다. 그런데 "꼭 자수성가해서 남부럽잖은 사람이 되어 식구들을 호강시키리라 결심했던"[12] 청년은 고향을 떠난 지 몇 달이 채 걸리지 않아 살인자가 되고 만다. 서울역으로 무작정 상경해서 아무런 연줄 없는 도시생활을 날품팔이로 간신히 이어간 이들이 그러했듯 연명하는 삶에서 벗어나기는 쉽지 않았다. 날품팔이조차 쉽지 않은 상황이 그를 매혈의 나락으로 내몰았고, 매혈로 번 돈을 쉽게 탕진하고 다시 매혈에 나서는 극빈의 삶에 갇히게 했다.

> 버스가 번화가를 벗어나 자꾸만 샛길로 빠져들어가고 울퉁불퉁한 길을 지나 변두리의 종점에 닿았을 때, 나는 난민촌 비슷한 수라장의 한가운데에 서게 되었던 겁니다. (……) 길은 똥오줌으로 범벅이 된 질척한 진탕입니다. 애새끼들이 아랫도리를 벗은 채루 맥없이 집앞 양지쪽에 서 있구요. 부인네가 봉지쌀을 사 들구 골목 한 옆에 조그맣게 오그라들어가지구 지나갑디다. 천막 안에서 주정뱅이가 마누라를 패는지 죽여라, 살려라, 악쓰는 소리가 들리데요. 그래두 이게 동네려니 생각하니까 다정한 느낌이 들었어요. 서울이 보이질 않아요. 갑자기 세상에서 없어져버린 것 같더군요. 버스를 부리나케 타고 되돌아오면 요사스런 거리가 분명히 그 자리에 있었어요. 생각 속에서만—아, 서울—하며 있는 게 아니라 서울은 분명히 그 수많은 사람들하구 함께 있었지요. 그런데두 한편으론 서울은 상상 속에만 있었습니다. 다시 다른 버스를 탔죠. 또 종점에 이르러 보면 거긴 내가 가려던 곳이 아니죠. 되돌아 시내로 들어와두 그렇구요. 몇 달 전에 고향을 떠나서, 또 며칠 전엔 피를 팔면서까지, 조금 전에 버스를 타고 달아나려구 했던 바로 그곳에 돌아와 있는 겁니다. 나는 하루종일 버스를 타고 종점에서 중심가로 오락가락하면서 그곳은 바로 나 자신이란 사실을 깨달았습니다. 나는 그때까지는 나 이외의 아무것두 깨닫지 못했지요.[13]

근대화의 물질성이 한국사회의 외관을 꽤 많이 바꿨지만, 미래의 시간을 상징하는 도시적 삶이란 고향을 떠나 도시로 진입하고자 한 수다한 이들에게 그저 상상적으로만 감지될 수 있는 것이었다. 여대생을 선망하고 스토킹하는 한 남자의 이야기에서처럼, 근대화란 '끼인/배제된' 존재들의 것이자 "냉정하고 종잡을 수 없는 남의 도시인 서울에" "끼어들지 못하고 있다는 사실"[14]이 부추긴 것일 뿐 실감으로는 잡히지 않는 어떤 것이다. 이는 연애나 사랑이라는 이름으로 포장된 고향 탈출에의 욕망이자 계급적 위계의 힘이 만들어낸 실패와 좌절감과 다르지 않았다. 막노동이든 매혈이든 신체를 고스란히 포기하지 않고서는 도시의 어느 구석도 무작정 상경한 이농민의 틈입을 허락하지 않았다. 그러했기에 그들은 정착하지 못하고 내내 떠밀리듯 살아야 했다. 말하자면 그것이 근대화의 실감이었다.

여성 몸의 자본화

고향을 떠나 도시를 유전하는 빈민 여성의 상황은 더 열악했다. '여성의 몸-자본'의 논리에 편입되지 않고서는 좀체 도시로 진입할 수 없었다. 이때 '여성의 몸-자본'은 재생산 공간으로서의 몸의 자본화 바깥의 영역, 즉 재생산을 배제한 섹슈얼리티로서의 '여성의 몸-자본'을 의미했다. 그러나 따지자면 빈곤 앞에서 여성의 몸은 쉽게 교환의 대상인 자본 자체가 되었다. 가령, 마을의 몇 집을 빼고서는 풀죽조차 제대로 먹지 못할 정도로 가난이 일상인 공간에서 여성의 몸은 쉽게 돈으로 교환될 수 있는 물건이 된다. 순결의 상징인 처녀성이 교환가치가 되는 일이 드물지 않았다.

가부장제는 경제적 세대 유전 논리와 쉽게 결합하고 자산 유지라는 논리에 기반해 혈통의 순결성을 옹호한다. 처녀성 확보가 사회를 유지하는 원리로서 수용될 수 있는 근거가 여기서 마련된다. 천승세의 「보리밭」(1973)에서 마을의 부농인 배미말 '최가'와 '원창댁'이 '용배'의 딸 '은순'을 며느리로 들이면서 '용배'에게 '벼 열닷 섬'을 약속할 때 이들 사이에서 오간 것은 혼담이 아니라 처녀성과 임신 가능한 몸의 교환(화폐)가치 협상이었다. 여성의 임신과 출산 가능성이 매매와 거래 대상이 된 것이다.

약조한 쌀은 처녀성의 가치 즉 첫날밤을 치르고 새벽바람에 시어머니에 의해 확인되는 '이불에 흘릴 것'의 가치에 대한 대가였는데, '용배'가 불 지게를 지고 보리밭으로 뛰어들게 했던 소설의 비극성은 '은순'이 어쩐 일인지 첫날밤 신방에서 있었어야 할 그것을 이튿날 밤에야 흘리게 된 웃지 못할 비극적 상황에서 기인한다. 매매교환이 성사했느냐를 두고 '흘린 것'의 가치가 관건이었는데 이는 첫날밤이라는 시간적 한정성을 가지므로, 다음날 '은순'의 처녀성이 확인되어도 아무런 가치를 갖지 못하는 것이 되었다. 소설의 비극적 아이러니는 혼사를 치르기 위해 얻은 급전을 갚기는커녕 이자가 덧붙어 보다 극심한 빈곤에 내몰린 '용배'

가족을 통해 여성의 몸의 교환 불가능성이 역설적으로 입증된다는 점에 있다.[15]

이렇게 본다면, 품고 다니던 칼로 자신의 처지와 다를 바 없는 남자를 열두 번이나 난자하며 살인을 저질렀다고 해도, 고향을 떠나 도시로 와서 범죄자가 된 한 남자의 살의는(「이웃 사람」), 자신을 받아들이지 않는 도시에 대한 살의이자 도시에도, 도시가 아닌 곳에도 속할 수 없는 자신의 '끼인/배제된' 상황 자체에 대한 살의가 아닐 수 없다.[16] 그가 찌른 누군가는 자신과 다를 바 없는 남자인 또다른 자신인 셈이다. '무차별' 살인을 저지른 범죄자가 됨으로써 고향을 떠나 도시의 빈민으로 떠돌았던 이들은 사회적 위험 요소로 분류되고 사회적 행복과 안전을 위협하는 골칫거리가 된다. 이 과정에서 보다 나은 사회에 대한 열망은 사회적 위험 요소를 제거함으로써 실현되는 것으로, 사회적 불평등에 기인한 빈곤은 산업사회의 반박 불가능한 사실로서 자연화되었다.[17]

5장

식모의 섹슈얼리티

1970년대에도 고향을 떠나 식모 일을 나선 여성들이 있었지만, 식모의 일은 그때에도 사회적으로 신분이 보장되는 직업은 아니었다. 식모의 일을 하는 한, 여성들은 근대화의 흐름을 비껴가며 식민지기로부터 지속되었던 하녀의 삶을 되살아야 했다. 하녀의 역사는 흐르지 않고 반복되었다.

> 그들은 주인으로부터 예비도둑놈으로 간주되어 항상 경계를 받아야 한다. 행여 무슨 귀중품이나 훔쳐 가지고 도망치지나 않을까 해서다. 주인집에서 선심(?) 쓴 헌옷가지나 걸치고 다니는 그들은 저녁 늦게 잠자리에 들면, 문자 그대로 심신이 함께 곤비하기 때문에 그냥 깊은 잠에 빠져들기 마련이었다.
>
> 그처럼 형편없는 대우를 받고 있는 그들의 대부분이 농어촌이나 서울

> 주변의 시골에서 오로지 돈을 벌어야겠다는 굳은 결심으로 용약 상경한 17~8세 전후의 소녀들이다. (……) 한집안 식구처럼 혹은 가족적으로 지내자는 것은 상투적인 환영사일 뿐이다. 주인집 아이들은 "언니" 혹은 "누나"라고 불러주기도 하지만, 그러나 어디까지나 주인 입장이다. 꼬마들의 부당한(?) 명령에도 무조건 복종해야 한다.
> 주인집에 불량한 고등학생이나 대학생이 있는 경우, 그 집 가정부는 어김없이 순결을 짓밟히는 슬픈 신세가 되기도 한다. 예의 점잖으신 주인 아저씨한테 걸려서 몸을 망치는 경우도 있다.
> 요컨대 가정부의 인권이 날로 신장되기는커녕 추락하고 있는 것이다. 그것은 가정부 자신이 무식하고 나약하기 때문이기도 하지만, 보다 큰 원인은 그들의 사회적 신분이 보장되지 않은 데 있다.[1]

집을 떠나 대처에서 식모살이를 하던 '춘자'의 귀향 에피소드를 다룬 전상국의 소설 「전야」는 1년 반 만에 고향에 가는 길에 편지만 주고받으며 연락한 남자친구를 만나려던 일이 결국 남자친구와의 통화를 엿들은 범죄자에 의한 성폭력 사건으로 변모한 이야기이다. 식모살이를 하는 여성의 이야기임에도 그녀가 당한 성폭력 사건이 소설의 핵심 에피소드임을 통해 쉽게 확인할 수 있듯, 식모에 대한 상상은 곧바로 섹슈얼리티를 환기하며 식모는 성적인 존재로 환치된다. 그것은 왜인가.

우선 그녀가 왜 집을 떠날 수밖에 없었는가를 살펴보자. 소설에 의하면 구체적 사연은 다음과 같다.

춘자가 다섯 살 때, 이웃에 품앗이 갔던 생모는 어쩌다 황소에게 떠받쳐 침쟁이한테 침깨나 맞아대더니 몇 달 못가서 꼴깍 저세상으로 갔다. 그때 동네 사람들은 남편에게 그 괄셀 받고 살더니 차라리 잘된 일이라고들 했다. 밤이고 낮이고 노름판만 쫓아다니는 아버지는 거기다가 주벽이 심해 집에만 들면 집안 식구들을 두들겨팼다. 결국 그 끝을 보고 만 아버지는 춘자와 그 아래 진태, 춘옥일 버려둔 채 행방을 감추더니, 춘자들이 일가친척 집에서 눈칫밥 먹으면서 오줌똥 가리게 됐을 때에야 새엄마를 하나 데불고 나타났다. 새파랗게 젊은 여자가 뭐가 좋아 지겨운 전실 자식만 곱게 키우란 법이 없어, 줄레줄레 넷이나 뽑아놓았다. 열여섯, 집을 떠날 때까지 그 배다른 동생들을 등에서 떼본 적이 없던 춘자였다. 그래두 초등학교를 3학년까진가 마쳐 제 이름이라도 쓸 수 있게 된 것은 전연 의붓엄마의 덕임을 지금도 춘자는 잊지 못하고 있는 것이다. 학교 가지 말고 애기나 보라는 아버지의 말을 안 들었다가 아버지한테 매를 맞아 지금까지도 한쪽 귀가 신통찮다. 춘자를 아는 사람들은, 제 기구한 팔잘 제가 아는지, 애가 어쩜 저렇게 착하구 인정스러우냐 칭찬두 많이 했다. 결국 집을 떠나 원주로 식모살이 나간 것은 열일곱이 되던 해 봄이었다.[2]

'춘자'는 '생모를 어릴 때 여의고 친척집에서 눈칫밥을 먹으며 살던 끝에 의붓어미를 데리고 온 아버지와 함께 살게 되나 가난을 면치 못했고 이름 정도 쓸 정도만 배운 이후로는 배다른 형제까지 포함한 동생들을 끼고 키우다 결국 식모로 나선 것'이다.

자신의 안위를 위해서라기보다 누군가를 돌보거나 가정의 생계를 책임져야 하는 상황이 그녀를 도시로, 식모로 내몰았다는 사실을 새삼 강조할 필요가 있을까. 농촌에서 도시로의 이동을 통해 식모 혹은 여성노동자가 된다거나 자신의 아이를 떼어놓고 중산층 가정의 아이를 키우는 식의 사연은, 그 비극성으로 가난한 여성이 겪는 상황에 시선을 집중시킨다. 하지만 실제로는 도시화되면서 돌봄노동이 보이지 않게 되는 과정을 확인하게 해주는 동시에 돌봄의 이동을 통해 돌봄이 저렴하게 유지되는 것 즉 경제가 저렴하게 유지될 수 있게 하는 시스템이 구축되는 과정을 들여다보게 한다. 총체적 차원에서 구조적 은폐가 일어나는 것이다.[3]

그렇다면 떠밀리는 그들의 삶을 모험이라고 불러도 좋을까. 「영자의 전성시대」의 작가 조선작은 1년여간 펜팔을 주고받았던 남자들의 연락처를 손에 쥐고 집안의 돈을 훔쳐 무작정 서울역으로 상경한 소녀의 위험천만한 행보를, 안정된 울타리 바깥으로 떠밀렸던 그 삶을 모험이라 불렀다. 『미스 양의 모험』의 주인공 '양은자'는 서울에 올라와 노숙에 가까운 생활을 이어가면서도 도망쳐 나온 집에는 금의환향에 대한 환기를 담은 편지를 거듭 띄워 보냈다. 그런 와중에도 그녀는 가족 경제에 대한 역할 수행을 내내 의식하고 출처 없는 의무감을 떨치지 못했다.

성태야. 그동안 어머니 모시고 잘 있었니. 동생들도 모두 잘 있는지 궁

> 금하구나. 상경한 지 벌써 두 주일, 누나는 별 일 없이 잘 있다. 여러 분들의 도움으로 내일부터는 직장에 출근하게 된다. 작은 무역회사인데 힘들지 않은 비서직의 일을 맡아보게 되었단다. 월급을 받으면 송금하겠다. 어머니께 걱정을 끼쳐드리고 야밤에 도망쳐 나온 잘못은 두고두고 죗값을 하리라 작정하고 있다. 너는 중학생이니까 내 마음을 이해하겠지. 어머니에게 잘 좀 말씀드려다오. 성공하기 전에는 절대로 시골 내려가지 않을 생각이고 누나가 성공하면 너를 서울로 데려다가 대학 공부 시킬 테니 열심히 공부하거라. 그럼 어머님 모시고 내내 잘 있기를 빌며 이만 줄인다.[4]

궁벽한 생활에 한 입이라도 덜겠다는 마음으로 무작정 집을 떠난 후에도 「전야」의 식모 '춘자'나 『미스 양의 모험』의 '양은자'에게 가족 경제에 대한 책임은 벗을 수 없는 의무로 인식되었다. 가족 경제에 그녀들이 실질적으로 기여했느냐 아니냐와는 별개로, 이는 젊은 여성들의 '이농/탈향'과 노동사회로의 진입이 가족 전략에 따른 것이자, 전통적으로 가족 내에서 여성의 책임이었던 영역의 수행적 완수의 의미를 갖는 것임을 확인하게 한다.

가족 경제의 논리 속에서 움직인 여성들의 삶은 사실상 근대화 시기 '빈곤한-젊은 여성'을 서사화하는 거의 모든 소설에서 천편일률적으로 다룬 소재이기도 하다. 조선작은 등단작인 「지사총」에서 창녀 '창숙'을 등장시키면서도 기독교계에 몸담은 그녀의 아버지가 전쟁통에 인민군 부상병을 실어나르는 일에 동원되었으나 신념에 따라 거부했고 그 일로 죽임을 당한 사연을 소개한다. 가부장이 부재해 그녀가 윤락녀로 내몰렸음을 역설하는 한편, 아버지를 포함한 억울한 전쟁 희생자를 추모하는 국가행사인 지사총제에 그녀를 참석시킴으로써, 그녀를 창녀에서 애국자의 딸이자 국가의 딸로 구원해낸다.

「지사총」 같은 소설을 통해 사회의 오염원인 그녀들은 한편으로 더러운 존재이면서 동시에 교화 가능한 존재로 다루어진다. '노동-진보-행복'의 논리를 내면화한 남성과의 가정을 꿈꾸거나 그 꿈을 실현하기 위해 노력한다면 그녀들에게도 사회적 구원의 길이 열릴 수 있다고 넌지시 암시한다.[5] 그러나 이는 소설 속 이야기일 뿐이다. 알려져 있듯이 외화 획득과 국제관계를 위한 '윤락행위'를 국가가 비공식적으로 장려할 정도였다. 소설 내에서 내비치는 가능성과는 정반대로, 오히려 이러한 재현적 서사물은 사회적 규범 바깥에 그녀들의 위치를 설정하며, 나아가 그 규범 자체를 강화하는 역할을 기꺼이 떠맡는다. 윤리적 순치와 개별적 규율을 겨냥하면서 경제적인 것의 회복을 빌미로 그간 밀쳐져 있던 사회적 과제가 1970년대 전후로 수행되기 시작했다고도 볼 수 있을 터이다. 「지사총」에서와 같은 오염원의 처리/관리법이 제안된다는 사실을 통해 국가에 의해 '가족/국가' 중심의 이데올로기를 매개로 전쟁 경험이 파괴한 공동체와 윤리가 재구축되기 시작했음을 알 수 있다.

> 영자는 나에게 마치 길들여지지 않는 독종 애완동물과 같았었다. 그래서 언젠가는 내가 그년을 올라타 깔아뭉개겠다는 생각을, 이를 갈아마시며 다짐하고 있었다. 내가 또 심부름으로 주인집을 찾아가게 되는 그 어느 날, 영자가 혼자서 낮잠을 자고 있기만 한다면 나는 용코 없이 그년을 올라타겠다. 애를 배게 된다면 저도 별수 없이 내 여편네가 되어주겠지.[6]

> 그런데 겨울에 들어서면서부터 갑자기 그 일대는 경찰의 철저한 단속을 받기 시작했다. 들리는 소문으로는 당국의 방침이 이 일대의 사창굴을 완전히 소탕시킬 계획이라는 것이었다. 마치 우리들 중대가 평정지역의 베트콩 잔비殘匪들을 깨끗이 소탕했듯이 소탕시킬 계획이라는 것이었다. 이른바 '불도저 작전'이라는 것이라고 했다.[7]

「지사총」의 '영식'이 청계천의 철공장 용접공을 하던 시절에 주인집에서 식모를 하던 이도 어느덧 창녀가 되고 마는 게 도시 빈민 여성에게 허락된 경제적 삶의 실질로, 「영자의 전성시대」의 '영자'도 "식모를 뭐 제 집 요강단지로 아는"[8] 남자들의 등쌀에 결국 이름난 사창가로 흘러들게 된다. 그러나 문맹인 빈민층 남성과의 새로운 삶을 꿈꾸는 「지사총」의 '창숙'과 달리 식모살이에 항상 수반되던 성적 유린의 경험에 비추어 자신의 몸을 '섹슈얼리티의 몸'으로 치환해버리는 「영자의 전성시대」의 '영자'에게 작가는 신체 훼손과 죽음이라는 윤리적 징벌을 가한다. 이들은 고향을 떠나 서울의 변두리를 떠돌며 하층민 남성과 동변상련의 처지가 되기도 하지만, 끝내 가정 안에서 보호받는 여성 즉 '현모양처-되기'에 실패한 존재로서 내쳐진다.[9] 그 몸에 기대어 "시골집 식구들"이 "굶주림을 모르게 되"[10]지만 '끼인/배제된' 공간에 놓인 도시 변두리적 존재로서의 그녀들의 면모가, 그러니까 그녀들의 계급적 위상이 최소한으로만 다루어짐으로써 그녀들은 사회를 오염시키는 '젠더화된 하위주체의 몸'으로, 재생산이 불가능한 훼손된 몸으로, 자체로 돈으로 교환될 수 있는 몸으로, '섹슈얼리티의 몸'으로 확정되기에 이른다.[11]

전상국의 소설 「전야」에서도 확인할 수 있듯, 소설 속에서 그녀들이 당한 성폭력은 개인의 문제가 아니라 '춘자'와 같은 범주의 '위험한 여성' 일반의 문제로서 다루어진다. 사회적 문제로서, 사회적 범죄로서가 아니라 피해자의 과실의 문제로서 다루어지는 것이다. 소설 「전야」가 '춘자'의 섹슈얼리티로 관심이 집중되고, 소설에서 그녀가 윤리적 판정이 필요한 취조 대상으로 다루어지는 것도 그래서이다. 소설에서 '당했냐' '몇 번 당했냐'는 반복된 질문을 통해 뚜렷해지는 것은 사실상 '춘자'가 입은 어이없는 성폭력의 피해가 아니라 '섹슈얼리티의 몸'을 향한 관음증적 시선이다.

소설 속 경찰의 입을 통해 취조의 취지는 이렇게 강조된다. "인권유린에 대한, 특히 가출 상경한 미성년들의 윤락가 전락 또는 춘자처럼 불쌍한 밑바닥 인생이 (뭐가 불쌍하고 뭐가 밑바닥인지 춘자는 알 수가 없었다) 부당하게 유린당하는 걸 철저히 방지할 뿐 아니라 이미 유린당한 사실도 억울하지 않게 찾아내어 뿌리 뽑자는 데 그 목적이 있다는 것."[12] 이는 역설적으로 '춘자'를 바라보는 공적 시선의 실체가 무엇이었는가를 누설한다.

여인숙에 함께 있던 남자를 조사해야 하는 까닭에 그녀까지 함께 조사를 받는 와중에 성폭력을 당했음에도 그 의미를 알지 못하는 무지한 여성으로 '춘자'를 다루는 작가의 당대 감각 혹은 여성혐오적 시대 감각을 확인하게 된다. 그런 까닭에 성폭력 피해자임에도 춘자를 취조 형식으로 조사하는 상황이 그리 놀랍지 않다. 조사를 통해 밝혀진바 그녀의 몸에 대한 유린이 주인 아저씨로부터 시작되었다는 사실보다 식모를 등장시킨 이 소설이 주목한 측면이 식모의 육체적/성적 유린의 지점이라는 점에 시선을 두게 된다. 소설은 무엇보다 피해자가 아니라 윤리적 판정의 대상으로서 여성을 '취조'하며 그 과정을 소설화한다.

'양은자'나 '영자'는 말할 것도 없이 '춘자'에 대한 문학적 재현은 현실에 대한 비판적 고발인 동시에 우회적으로 그녀들에 대한 사회적 시선이 타락한 개인에게 가해지는 윤리적 처벌과 자기규율에의 요구만이 아니었음을 말해준다. 사회구조의 변동 차원에서 보자면, 그녀들이 사회의 오염원으로 다루어지는 과정은 도덕적 타락에 대한 규율화인 동시에 고향을 떠나 '가족' 바깥에 놓인 '불쌍한 밑바닥 인생'이라는 판단, 즉 빈곤에 윤리적 타락을 결합하여 사회적 빈곤을 정당화하는 '빈민/빈곤'에 대한 사회적 재배치이자 골칫덩이들의 관리로 구체화된 사회적 도덕의 재구축의 일면이다.

에필로그

변화하되 진화하지 못한 하녀사회

하녀의 계보학

해방과 전쟁 이후로도, 권정생의 소설 『몽실 언니』에서 공지영의 소설 『봉순이 언니』에 이르기까지 식모의 삶은 오랫동안 반복해서 복원되고 회상되었다. 남의집살이하는 여성들은 다양한 이름으로 불렸고 나름대로 변화를 거쳤지만, 거기에 어떤 진화가 있었다고 말하기는 어렵다. 그들의 삶에 대한 추적이 아니라 범죄, 빈민, 하층민을 가로지르는 계급과 젠더 그리고 근대 자체로 시야를 확대해온 것은 아카이브로서의 하녀 읽기가 가닿고자 하는 이른바 진실(성)이 하녀를 재현하거나 재현된 하녀 이야기를 다시 쓰는 자리에서는 가시화될 수 없다고 생각하기 때문이다.

> "말도 마라. 이젠 일하는 애라면 지긋지긋하다. 게다가 봉순이 그게 언감생심 핏덩이까지 데리구 다시 우리집에 왔으면 하는 눈치를 보이는 거야. 안 되지, 마침 그 이사가는 아파트 반장집에서 사람을 하나 구해주겠단다. 아침에 왔다가 일만 해주구 저녁에 가는 아주머니래. 뭐 파출부라고 한대나…… 이젠 그런 사람 쓸 거야. 게다가 아파트라는 게 편리하긴 하지만 마당두 없구 이젠 남의 식구가 있는 게 걸리적거려. 대체 식모라는 게 있으면 편하지만 평생을 따라다니며 부모보다 더 책임을 져야 하니, 참……"[1]

1970년 즈음에 시간제 식모가 등장하던 시절의 풍경을 『봉순이 언니』에서는 이렇게 그린다. 고아원에 맡겨진 불쌍한 아이이자 제대로 얻어먹지도 못하고 매만 맞던 안쓰러운 아이였던 봉순은 우리 가족에게 결국 배신자이며 도둑이자 화냥녀로 취급되고 끝내 지긋지긋한 남의 식구일 뿐임을 확인하게 된다. 그 시간 동안 이른바 '식모'는 1970년대 중반부터 급격하게 사라져갔다. 주거 환경이 아파트 중심으로 바뀌었고 백색 가전이 집안을 채워갔으며 본격적인 의미에서 핵가족화가 이루어진 사정과도 무관하지 않을 것이다. 서울 YMCA를 통해 시간제 식모 제도가 정착되어갔다. 여성단체를 중심으로 '식모' 대신 '가정부'라 부르자는 캠페인이 오래도록 이어졌지만, 1980년대에 이르러서야, '가사도우미'라는 이름이 마련되었다.[2] 그러나 이러한 변화가 하녀나 식모 제도의 폐지를 의미하는 것은 아니다.

가령, 흑인 여성이 백인 가정에서 해온 유모 일은 이제 미국 시민권이 없는 불법 이주민 유색인 여성들이 상당 부분 담당하게 되었다. 당연한 말이지만 이렇게 변했다고 해서 흑인 여성이 도맡았던 하녀의 역사적 계보가 사라졌다는 의미는 아니다. 흑인 여성 유모가 과거의 유물이 되었다고 말할 수도 없다. 오히려 흑인 여성 유모의 역사는 두 갈래 길을 통해 지금 이곳으로 유전되고 확산되어왔음을 말해야 한다. 한편으로 유모의 일은 국가적 위계구조에 의해 좀더 낮은 위계에 놓인 가난한 국가의 유색인 여성들에게 떠넘겨진 채 지속되고 있으며 다른 한편으로 흑인 여성이 담당한 하녀의 일들은 노동시장에서 저임금노동을 떠맡는 방식으로 유전되고 있다.[3]

하녀의 계보학은 전 지구적으로 시야를 확대하거나 국내로 시야를 좁혀도 그 사정이 조금도 다르지 않다. 오늘날 세계에는 타인을 위한 가사노동에 종사하면서 정작 자신의 가정과 아이는 돌볼 수 없는 수많은 유색인 여성 가사노동자들이 존재한다. 미국과 캐나다의 백인 중산층 여성들의 사회 진출은 '세계화의 하인들'이라 불리는 필리핀 여성들의 가사노동에 기댄다. 홍콩과 싱가포르의 여성들이 경제활동에 높은 기여를 하는 것은 필리핀, 인도네시아, 스리랑카 출신의 '메이드' 덕분이다. 유색인 가사노동자들 중 상당수가 기본적인 인권마저 위협받으며 일하는데 이렇게 보면 오늘날 가사노동은 제국주의, 자본주의, 인종주의가 연결되어 작동하는 중첩 모순의 장인 셈이다.[4] 다시 말해 부수적인 그림자노동뿐 아니라 이중, 삼중의 임금 격차 속에서 비정규적인 노동을 떠맡는 건 여전히 여성이다.[5] 하인계급이 서비스업 종사자로 재정의되면서 표면적인 신분적 차별의식은 사라졌지만, 유사한 차별 의례가 그저 유습의 형태만은 아닌 채로 여전히 일상을 채우고 있다.[6] 우리가 사는 세계에 더이상 '하녀'는 없다고는 단언할 수 없다. 더구나 명명되기 어려우며 고용 형태도 모호한 유령노동ghost work의 영역도 점차 확대되고 있다.[7]

하녀사회와 근대의 재구축

노예 반란인 아이티 혁명에 주목하여 근대성의 역사적 기원을 둘러싼 억압들을 밝혀내는 지반으로서 '보편사'의 역설적 요청을 강조하는 수잔 벅모스의 작업 『헤겔, 아이티, 보편사』가 보여주었듯이, "체계의 가장자리, 전제의 한계선, 우리의 역사적 상상력의 경계에—그 경계를 침해하고 교란하며 해체하기 위해—주의를 기울임으로써 보편자에 접근"하고자 하는 그 작업은 "너무 이르면서 아직은 오지 않은 우리의 세계적 공공 영역의 맥락에서 보편사의 계몽주의적 기획을 재구성하는" 것으로 향한다.[8]

물론 그 자신이 인식하듯이, 그 작업의 실질적 효과는 그간의 사유틀이 지울 수 없던 흑점을 복원하고 그것이 이전과 같은 사유를 할 수 없게 만드는 불편함으로 남는 일에서 가능한 최대치를 확인할 수 있을지 모른다. 허심탄회하게 말하자면, 수잔 벅모스의 논의에 따라, 보편사를 구축하려던 헤겔이 아이티 혁명을 염두에 두고 그것을 의식하면서 사유틀을 만들어냈다 해도, 그러한 지적이 그간의 헤겔에 대한 이해 전체를 뒤엎지는 못할 것임이 분명하다. 그러나 수잔 벅모스가 강조하듯이, '아이티 없는 헤겔은 생각하지 못할 정도로 [헤겔과 아이티를] 잇는 접속어 '과and'를 강조하는 가운데 뒤흔들리는 것이 바로 그러한 관점'이기도 하다.[9]

수잔 벅모스의 작업을 빌려 말하자면 하녀의 역사를 다시 쓰는 작업은 자본주의와 노동시장이 작동시키는 젠더적 차별화 논리의 비판적 검토인 동시에, 역사가 삭제한 하위주체의 복원 시도이며 나아가 하위주체를 망각하게 한 근대적 인식 전반을 문제삼는 일이다. 근대 이후의 삶에 대해 우리가 하는 커다란 오해 가운데 하나는 우리 삶이 이전과는 완전히 달라졌다고 착각하는 일일 것이다. 엄밀한 의미에서 근대란 이전의 물질적 일상의 폐기가 아니라 삶의 가치와 의미가 재배치된 일상에 가깝다. 근대 이후로 이전에 존재했던 것들이 일거에 사라진 것이 아니다. 특정한 존재와 인식에 부여된 가치가 사라지거나 새롭게 마련되었다는 뜻인 것이다. 가령 전통적 삶에서 사상적 근간이었던 유교는 여전히 우리 삶을 지탱하는 지반으로서 영향력을 행사한다. 유교의 흔적이 전부 폐기되어야 할 과거의 것으로 치부될 수 없으며 실제로 가능하지도 않은 일이다. 이러한 인식은 우리 삶을 구성하는 요소 가운데 긍/부정의 의미 맥락과는 별도로 검토되어야 할 영역들 즉 변하지 않고 지속되는 부분들이 있음을 환기해준다. 하녀에 대한 논의를 근대 이후 긴 시간에 걸쳐 돌이켜보는 작업은 근대 이후의 변화를 읽는 시선에 의해서는 포착되지 않는 비가시의 존재와 영역을 돌아보는 확장적 시선을 마련하는 일인 것이다.

주

프롤로그. 하녀, 이름 없는 여자들의 삶

1 황정은, 「무명」, 『연년세세』, 창비, 2020, 116쪽.
2 황정은, 같은 책, 117쪽.
3 황정은, 같은 책, 118쪽.
4 전 세계 여성의 돌봄노동량은 남성의 3배다. 국제통화기금에 의한 세분화에 따르면 자녀 돌봄노동량이 2배, 가사노동량이 4배였다. 캐롤라인 크리아도 페레스, 『보이지 않는 여자들』, 황가한 옮김, 웅진지식하우스, 2020, 67쪽
5 황정은, 같은 책, 91쪽.

1부. 그녀들은 누구인가: 하녀의 위상학

1장. 지금 왜 '하녀'인가

1 아를레트 파르주, 『아카이브 취향』, 김정아 옮김, 문학과지성사, 2020, 93쪽.
2 아를레트 파르주, 위의 책, 96쪽.
3 이상경, 「여성의 근대적 자기표현의 역사와 의의」, 『민족문학사연구』 9, 1996.; 권희영, 「1920~1930년대 '신여성'과 모더니티의 문제: 『신여성』을 중심으로」, 『사회와역사』 54, 1998.; 전은정, 「신여성/식민지, 근대, 가부장제의 교차로: 근

대 경험과 여성주체 형성과정』, 『여성과사회』 11, 2000.; 최혜실, 『신여성들은 무엇을 꿈꾸었는가』, 생각의나무, 2000.; 문옥표, 『신여성』, 청년사, 2003.; 김경일, 『여성의 근대, 근대의 여성』, 푸른역사, 2004.; 김수진, 「1920~30년대 신여성담론과 상징의 구성」, 서울대 대학원(박사), 2005.; 소영현, 「젠더 정체성의 정치학과 '근대/여성' 담론의 기원: 『여자계』를 중심으로」, 『여성문학연구』 16, 2006.; 서지영, 「민족과 제국 '사이': 식민지 조선 신여성의 근대」, 『한국학연구』 29, 2008 등.

4 이효재, 「일제하의 한국여성노동문제연구」, 『한국학보』 2(3), 일지사, 1976.; 서형실, 「식민지 시대 여성노동운동에 관한 연구: 1930년에 전반기 고무제품 제조업과 제사업을 중심으로」, 이화여대 대학원(석사), 1990.; 강이수, 「1930년대 면방대기업 여성노동자의 상태에 대한 연구: 노동과정과 노동문제를 중심으로」, 이화여대 대학원(박사), 1992.; 김경일, 「일제하 여성의 일과 직업」, 『사회와역사』 61, 2002.; 강이수, 「근대 여성의 일과 직업관: 일제하 신문 기사를 중심으로」, 『사회와역사』 65, 2004.; 강이수, 「일제하 근대 여성 서비스직의 유형과 실태」, 『페미니즘연구』 5, 2005.; 윤지현, 「1920~30년대 서비스직 여성의 노동실태와 사회적 위상」, 『여성과역사』 10, 2009. 등.

5 유숙란, 「일제시대 농촌의 빈곤과 농촌 여성의 출가」, 『아시아여성연구』 43(1), 2004.; 서지영, 「식민지 도시공간과 친밀성의 상품화」, 『페미니즘연구』 11(1), 2011.

6 서지영, 「식민지시대 카페 여급 연구: 여급 잡지 『여성』을 중심으로」, 『한국여성학』 19(3), 2003.; 서지영, 「식민지 근대 유흥 풍속과 여성 섹슈얼리티: 기생·카페 여급을 중심으로」, 『사회와역사』 65, 2004.; 서지영, 「식민지시대 기생 연구(1): 기생집단의 근대적 재편 양상을 중심으로」, 『한국학』 28(2), 2005.; 서지영, 「식민지 조선의 모던걸: 1920~30년대 경성 거리의 여성 산책자」, 『한국여성학』 22(3), 2006.; 권명아, 「풍속 통제와 일상에 대한 국가 관리: 풍속 통제와 검열의 관계를 중심으로」, 『민족문학사연구』 33, 2007.; 서지영, 「여공의 눈으로 본 식민지 도시 풍경」, 『역사문제연구』 22, 2009. 등.

7 Gayatri Spivak, "Can the Subaltern Speak?", *Marxism and the Interpretation of Culture*, Cary Nelson and Lawrence Grossberg(eds.), Urbana and Chicago: Univ. of Illinois Press, 1988, pp. 271~313.; 김택현, 「그람시의 서발턴 개념과 서발턴 연구」, 『역사교육』 83, 2002.; 김택현, 「다시, 서발턴은 누구/무엇인가?」, 『역사학보』 200, 2008. 참조.

8 태혜숙, 『대항지구화와 '아시아' 여성주의』, 울력, 2008, 72~73쪽.

9 방철원, 「한 가닥 희망을 잃지 않고: 식모들의 생태」, 『여원』 2(1), 1956년 1월호, 237쪽.

10 신석상, 「가정부 이야기」, 『새가정』 235, 1975. 3, 24~25쪽.
11 정은영, 「틀린 색인: '여성국극 프로젝트'와 타자들의 기억술」, 오혜진 외 『원본 없는 판타지』, 후마니타스, 2020, 113쪽.
12 Saidiya Hartman, "Venus in Two Acts", *Small Axe*, Number 26 (Volume 12, Number 2), June 2008, pp. 1~14.
13 장세룡, 「미셸 드 세르토의 역사서술론: 타자에 관한 탐구로서 글쓰기」, 『프랑스사연구』 9, 2003, 146~178쪽.
14 낸시 프레이저, 「자본과 돌봄의 모순」, 문현아 옮김, 『창작과비평』 2017년 봄호, 창작과비평사, 334쪽.
15 이반 일리치, 『그림자 노동』, 노승영 옮김, 사월의책, 2015, 175~176쪽.
16 이 문제는 남의집살이 여성에 대한 용어 확정과도 밀접하게 연관된다. 1930년 국세 조사와 직업군 조사 등을 근거로 한 '가사사용인' 연구가 그간 여성노동론의 기초를 다져오긴 했지만, '가사사용인'에는 숙박업과 요식업 종사자가 포함되어 있었다. 이에 따라 개별 가정에서 여성노동의 의미가 변화하는 지점은 좀 더 세심히 구분해야 한다고 하겠다.
17 가령 임금노동과 무급노동에서의 젠더 분리와 위계에 대한 서구 페미니즘(1기, 2기)의 가장 일반적인 대처, 즉 무급노동의 가치가 낮음을 인정하고 여성이 임금노동에 동등하게 접근할 권리를 주장한 페미니즘 운동과 가사노동이나 돌봄노동 등 가정을 중심으로 이루어지는 무급노동의 합당한 가치를 인정받고자 했던 페미니즘 운동 때문에 역설적으로 임금노동이 이상화되었던 점에서 교훈을 얻어야 한다. 두 대처법 모두 공히 노동에 대한 지배담론에 이의를 제기하기 어려우며, 의도와는 반대로 무급이든 유급이든 여성노동이 지닌 가치와 존엄을 인정받기 위해 전통적인 노동윤리의 언어와 정서에 기대게 한다. 물론 가사노동을 둘러싼 1970년대 서구 페미니즘의 성과를 축소할 필요는 없다. 페미니즘은 "매일의, 그리고 다음 세대의 유급 '생산' 노동을 가능케 하는 대체로 무급인 '재생산' 노동이 사회적으로 필수적인 노동임을, 고로 이 노동을 둘러싼 관계들이 자본주의적 생산양식의 본질적 일부임을 주장했다. 여가leisure나 여성 본성의 자연스러운 표출로 분류되던 것들이 일이었고 숙련된 활동이었음을 밝혔다. 마르크스주의의 개념과 방법론을 새로운 영역에 접목시키려는 노력을 통해 페미니스트들은 전통적인 일 개념을 둘러싼 논란을 불러일으키는 데 성공했다." 케이시 윅스, 『우리는 왜 이렇게 오래, 열심히 일하는가?』, 제현주 옮김, 동녘, 2016, 26~27쪽, 46쪽.
18 이반 일리치, 앞의 책, 176~178, 191~201쪽.
19 케이시 윅스, 앞의 책, 52~53쪽.
20 이효재, 「일제하의 한국여성노동문제연구」; 안연선, 「한국 식민지 자본주의화

과정에서 여성노동의 성격에 관한 연구: 1930년대 방직공업을 중심으로」, 이화여대 대학원(석사), 1987.; 정진성, 「식민지 자본주의화 과정에서의 여성노동의 변모」, 『한국여성학』 4, 1988.; 서형실, 「식민지시대 여성노동 운동에 관한 연구: 1930년대 전반기 고무 제품 제조업과 제사업을 중심으로」, 이화여대 대학원(석사), 1990.; 강이수, 「1930년대 면방대기업 여성노동자의 상태에 대한 연구」, 이화여대 대학원(박사), 1992.; 김경일, 「일제하 여성의 일과 직업」, 『사회와역사』 61, 2002.; 강이수, 『한국 근현대 여성노동: 변화와 정체성』, 문화과학사, 2011.; 강이수 · 신경아 · 박기남, 『여성과 일』(개정증보판), 동녘, 2015.; 루스 배러클러프, 『여공문학』, 김원 · 노지승 옮김, 후마니타스, 2017.

21 강이수, 「일제하 근대 여성 서비스직의 유형과 실태」, 『페미니즘연구』 5, 2005.; 전우용, 「일제하 경성 주민의 직업세계(1910~1930)」, 지수걸 외, 『한국 근대사회와 문화』 3, 서울대학교출판문화원, 2007.; 윤지현, 「1920~30년대 서비스직 여성의 노동실태와 사회적 위상」, 『여성과역사』 10, 2009.; 서지영, 「식민지 도시 공간과 친밀성의 상품화」, 『페미니즘연구』 11(1), 2011.; 소영현, 「1920~1930년대 "하녀"의 "노동"과 "감정": 감정의 위계와 여성 하위주체의 감정규율」, 『민족문학사연구』 50, 2012.; 이아리, 「일제하 주변적 노동으로서 '가사사용인'의 등장과 그 존재양상」, 서울대 대학원(석사), 2013.; 문현아, 「식민지 근대시기 '가사사용인' 구성의 변화와 의미」, 『한국여성학』 30(2), 2014.; 소영현, 「하녀론은 왜 반복되는가: 하녀와 식모의 젠더경제학」, 『21세기문학』 69, 2015.; 구자연, 「1930년대 소설에 나타난 유모(乳母)의 재현 양상」, 『구보학회』 29, 2021.; 이아리, 「한국 근대 가사서비스노동의 형성과 변동」, 서울대 대학원(박사), 2023.

2장. 하녀는 누구인가

1 전우용, 「일제하 경성 주민의 직업세계(1910~1930)」, 지수걸 외, 『한국 근대사회와 문화 3』, 서울대학교출판문화원, 2007, 106~107쪽.; 서지영, 「식민지 도시 공간과 친밀성의 상품화」, 『페미니즘연구』 11(1), 2011, 14쪽. 실제로 '하녀'의 구체적 명칭은 다양했다. 이 책에서는 서로 다른 이름으로 호명되었음에도 그들의 위상이 서로 다르지 않음에 주목하여, 그들의 위상을 즉 전근대와 근대 사이, 신분제와 계약제 사이에 끼인 존재로서의 규정성을 비교적 뚜렷하게 파악하기 위해 그들을 '하녀'로 통칭한다.

2 전우용, 「일제하 경성 주민의 직업세계(1910~1930)」, 같은 책, 138~139쪽.; 이아리, 「20세기 초 행랑살이의 확산과 쇠퇴의 맥락」, 『역사민속학』 65, 2023, 35~70쪽.

3 「어멈 문데(1) 사람 대접 못 밧는 불상한 안잠자기」, 동아일보, 1926년 11월 3일자.

4 김효순, 「식민지 조선에서의 도한 일본 여성의 현실: 현모양처와 창부의 경계적 존재로서의 조추를 중심으로」, 『중앙대학교 일본연구』 13, 2010, 361~362쪽.

5 匪之助, 「京城の下女硏究」, 『朝鮮及滿洲』 83, 1914. 6, 126쪽.

6 방기중, 「1930년대 조선 농공병진정책과 경제통제」, 『일제 파시즘 지배정책과 민중생활』, 혜안, 2004 참조.

7 1960~70년대에 이농의 결과로서 미혼여성이 도시에 빈민층으로 대거 유입된 바 있다.(김정화, 「1960년대 여성노동: 식모와 버스안내양을 중심으로」, 『역사연구』 11, 2002, 85~88쪽.; 김원, 「식모는 위험했나?」, 『여공 1970 그녀들의 反역사』, 이매진, 2005, 134~139쪽 등); 조민지, 「1960~70년대 여성 서비스노동 연구: 여성 버스안내원 사례를 중심으로」, 서울대 대학원(박사), 2023. 이 시기에 식모, 여공, 창녀 등의 여성 서발턴을 둘러싼 논의가 다시 한번 폭발적으로 증가한 바 있다.

8 전우용, 「일제하 경성 주민의 직업세계(1910~1930)」, 같은 책, 142~143쪽.

9 강이수, 「일제하 근대 여성 서비스직의 유형과 실태」, 『페미니즘연구』 5, 한국여성연구소, 2005. 10.; 윤지현, 「1920~30년대 서비스직 여성의 노동실태와 사회적 위상」, 『여성과역사』 10, 한국여성사학회, 2009. 6.

10 김은희, 「무산부인의 운동은 어대로 가나」, 『삼천리』 4(1), 1932년 1월호, 105쪽.

11 「어멈 문데(2) 나 위해 일하는 그들 동정과 은혜로 대해」, 동아일보, 1926년 11월 4일자.

12 박순원, 「식민지 공업 성장과 한국 노동계급의 성장」, 신기욱 · 마이클 로빈슨, 『한국의 식민지 근대성』, 도면회 옮김, 삼인, 2006, 210쪽.

13 「경성 내의 구직 구별」, 동아일보, 1924년 4월 17일자.

14 「줄이다못해 철창행 자원」, 동아일보, 1929년 3월 9일자.

15 유숙란, 「일제시대 농촌의 빈곤과 농촌 여성의 출가」, 『아시아여성연구』 43(1), 2004, 70~81쪽.

16 匪之助, 「京城の下女硏究」, 같은 책, 127쪽.

17 전우용, 「일제하 경성 주민의 직업세계(1910~1930)」, 같은 책, 138쪽. 106~107쪽.

18 '오모니'에 대해서는 이 책의 2부 3장에서 좀더 상세한 내용을 확인할 수 있다.

19 「점차 구하기 힘드는 식모 금년은 더욱 구하기 어려워」, 매일신보, 1937년 11월 13일자.

20 「어멈 문데(1) 사람 대접 못 밧는 불상한 안잠자기」, 동아일보, 1926년 11월 3일자.

21 국○임, 「젊은 안잠자기 수기」, 『별건곤』 25, 1930년 1월호, 97쪽.
22 「주인 물품 절취」, 동아일보, 1926년 9월 20일자.
23 정재욱, 「식모의 비밀」, 동아일보, 1937년 9월 7일자.
24 「안잠자기 실직기」, 중앙일보, 1932년 4월 19일자.

3장. 가사노동에서 감정노동까지, 하녀의 일

1 「돈벌이하는 여자 직업 탐방기: 삼천세계에 몸 부칠 곳 업는 안잠자기와 행랑어멈」(상), 동아일보, 1928년 3월 2일자.
2 조앤 W. 스콧·루이스 A. 틸리, 『여성 노동 가족』, 김영 옮김, 앨피, 2021, 103~117쪽.
3 「돈벌이하는 여자 직업 탐방기: 삼천세계에 몸 부칠 곳 업는 안잠자기와 행랑어멈」(하), 동아일보, 1928년 3월 3일자.
4 국○임, 「젊은 안잠자기 수기」, 『별건곤』 25, 1930년 1월호, 97쪽.
5 「돈벌이하는 여자 직업 탐방기: 삼천세계에 몸 부칠 곳 없는 안잠자기와 행랑어멈」(상), 동아일보, 1928년 3월 2일자.
6 「하녀를 난타, 가해자를 취조」, 동아일보, 1930년 2월 21일자. 비녀를 잃어버린 여주인이 훔친 물건을 내놓으라며 아이를 돌보는 하녀를 사나흘 동안 난타했다. 그뿐 아니라 결박하고 바늘로 찌르기까지 하며 끔찍한 형벌을 가했다고 한다.
7 이로사, 「현대사 60년의 주인공들: (1) 식모」, 경향신문, 2008년 8월 3일자.
8 이로사, 같은 기사.
9 김은희, 「무산부인의 운동은 어대로 가나」, 『삼천리』 4(1), 1932년 1월호, 104쪽.
10 김은희, 같은 글, 105쪽.
11 앨리 러셀 혹실드, 『감정노동』, 이가람 옮김, 이매진, 2009, 197~233쪽.
12 김은희, 「무산부인 운동론」, 『삼천리』 4(2), 1932년 2월호, 66쪽.
13 「점차 구하기 힘드는 식모 금년은 더욱 구하기 어려워」, 매일신보, 1937년 11월 13일자.
14 최병택·예지숙, 『경성리포트』, 시공사, 2009, 14~29쪽.
15 「가정, 가혹! 한 달에 한 번쯤은 식모에게도 노는 날을 주자!」(하), 조선중앙일보, 1936년 4월 5일자.
16 「가정, 식모들에게도 노는 날을 주자!」, 조선중앙일보, 1935년 4월 28일자.
17 「가정의 큰 문제: 우리 생활을 좌우하는 식모 문제는 크다」, 동아일보, 1935년 10월 8일자.; 「가정: 본사 주최 가정 경제 좌담회(2)—식모무용론」, 매일신보, 1936년 1월 3일자.; 「식모 안 두니까 무척 경제가 됩니다」, 매일신보, 1938년 1월

4일자.; 승경애, 「생활개선사안: 식모 두는 폐해, 식모 때문에 쓰는 비용을 가족의 단락비로 쓰게 하십시다」, 동아일보, 1938년 1월 11일자.; 신공숙, 「생활 개선 사안: 식모 때문에 받는 손해 숫자로만 1년에 240원이다」, 동아일보, 1938년 1월 12일자.

4장. 젠더화된 빈곤: 그녀들은 어떻게 하녀가 되었나

1 「우리의 인권 ⑦ 노예」, 동아일보, 1955년 12월 18일자.
2 이러한 인식은 '적어도 식모 침모 아기를 낳으면 유모는 두어야 하고 무명옷을 입을 수 없고 될 수 있으면 피아노는 못 하여도 오르간 하나는 놓으려 하며, 외투 하나 구두 하나 손목시계 하나는 갖고 싶다'는 식으로 규정되던, 신교육을 받은 신여성들을 비판하기 위한 활용되었던 당시 언설들에 기초한다. 「교육받은 조선 여자의 앞길」(2), 동아일보, 1926년 1월 8일자.
3 염상섭, 『사랑과 죄』, 염상섭전집 2, 민음사, 1987, 64쪽.
4 염상섭, 같은 책, 1987, 65~66쪽.
5 「팔려 다닌 여자(1)」, 동아일보, 1937년 11월 2일자.
6 박태원, 『천변풍경』, 깊은샘, 1989, 55쪽.
7 박태원, 같은 책, 40~41쪽.
8 박태원, 같은 책, 54쪽.
9 박태원, 같은 책, 56쪽.
10 「교사가 사무원 구직」, 경향신문, 1954년 4월 22일자.
11 권정생, 『몽실언니』, 창비, 2012, 158쪽.
12 「7할이 미혼여성 전란이 나흔 전락의 군상」, 동아일보, 1953년 10월 30일자.
13 「백만 실업자 갈 곳 어디?」, 동아일보, 1954년 4월 14일자.
14 「여적餘適」, 경향신문, 1954년 3월 22일자.
15 「우리의 인권 ⑦ 노예」, 동아일보, 1955년 12월 18일자.
16 「여성법률상담의 가지가지」, 경향신문, 1956년 9월 19일자. 18살 때 충남 공주로 출가한 김신옥(21)씨는 결혼 3년 만에 임신 6개월의 몸으로 시부모에게 일솜씨가 없다고 학대를 받다못해 쫓겨난 후 수원에서 식모로 연명해왔다. 그러다가 만삭이 되어 자신의 처지를 호소하며 여성법률상담소를 찾았다.
17 최정희, 「지맥」, 최정희 · 지하련 단편선 『도정』, 박진숙 엮음, 현대문학, 2011, 42~45쪽.
18 염상섭, 『이심』, 염상섭전집 3, 민음사, 1987, 74쪽.

2부. '직업부인'과 '오모니': 여성, 노동, 직업

1장. '직업부인'의 등장

1 「직업부인이 되기까지: 배움의 길을 차저」(1), 동아일보, 1929년 10월 21일자.; 「직업부인이 되기까지: 배움의 길을 차저」(2), 동아일보, 1929년 10월 22일자.; 「직업부인이 되기까지: 열한 살에 어머니」(상), 동아일보, 1929년 11월 4일자.

2 井上和枝, 『植民地朝鮮の新女性』, 明石書店, 2013, 144~148쪽.

3 「직업부인이 되기까지: 학교에 들겟다」, 동아일보, 1929년 10월 13일자.

4 「직업부인이 되기까지: 딸 덕 보자는 어머니」(상), 동아일보, 1929년 10월 27일자.

5 「직업부인이 되기까지: 딸 덕 보자는 어머니」(하), 동아일보, 1929년 10월 30일자.

6 김영희, 「직업을 구하되: 신여성의 직업에 대한 번민」, 『신여성』, 1925년 11월호, 26~27쪽.

7 「여자 해방은 경제적 독립이 근본」, 동아일보, 1924년 11월 3일자.; CW생, 「부인 문제에 대하야」, 동아일보, 1925년 1월 2일자.

8 국○임, 「젊은 안잠자기 수기」, 『별건곤』 25, 1930년 1월호, 97쪽. 흥미 본위 잡지인 『별건곤』에 29세 젊은 안잠자기의 남모를 비애와 고통을 기록한 수기가 실렸다. 이를 '있는 그대로의 기록'으로 받아들이기는 어려울 것이다. 다만 이를 통해 1920~1930년대 여성이 왜 안잠자기가 되어야 했는지 그 이유를 유추하고 그 일상을 개괄적으로 이해해볼 수는 있다. 수기의 주인공은 전라도 어느 아전의 딸로 태어나 천자문은 물론 『동몽선습』 『소학』 『통감』을 배웠으며 보통학교까지 졸업한 여성이다. 그러나 결혼에 실패했고 집안도 망해 경성에 올라와 안잠자기가 된다. 생활고에 시달렸고 마땅한 직업을 구할 수 없어 안잠자기로 생활하며 이를 벗어나고자 하나 '소박맞은 여성'이 살아갈 방도를 찾기란 쉽지 않았다.

9 「직업부인이 되기까지: 10세 전 부친 일코 12세에 실련」(상)~(하), 동아일보, 1929년 10월 15~16일자.; 「직업부인이 되기까지: 눈물과 한숨의 파란중첩한 학생시대」, 동아일보, 1929년 11월 2일자.; 「직업부인이 되기까지: 부모가 어찌 업나」, 동아일보, 1929년 11월 3일자.

10 「직업부인이 되기까지: 배움의 길을 차저」(1)~(2), 동아일보, 1929년 10월 21~22일자.; 「직업부인이 되기까지: 열한 살에 어머니」(상), 동아일보, 1929년 11월 4일자.

11 강이수, 「일제하 근대 여성 서비스직의 유형과 실태」, 『페미니즘연구』 5, 2005.;

윤지현, 「1920~30년대 서비스직 여성의 노동실태와 사회적 위상」, 『여성과역사』 10, 2009.; 문현아, 「식민지 근대시기 '가사사용인' 구성의 변화와 의미」, 『한국여성학』 30(2), 2014.

12 홍순권, 「일제시기 직업소개소의 운영과 노동력 동원 실태」, 『한국민족운동사연구』 22, 1999, 367~370쪽.; 이아리, 「日帝下 주변적 노동으로서 家事使用人의 등장과 그 존재양상」, 서울대 대학원(석사), 2013, 36~44쪽.

13 실비아 페데리치, 『혁명의 영점』, 황성원 옮김, 갈무리, 2013, 122~124쪽; 마리아 미즈, 『가부장제와 자본주의』, 최재인 옮김, 갈무리, 2014, 110~112쪽.

14 피터 커스터스, 『자본은 여성을 어떻게 이용하는가』, 박소현·장희은 옮김, 그린비, 2015, 12장 대규모 노동예비군으로서 일본여성 참조.

15 피터 커스터스, 같은 책, 11~14쪽.

2장. '행랑어멈' '안잠자기' '드난살이': 직업으로서의 남의집살이

1 물론 남의집살이가 근대적 '직업'으로 분류되었다는 인식은 조심스럽게 수용할 필요가 있다. 전쟁 이후 국가재건이 다각도로 이뤄졌는데 전쟁통에 남편을 잃은 여성들의 경제적 자립을 돕는 국가사업도 그 일환이었다. 그러한 1960년대에도 이른바 '식모'는 '엄연한 직업'으로는 인식되지 않았다. "노동시간은 무제한이고 일의 내용이 무제한이고 대우는 가장 천하게 받고 월급은 가장 적고 그 위에다 여자주인들의 신경질과 화풀이의 대상이 되기는 물론, 적지 않은 경우에 남자주인들 욕정의 대상마저 되고 있으니 마치 인간 감정의 쓰레기통 역할을 감수해야 할 정도의 서러운 지경에 놓여 있"었지만, 그 지위를 벗어나기 요원한 상황에서, 직업보도소를 중심으로 한 가정부 양성을 통해 식모를 "명실공히 직업화"하려는 시도/운동이 이루어지고 있음이 지적되었다. 주정일, 「생각하는 생활 식모」, 동아일보, 1967년 6월 3일자.

2 1930년대 전후로는 안잠자기와 행랑어멈이, 1930년대 중반을 지나면서는 유모 구인 구직도 점차 전문화되었다. 병원 혹은 개인 차원에서 유모를 구하는 광고가 드물지 않게 등장하며, 유모를 구할 때 유모의 건강과 모유 상태를 전문적으로 검토할 필요가 있음이 지적되기도 했다. 「유모 선택하는 법」, 조선일보, 1934년 8월 12일자.; 「구유모求乳母」, 조선일보, 1934년 9월 15일자.; 「유모」, 조선일보, 1935년 4월 8일자.; 「유모를 구함」, 조선일보, 1939년 12월 27일자.

3 「어멈 문뎨」(3), 동아일보, 1926년 11월 5일자.

4 「어멈 문뎨」(1), 동아일보, 1926년 11월 3일자.

5 같은 기사.

6 방철원, 「한 가닥 희망을 잃지 않고: 식모들의 생태」, 『여원』 2(1), 1956년 1월호, 238쪽.
7 「돈벌이하는 여자 직업 탐방기: 삼천세계에 몸 부칠 곳 업는 안잠자기와 행랑어멈」(상), 동아일보, 1928년 3월 2일자.

3장. '오모니' 전성시대

1 차은정, 『식민지의 기억과 타자의 정치학』, 선인, 2016, 94~96쪽.
2 이반 일리치, 『그림자 노동』, 노승영 옮김, 사월의 책, 2015, 182~184쪽.
3 염상섭, 『이심』, 염상섭전집 3, 민음사, 1987, 67~68쪽.
4 채만식, 「치숙」, 동아일보, 1938년 3월 8일자.(『채만식전집』 7, 1989, 창작과비평사, 263~264쪽 참조.)
5 「일인日人이 구하는 조선인 어멈」, 동아일보, 1928년 2월 7일자.; 「불경기! 생활난! 암담한 실직군의 행렬」, 중외일보, 1930년 9월 10일자.; 「'어멈' 사천 명 그 막히는 '부인 직업!'」, 조선일보, 1931년 3월 30일자.
6 「시세時勢 조흔 조선 어멈」, 동아일보, 1928년 3월 10일자.
7 「남자보다도 여자 구직 다수」, 조선일보, 1929년 5월 20일자.
8 「조선어멈」(1), 동아일보, 1928년 3월 13일자.
9 같은 기사.
10 「조선어멈」(3), 동아일보, 1928년 3월 15일자.
11 「조선어멈」(1), 동아일보, 1928년 3월 13일자.
12 「조선어멈」(2), 동아일보, 1928년 3월 14일자.
13 「돈벌이하는 여자 직업 탐방기: 삼천세계에 몸 부칠 곳 업는 안잠자기와 행랑어멈」(하), 동아일보, 1928년 3월 3일자.; 「돈벌이하는 여자 직업 탐방기 (11): 어머니 대신으로 젓을 먹이는 인자한 젓어머니살이」(하), 동아일보, 1928년 3월 7일자.
14 차은정, 같은 책, 95쪽.
15 「남촌南村을 차저 고용사리하는 이들(1) 쪽 지고 게다 신은 '오마니'」, 조선일보, 1929년 10월 23일자.
16 「조선어멈」(3), 동아일보, 1928년 3월 15일자.
17 「남촌을 차저 고용사리하는 이들(1) 쪽 지고 게다 신은 '오마니'」, 조선일보, 1929년 10월 23일자.
18 김미선, 「근대적인 '직업여성'의 여성정체성과 직업의식의 형성과정에 관한 연구: 1세대 미용사 임형선의 구술생애사를 중심으로」, 『여성과역사』 10, 2009.;

김은정, 「1930~40년대 서비스직 여성의 노동경험을 통한 '직업여성'의 근대적 주체성 형성과 갈등에 관한 연구: 미용사 L의 생애구술을 중심으로」, 『한국사회학』 46(1), 2012.

19 「하녀를 두엇슬 때 어쩌게 하면 심복케 할가」, 동아일보, 1929년 12월 12일자.; 「식모가 자주 갈림은 그 가정의 결점」, 조선중앙일보, 1934년 2월 24일자.

20 「불경기! 생활난! 암담한 실직군의 행렬」, 중외일보, 1930년 9월 10일자.; 「일월 이강一月以降에도 지식군살도智識群殺到」, 조선일보, 1931년 3월 19일자.

21 「시세 맛난 '어멈' 구직 수의 반수」, 조선일보, 1931년 3월 30일자.

22 같은 기사.

23 「홍수 가튼 구직군 전년보다 3천 명 증가 구인 1만여 명에 구직 1만 7천 명」, 조선일보, 1931년 3월 30일자.; 「농촌에서 도회로 집중되는 실업자」, 조선일보, 1931년 3월 30일자.

24 「1929년 경성부 직업소개소에서 조사된 가장 높은 취업률은」, 동아일보, 1929년 3월 8일자.; 「모관리부처를 상대 타태교사墮胎敎唆로 고소」, 동아일보, 1933년 8월 6일자.; 「폭행한 식모의 본부를 강도로 모라 고발」, 조선일보, 1937년 2월 2일자.; 「식모가 미로」, 매일신보, 1937년 2월 10일자.; 「길 일흔 식모」, 조선일보, 1937년 3월 23일자.; 「도회都會는 마굴魔窟이다」, 조선일보, 1937년 4월 1일자.; 「동생 월사금 보태려고 버리 나왓든 소녀」, 조선일보, 1937년 7월 28일자.; 「주인 울린 식모」, 조선일보, 1937년 11월 5일자.; 「도회압증 제일과」, 조선일보, 1938년 2월 6일자.

25 「점차 구하기 힘 드는 식모 금년은 더욱 구하기 어려워」, 매일신보, 1937년 11월 13일.

26 차은정, 같은 책, 95쪽.

27 김려순, 「식모도 사람」, 동아일보, 1937년 6월 9일자.

28 차은정, 같은 책, 99~101쪽.

29 정호석, 「전후戰後를 사는 '오모니': 재일한인 모성 표상의 계보학」, 『일본비평』 21, 2019, 232~275쪽.

4장. '직업부인'의 모성은 보호되어야 한다?

1 유곡생, 「직업과 모성」, 동아일보, 1927년 12월 24일자.

2 「여자의 직업 문제」, 동아일보, 1932년 8월 17일자.

3 김도경, 「식민지와 제국의 여성 운동, 그 접점과 간극: 경제적 해방과 모성 보호 문제를 중심으로」, 『석당논총』 74, 2019, 42~47쪽.

4 유곡생, 같은 기사.
5 최은경, 「러시아혁명과 일제강점기 조선 모성 보호의 전개」, 『여성문학연구』 42, 2017, 110~116쪽.
6 「직업부인대좌담회」, 『신여성』 7(4), 1933년 4월호, 44쪽.
7 「임신출산 아이의 발육으로 본 가사노동과 사무노동」, 동아일보, 1933년 2월 2일자.
8 라즈 파텔 · 제이슨 W. 무어, 『저렴한 것들의 세계사』, 백우진 · 이경숙 옮김, 북돋움, 2020, 178~179쪽.
9 염운옥, 『낙인찍힌 몸』, 돌베개, 2019, 205~206쪽.; 김인선, 「흑인 노예의 자식 살해와 모성: 1856년 마가렛 가너 사건을 중심으로」, 『미국사연구』 39, 2014, 1~38쪽.
10 성가족이 등장하면서, 섹슈얼리티와 성욕이 위생이나 건강 문제가 아닌, 사회와 가족, 가정 내 윤리 문제로 논의되었다. 가와무라 구니미쓰, 『섹슈얼리티의 근대』, 손지연 옮김, 논형, 2013, 87~89쪽.
11 바버라 에런라이크 · 디어드러 잉글리시, 『200년 동안의 거짓말』, 강세영 · 신영희 · 임현희 옮김, 푸른길, 2017, 63~64쪽.; 소영현, 「그림자 노동의 (재)발견: 자본과 노동의 성적 분할과 계급 위계: 식민지기 '남의집살이' 여성의 노동을 중심으로」, 『아시아여성연구』 56(2), 2017, 49~79쪽.

3부. 하녀학교로부터 그림자노동까지: 자본, 노동, 젠더

1장. 하녀학교에서 식모폐지론까지

1 라셀 살라자르 파레냐스, 『세계화의 하인들』, 문현아 옮김, 여성문화이론연구소, 2009, 14쪽.
2 「1929년 경성부 직업소개소에서 조사된 가장 높은 취업률은」, 동아일보, 1929년 3월 8일자.
3 「불경기! 생활난! 암담한 실직군의 행렬」, 중외일보, 1930년 9월 10일자. 1930년 8월 한 달의 통계를 보면, 구직자 수는 조선인 남자 635명, 여 451명, 합 1085명, 일본인 남자가 143명, 여자가 77명이었다. 그런데 취직된 수는 조선인이 580명, 일본인이 70명이었다.
4 「일인이 구하는 조선인 어멈」, 동아일보, 1928년 2월 7일자.
5 「시세 조혼 조선 어멈」, 동아일보, 1928년 3월 10일자.
6 「수요 만코 공급 적어 인천에 식모학교」, 매일신보, 1937년 6월 29일자.; 「인천

하녀학교 졸업 후에 취직 알선」, 동아일보, 1937년 8월 5일자.; 「인천 하녀학교 제1회 졸업 45명」, 동아일보, 1937년 10월 10일자.

7 「점차 구하기 힘드는 식모 금년은 더욱 구하기 어려워」, 매일신보, 1937년 11월 13일자.

8 「가정의 큰 문제: 우리 생활을 좌우하는 식모 문제는 크다」, 동아일보, 1935년 10월 8일자.

9 「가정, 식모들에게도 노는 날을 주자!」, 조선중앙일보, 1935년 4월 28일자.

10 「주객전도의 기현상」, 조선일보, 1938년 12월 21일자. 경성부영 직업소개소와 화광교원 직업소개부에 의하면, 식모를 구하는 이들 사이에서 쟁탈전이 벌어지면서 월급도 올라 조선인 가정에서는 한 달에 5~6원, 일본인 가정에서는 7~10원씩 준다고 한다.

11 경성부 직업소개소 소장 수귀조웅씨의 발언. 「점차 구하기 힘드는 식모 금년은 더욱 구하기 어려워」, 매일신보, 1937년 11월 13일자.

12 「생각을 달리해볼 안짬재기 문제」, 『여성』, 1940년 12월호, 58쪽.

13 홍선표, 「일일일인一日一人 식모기근」, 매일신보, 1939년 7월 8일자.

14 「식모 안 두니까 무척 경제가 됩니다」, 매일신보, 1938년 1월 4일자.; 승경애, 「생활 개선 사안: 식모 두는 폐해, 식모 때문에 쓰는 비용을 가족의 단란비로 쓰게 하십시다」, 동아일보, 1938년 1월 11일자.; 신공숙, 「생활 개선 사안: 식모 때문에 받는 손해 숫자로만 1년에 240원이다」, 동아일보, 1938년 1월 12일자.

15 김려순, 「일인일언一日一言 (5) 식모도 사람」, 동아일보, 1937년 6월 9일자.

16 다음의 목록만으로도 쉽게 확인할 수 있다. 「식모주의」, 조선중앙일보, 1934년 8월 31일자.; 「주인 물건 훔친 젊은 안잠자기」, 조선중앙일보, 1934년 10월 31일자.; 「가정의 큰 문제: 우리 생활을 좌우하는 식모 문제는 크다」, 동아일보, 1935년 10월 8일자.; 「가정: 가정경제 좌담회(2): 식모무용론」, 매일신보, 1936년 1월 3일자.; 「여성논단, 식모의 폐지」, 조선중앙일보, 1936년 2월 14일자.; 「절도 상습의 미모의 "식모"」, 매일신보, 1936년 7월 23일자.; 「하녀 탈선」, 매일신보, 1936년 12월 13일자.; 「성적이변의 하녀 주가主家 물품 절도」, 매일신보, 1937년 3월 18일자.; 「탈선한 하녀」, 매일신보, 1938년 12월 2일자.; 「아파트 하녀가 절도」, 매일신보, 1939년 7월 6일자.; 「정부情夫 환심 사고자 하녀의 절도」, 동아일보, 1939년 11월 21일자 등.

17 「가정의 큰 문제: 우리 생활을 좌우하는 식모 문제는 크다」, 동아일보, 1935년 10월 8일자.

18 「점차 구하기 힘드는 식모 금년은 더욱 구하기 어려워」, 매일신보, 1937년 11월 13일자.

19 「가정의 큰 문제: 우리 생활을 좌우하는 식모 문제는 크다」, 동아일보, 1935년 10

월 8일자.

20 같은 기사.

2장. 주부와 하녀의 위치

1 「여성논단, 식모의 폐지」(상), 조선중앙일보, 1936년 2월 14일자.

2 승경애, 「생활 개선 사안: 식모 두는 폐해, 식모 때문에 쓰는 비용을 가족의 단락비로 쓰게 하십시다」, 동아일보, 1938년 1월 11일자.

3 김수철 역술, 「가정교육법」, 『태극학보』 17, 1908년 1월 24일자.

4 신공숙, 「생활 개선 사안: 식모 때문에 받는 손해 숫자로만 1년에 240원이다」, 동아일보, 1938년 1월 12일자.

5 일고양생(日孤羊生), 「여성의 갈 길은 직장이냐 가정이냐」(3), 동아일보, 1936년 1월 6일자.

6 실비아 페데리치, 『캘리번과 마녀』, 황성원 · 김민철 옮김, 갈무리, 2011 참조.

7 염상섭, 「일일일문一日一文 식모」, 매일신보, 1935년 7월 13일자.; 김동인, 「일일일문 식모난」, 매일신보, 1935년 8월 2일자.

8 「여성논단, 식모의 폐지」, 조선중앙일보, 1936년 2월 14일자.; 승경애, 「생활 개선 사안」, 동아일보, 1938년 1월 11일자.; 신공숙, 「생활 개선 사안」, 동아일보, 1938년 1월 12일자.; 홍선표, 「일일일인一日一人 식모기근」, 매일신보, 1939년 7월 8일자.

9 「범죄는 어린이를 좀먹는다」(하), 동아일보, 1939년 5월 13일자.

10 원문은 다음과 같다. "주부로써 취사의 책임을 말한다면 일가의 평화안락을 좌우하는 중대관심사일 뿐아니라 국가에 대한 제2세 국민아동 성장교육의 책임이 불소한 것"이다. 홍선표, 같은 기사.

11 홍선표, 같은 기사.

12 J. M. 바바렛, 『감정의 거시사회학』, 박형신 · 정수남 옮김, 일신사, 2007, 104쪽.

13 아렌트를 빌려 말하자면 사적인 이해에도 공적인 의미를 부여하는 중간 영역(소위 '사회')이 형성되는 과정에서 사적 영역의 배타성이 강화되는 장면을 포착했다고도 할 수 있다. 한나 아렌트, 『인간의 조건』, 이진우 · 태정호 옮김, 한길사, 1996, 87쪽.

14 박영준, 「식모」, 『만우 박영준 전집』 2, 동연, 2002, 575~576쪽.

15 조앤 W. 스콧 · 루이스 A. 틸리, 『여성 노동 가족』, 1부 참조.

3장. 가정이냐 직장이냐

1 「미쓰 조선원탁회」(속), 조선일보, 1933년 1월 3일자.
2 마리아 미즈, 『가부장제와 자본주의』, 237쪽.; 피터 커스터스, 『자본은 여성을 어떻게 이용하는가: 아시아의 자본축적과 여성노동』, 228~229쪽.
3 「여성의 갈 곳은 직장이냐 가정이냐」(완), 동아일보, 1936년 1월 10일자.
4 「여성의 갈 곳은 직장이냐 가정이냐」(1), 동아일보, 1936년 1월 4일자.
5 「여성의 갈 곳은 직장이냐 가정이냐」(4), 동아일보, 1936년 1월 8일자.
6 「여성의 갈 곳은 직장이냐 가정이냐」(3), 동아일보, 1936년 1월 6일자.
7 「여성의 갈 곳은 직장이냐 가정이냐」(5), 동아일보, 1936년 1월 9일자.
8 「여성의 갈 곳은 직장이냐 가정이냐」(2), 동아일보, 1936년 1월 5일자.
9 윤경신, 「여성의 갈 길은 직장이냐 가정이냐」(2), 동아일보, 1936년 1월 14일자.
10 윤경신, 「여성의 갈 길은 직장이냐 가정이냐」(1), 동아일보, 1936년 1월 11일자.
11 윤경신, 「여성의 갈 길은 직장이냐 가정이냐」(3), 동아일보, 1936년 1월 15일자. 직업여성의 평균임금이 대개 20~40원이었는데, 남녀 간 임금 격차는 10원 정도였다고 한다.
12 강이수, 「여성의 근대 경험과 여성성 형성의 '차이'」, 『한국 근현대 여성노동: 변화와 정체성』, 문화과학사, 2011, 164~169쪽.
13 가와모토 아야, 「한국과 일본의 현모양처 사상: 개화기로부터 1940년대 전반까지」, 심영희 · 정진성 · 윤정로 공편, 『모성의 담론과 현실』, 나남출판, 1999, 238~239쪽.; 기무라 료코, 『주부의 탄생』, 이은주 옮김, 소명출판, 2013, 24~29쪽.; 실비아 페데리치, 『캘리번과 마녀』, 191쪽.; 마리아 미즈, 같은 책, 233~234쪽.
14 김혜경, 「가사노동담론과 한국근대가족: 1920, 30년대를 중심으로」, 『한국여성학』 15(1), 1999.; 전미경, 「1920~30년대 현모양처에 관한 연구: 현모양처의 두 얼굴, 되어야만 하는 '현모' 되고 싶은 '양처'」, 『한국가정관리학회지』 22(3), 2004.; 홍양희, 「식민지시기 '현모양처'론과 '모더니티' 문제」, 『사학연구』 99, 2010.
15 마리아 미즈, 같은 책, 121~122쪽.
16 김남천, 「여성의 직업 문제」, 『여성』 1940년 12월호, 26쪽.
17 소영현, 「1920~1930년대 "하녀"의 "노동"과 "감정": 감정의 위계와 여성 하위주체의 감정규율」, 『민족문학사연구』 50, 2012, 332~333쪽.
18 실비아 페데리치, 『혁명의 영점』, 40쪽.

4장. 그림자노동과 행복한 하녀

1 「돈벌이하는 여자 직업 탐방기 (11): 어머니 대신으로 젓을 먹이는 인자한 젓어머니살이」(상), 동아일보, 1928년 3월 6일자.
2 조앤 W. 스콧 · 루이스 A. 틸리, 『여성 노동 가족』.
3 마리아로사 달라 코스따, 『집안의 노동자』, 김현지 · 이영주 옮김, 갈무리, 2017, 197~215쪽.

4부. 하녀는 위험하다?: 범죄, 관리론, 욕망

1장. 하녀 범죄, 재조사가 필요하다

1 서지영, 「식민지 도시 공간과 친밀성의 상품화」, 『페미니즘연구』 11(1), 2011, 17~23쪽.
2 「어멈 문데(1) 사람 대접 못 밧는 불상한 안잠자기」, 동아일보, 1926년 11월 3일자.
3 진우촌, 「단편소설 식모」(3), 매일신보, 1938년 3월 13일자.
4 「가난이 원수: 구차한 살림살이가 실혀저서 음독 자살한 '식모'」, 매일신보, 1936년 7월 21일자.
5 「가난이 원수: 구차한 살림살이가 실혀저서 음독 자살한 '식모'」, 매일신보, 1936년 7월 21일자.; 「마음 검은 하녀」, 매일신보, 1939년 12월 5일자.; 「허영에 뜬 하녀」, 매일신보, 1939년 12월 8일자 외 다수.
6 「식모주의」, 조선중앙일보, 1934년 8월 31일자.; 「주인 물건 훔친 젊은 안잠자기」, 조선중앙일보, 1934년 10월 31일자.; 「주인집의 보석금, 2천여 원어치 절취, 금은상 하녀로 있는 여자, 월여만에 필경 발로」, 조선중앙일보, 1935년 6월 7일자.; 「주인 백금지환 훔친 미인 하녀의 참회: 훔처노코서 양심에 가책바더 여자이십 허영시대」, 매일신보 1935년 10월 8일자.; 「하녀가 절도: 주인의 돈을」, 매일신보, 1936년 1월 29일자.; 「악식모 본보 기사 보고 피해자 속출 각기들 압흘 닷투어 낫 하나 동문서 매우 분망: 평림 사법 주임 담」, 매일신보, 1936년 12월 20일자.; 「동기는 동정하나 법은 그러찬타 주인 돈 훔친 하녀」, 매일신보, 1937년 3월 27일자.; 「주의할 『식모』! 주인집 돈을 절취 도주」, 매일신보, 1938년 12월 8일자.; 「정부 환심 사고저 하녀의 절도」, 동아일보, 1939년 11월 21일자 등.

7 「실연을 당하고 자살 도모한 여자」, 중앙일보 1932년 2월.; 「묘령녀 음독」, 동아일보, 1933년 6월 4일자.; 「묘령녀 음독: 시내 궁정동 정기홍씨 집 하녀」, 동아일보, 1933년 6월 5일자.; 「안잠자기, 음독자살, 신세 비관하고」, 조선중앙일보, 1935년 1월 13일자 등.
8 「누구의 죄?」, 동아일보, 1937년 11월 9일자.
9 「순간의 향락으로 필경은 살아범」, 동아일보, 1931년 12월 2일자.
10 같은 기사.
11 「모 관리 부처를 상대 타태 교사로 고소」, 동아일보, 1933년 8월 6일자.
12 「변소에 기아 여관 하녀가(평양)」, 동아일보, 1931년 12월 23일자.
13 나탈리 제몬 데이비스·아를레트 파르주, 「여성 범죄자들」, 『여성의 역사 3(하)』, 조형준 옮김, 새물결, 1999, 677~683쪽.

2장. 하녀 관리론과 감정통제 메커니즘

1 송영, 「용광로」, 『개벽』 70, 1928년 6월호, 60쪽.
2 패트리샤 힐 콜린스, 『흑인 페미니즘 사상』, 박미선·주해연 옮김, 여성문화이론연구소, 2009, 110~111쪽.
3 김려순, 「식모도 사람」, 동아일보, 1937년 6월 9일자.
4 「어멈 문뎨(3) 나 위해 일하는 그들 동졍과 은혜로 대해」, 동아일보, 1926년 11월 5일자.
5 같은 기사.
6 「하녀를 두엇슬 때 어쩌게 하면 심복케 할가」, 동아일보, 1929년 12월 12일자.
7 「본사 주최 가정 경제 좌담회(7) 식모 두지 말고 주부의 손으로 집안일 처리하자」, 매일신보, 1936년 1월 8일자.
8 김동인, 「일일일문 식모난」, 매일신보, 1935년 8월 2일자. 여성들 내부의 계급 위계 위에 남녀의 위계 구도가 겹치면 복합적인 규율 논리가 마련된다. 가령, '식모난'을 두고 김동인이 제시한 해결책("식모에게 교양 잇는 인격을 희망함은 도로혀 망발인 것이다. 그러나 그들도 인간인 이상에는 한집안 식구로서의 정애를 늣길 수 업는지")에는 '하녀'의 사회적 위치에 대한 이해가 전무했다. '하녀'가 식구이자 인간이기를 요청하는 이런 논리에는 어떤 식구, 어떤 인간인가 즉 존재 조건에 대한 이해가 담겨 있지 않았다.
9 김려순, 같은 기사.

3장. 남편을 죽인 여자들

1 김동인, 『김동인 전집』 1, 조선일보사, 1988, 350쪽.
2 나도향(주종연 외 엮음), 『나도향 전집』 상, 집문당, 1988, 234쪽.
3 나도향, 같은 책, 238쪽.
4 나도향, 같은 책, 247쪽.
5 나도향, 같은 책, 247쪽.
6 윤택림, 「한국 근현대사 속의 농촌 여성의 삶과 역사 이해: 충남 서산 대동리의 여성 구술생애사를 중심으로」, 『사회와역사』 59, 2001, 219쪽.
7 현진건, 『현진건 문학 전집』 1, 국학자료원, 2004, 145쪽.
8 백신애(이중기 엮음), 『백신애 선집』, 현대문학, 2009, 280~281쪽.
9 백신애, 같은 책, 281쪽.
10 문소정, 「일제하 농촌 가족에 관한 연구: 1920, 30년대 소작 빈농층을 중심으로」, 『사회와역사』 12, 2008, 109~110쪽.
11 「호열자균으로 본부 살해」, 매일신보, 1916년 11월 29일자.
12 「본부를 교살한 독부」, 동아일보, 1922년 2월 21일자.; 「30년 학대로 본부 살해」, 동아일보, 1922년 7월 8일자.; 「본부를 살해한 독부」, 동아일보, 1922년 9월 16일자.; 「독부의 공소 사형을 불복하고」, 조선일보, 1923년 10월 14일자.; 「악독한 소부 간부와 공모하여 본부를 죽이다가」, 조선일보, 1923년 11월 11일자.; 「본부를 독살코자 한 소부」, 조선일보, 1924년 5월 16일자.; 「본부 독살 미인 사형 불복」, 동아일보, 1924년 7월 17일자.; 「본부 독살 사건」, 동아일보, 1924년 10월 3일자.; 「범행 후 3년 희세의 독부!」, 동아일보, 1924년 10월 28일자.; 「총각과 공모하고 본부 작살한 독부」, 동아일보, 1924년 12월 10일자.; 「남편을 액살한 독부」, 동아일보, 1925년 1월 23일자.; 「본부 독살 미수 1년 만에 발각」, 조선일보, 1925년 5월 12일자.; 「꼿 가튼 19세 소부 남편을 독살 미수」, 조선일보, 1931년 3월 17일자.; 「17세 소부가 남편 독살 기도」, 조선일보, 1935년 4월 11일자.; 「16~7세 소부가 남편 독살 기도」, 조선일보, 1935년 6월 5일자.; 「17세 소부가 남편 독살 미수」, 조선일보, 1935년 7월 2일자.; 「15세 소부가 남편 독살 기도」, 조선일보, 1935년 12월 28일자.; 「취침중의 본부 입에 양잿물을 들부어 독살 미수한 평원 소부의 단죄」, 조선일보, 1936년 11월 27일자.; 「17세 소부가 남편 독살 기도」, 조선일보, 1937년 3월 28일자.; 「우매한 소부에게 동정적 판결」, 조선일보, 1937년 7월 16일자.; 「남편 독살하랴든 17세 소부가 법정에」, 조선일보, 1938년 3월 12일자.; 「남편 살해 도모한 소부」, 조선일보, 1938년 6월 4일자.; 「본부 살해 미수 소부 작일 송국」, 조선일보, 1938년 8월 26일자.
13 「간부 교사하야 본부를 타살한 독부」, 동아일보, 1926년 4월 30일자.

14 「본부 살해 사건을 예심판사가 면소」, 매일신보, 1927년 1월 17일자.
15 「16세 소부의 남편 살해 미수」, 동아일보, 1927년 3월 17일자.
16 「대담한 이팔 소부 본부 독살 미수」, 조선일보, 1927년 4월 9일자.
17 「인제군의 본부 살해범 2년을 구형」, 매일신보, 1929년 5월 27일자.
18 「죽인다는 말에 몬저 죽엿소」, 매일신보, 1931년 6월 11일자.
19 「본부 살해한 간부부에 사형과 무기 구형」, 조선중앙일보, 1935년 1월 30일자.
20 '여성 범죄를 통한 여성의 비가시성의 가시화' 메커니즘 분석 관련해서는 조앤 벨크냅, 『여성범죄론: 젠더, 범죄와 형사사법』,윤옥경 외 옮김, 박학사, 2009, 112~162쪽 참조.

4장. 촌부, 욕망, 노동

1 김정실, 「여성 범죄(완): 남편을 죽이게 한 것은 결국 누구냐」, 동아일보, 1933년 12월 24일자.
2 「본부 살해 미수」, 동아일보, 1921년 5월 4일자. ; 「총각과 공모하고 본부 작살한 독부」, 동아일보, 1924년 12월 10일자.; 「본부 독살 미수녀 대구에서 7년 징역 구형」, 조선일보, 1925년 4월 25일자.; 「간부 교사하야 본부를 타살한 독부」, 동아일보, 1926년 4월 30일자.; 「출세 3년에 개가오차」, 동아일보, 1927년 2월 27일자.; 「늙은 남편이 실혀 교살 투정한 독부」, 조선일보, 1927년 4월 24일자.; 「본부를 작살」, 동아일보, 1927년 5월 3일자.; 「자는 입에 독을 너허 본부 살해타 발각」, 매일신보, 1928년 7월 29일자.; 「사각관계의 치정극」, 매일신보, 1928년 8월 20일자.; 「희세의 독부 본부를 교살」, 조선일보, 1928년 10월 17일자.; 「본부 살해 미수범」, 매일신보, 1929년 3월 2일자.; 「백치를 이용한 본부 살해 미수범 27일 공판 개뎡」, 매일신보, 1929년 5월 27일자.; 「본부 살해범에 극형을 구형」, 매일신보, 1930년 10월 24일자.; 「본부 살해 범인: 1심에서 사형」, 동아일보, 1932년 2월 29일자.; 「본부 살해한 간부부 송국」, 동아일보, 1932년 6월 2일자.; 「치정 본부 살해」, 매일신보, 1932년 7월 3일자.; 「본부 살해한 김명숙 사형 구형에 통곡」, 조선중앙일보, 1934년 11월 30일자.; 「본부 살해한 간부 사형 불복코 상고 4일 고등법원에」, 조선중앙일보, 1935년 5월 2일자.; 「물경! 17세 소부 취중 남편을 교살」, 조선일보, 1935년 5월 8일자.; 「본부 살해한 간부 복심에서도 사형 구형」, 조선중앙일보, 1935년 6월 26일자.; 「본부 살해한 간부부 상고 사형 판결을 불복코」, 매일신보, 1936년 12월 3일자.
3 「30년 학대로 본부 살해」, 동아일보, 1922년 7월 8일자.; 「남편 학대로 자살 미수」, 조선일보, 1925년 1월 30일자.; 「학대로 자살 17세 소부가」, 조선일보, 1925

년 1월 30일자.; 「15세 소부 자살 미수」, 조선일보, 1925년 2월 5일자.; 「싹귀로 본부 작살」, 동아일보, 1925년 2월 7일자.; 「정욕과 재산만 탐내 영아를 학살한 독부」, 동아일보, 1925년 8월 9일자.; 「생활난과 가정불화로 유아를 투정 참살」, 동아일보, 1925년 9월 5일자.; 「사생아를 낫는 족족 죽인 희대의 독부」, 동아일보, 1925년 9월 5일자.; 「본처자 독살한 독부는 징역 5년」, 조선일보, 1928년 2월 17일자.; 「소부의 질투로 전처 아 살해」, 동아일보, 1933년 1월 22일자.; 「개가한 소부 실자를 살해?」, 동아일보, 1933년 7월 21일자.; 「사랑 없는 남편에 원한 소부가 친자 독살」, 동아일보, 1934년 1월 24일자.; 「마음 없는 결혼 비관 소부 음독 자살」, 동아일보, 1934년 4월 18일자.; 「본부 살해한 간부부에 사형과 무기 구형」, 조선중앙일보, 1935년 1월 30일자.; 「17세 소부가 남편 독살 기도」, 조선일보, 1935년 5월 12일자.

4 「본부를 독살 미수 남편의 나희 만흔 것이 실혀」, 조선일보, 1925년 5월 30일자.

5 「본부 독살 미수범 5년 징역 바든 간부간부 공소」, 조선일보, 1925년 4월 21일자.

6 「간부와 공모하고 본부 살해한 독부」, 조선중앙일보, 1936년 5월 18일자.

7 「애욕의 불만으로 일어난 성혈 참극」, 조선중앙일보, 1935년 7월 13일자.

8 「본부를 독살 미수 사실이 발각되고 마니쌰 간부와 가티 도망하얏다」, 조선일보, 1925년 9월 8일자.

9 「본부 살해한 간부부 사형」, 동아일보, 1932년 12월 31일자.

10 「장래 나 잘살랴고 불합한 남편 살해」, 동아일보, 1928년 10월 21일자.

11 「병중의 약점을 타서 본부 살해타가 미수」, 동아일보, 1932년 2월 16일자.

12 「감시를 면하고저 동침중 본부 살해」, 매일신보, 1934년 8월 18일자.

13 「16세 소부가 본부 살해 미수」, 매일신보, 1934년 10월 14일자.

14 「19세 소부 남편 독살 미수」, 조선일보, 1935년 3월 20일자.

15 「본부 독살 미수 간부와 공모하고」, 조선일보, 1925년 2월 14일자.

16 사실 이 질문은 '구여성/신여성'이라는 구분법의 허구성과 남성적 시각에 의한 그 편의적 배치성에 관한 비판적 환기와도 연동된다.

17 나탈리 제몬 데이비스·아를레트 파르주, 「여성범죄자들」, 『여성의 역사 3(하)』, 683~685쪽.

18 이러한 문제의식은 정준영의 인종과학 관련 연구인 「피의 인종주의와 식민지의학: 경성제대 법의학교실의 혈액형인류학」(『의사학』 21(3), 2012)에서 힌트를 얻었다.

19 리베카 솔닛, 『남자들은 자꾸 나를 가르치려 든다』, 김명남 옮김, 창비, 2015.

20 여기서 확인할 수 있듯 인식전환적 성찰의 일환으로서 전환적 인식 프레임에 입각한 식민지기 소설 '다시 읽기' 작업은 절실하다. 지금껏 빈농 촌부의 노동을 부차적이고 주변적인 것으로 인식하게 된 계기에 대한 접근은 전환적 성찰인 '다른

독해'를 통해 시작될 수 있기 때문이다.

5장. 하녀 살인 사건

1 「하녀를 난타, 가해자를 취조」, 동아일보, 1930년 2월 21일자.
2 공지영, 『봉순이 언니』, 푸른숲, 1998, 120쪽.
3 한민주, 「근대 과학 수사와 탐정소설의 정치학」, 『한국문학연구』 45, 2013, 253~254쪽.
4 중요하면서도 흥미로운 소재라는 점에서, 신문이 등장한 이후로 범죄는 대중매체에서 가장 중요한 기사거리 중 하나로 비중 있게 다루어져왔다. 이는 범죄 통계에 의한 반영보다는 강력범죄를 중심으로 한 기사화가 두드러진 특징이다. 그럼에도 검열과 삭제의 대상이었던 신문의 정치면과 경제면이 제 역할을 하기 어려웠던 식민지 상황에서, 상업주의 경향이 뚜렷해진 1930년대 이후로 매체의 경쟁 수단이 사회면에 집중된 경향이 만들어낸 흥미로운 상황으로 이해되기도 한다.(박용규, 「한국신문 범죄보도의 역사적 변천에 관한 연구: 범죄 기사에 대한 내용 분석을 중심으로」, 『한국언론학보』 45(2), 2001, 157~168쪽.) "과열된 신문시장에서 살아남아야 한다는 당위와 정치적 탄압이라는 복합적인 조건" 속에서 사회면의 범죄 기사가 문예면의 증면과 함께 타 신문과의 경쟁에서 우위를 점할 수 있는 무기로 사용된 측면이 있다.(류수연, 「신문, 도시 그리고 탐정소설: 김내성의 『마인』 연구」, 『상허학보』 40, 2014, 86쪽.)
5 특히 육하원칙에 의한 사건 소개보다는 사건을 둘러싼 추정과 해석 그리고 상상력이 덧붙여진 이야기 형식으로 보도되었는데 이러한 방식은 사건 밖 인물이 범죄 사건의 의문을 풀어가는 추리소설의 서술 형식을 취했다는 점에서 특징적이었다. 신문이나 잡지에 소개된 서사화된 사건은, 공적 영역에 속하는 형사 사건을 소재로 차용함으로써, 독자들에게 식민지 사회 현실을 전달하는 동시에 일종의 오락물로 기능하게 되었다. 여기서 기자가 탐정 역할을 떠맡음으로써, 독자들이 범죄 사건 관련 기사를 취미 독물로 읽게 만들고, 피해자에 대한 독자의 연민을 자극하여, 결과적으로 식민지적 모순을 환기시킬 사회 모순에 독자의 시선이 가닿도록 했다. 김은아, 「1930년대의 살인 사건 보도 양상 연구: '마리아 참살 사건'과 '양주 나무장사 실종 사건'을 중심으로」, 이화여대 대학원(석사), 2017, 24쪽.
6 본부 살해 관련 기사에 대한 분석은 4부 4장 참조.
7 「자는 입에 독을 너허 본부 살해타 발각: 녀자는 잡히고 간부는 도주」, 매일신보, 1928년 7월 29일자.; 「사각관계의 치정극 본부 독살범의 발바온 길」, 매일신보,

1928년 8월 20일자.; 「16세 소부가 본부 살해 미수」, 매일신보, 1934년 10월 14일자.; 「본부 살해 미수범에 5년 이하 역 구형 청진지방법원에서」, 조선중앙일보, 1934년 12월 6일자.; 「외문편편」, 매일신보, 1931년 3월 10일자.; 「아삼속사」, 동아일보, 1929년 10월 31일자.; 「17세 소부가 남변 살해 음모」, 동아일보, 1931년 8월 22일자.; 「남편 독살하려다 미수코 도주」, 동아일보, 1932년 4월 23일자.; 「15세 소부가 본부 살해 미수」, 동아일보, 1935년 12월 28일자.

8 「걸인 간에 애욕 갈등 본부 살해코 탈처」, 매일신보, 1933년 11월 23일자.

9 "일방으로는 자유주의에서 연역된 개인중심적 신윤리제도의 제창이 잇고 더 나아가서는 사회개조사상에 입각한 철저한 실리적 윤리감을 현하의 사회에서 실항해보려는 대담한 주장도 없지 아니한데다가 세기말적 향락주의의 안일이 일세를 풍미하려 하며 타방으로는 전통적 정조관념과 대가족제도, 조혼의 풍속 등은 그대로 잔존하야 변한 것을 좇아 이것을 따르기도 하고 저것을 강제하려고도 하니 이에 나날이 지상에 보도되는 희비극이 연출되고 잇다. 무뢰해한 장상의 태도로 인하야 고민의 끝에 중죄를 범하며 자살을 도하는 부녀가 얼마며 남성의 족하에 유린되어도 호소무처인 여자는 얼마인가. 봉건도덕의 희생자가 주로 여자인 것을 잊을 수 없다. 스스로 이를 탈출코자 하나 사회적 제재는 법률의 그것보다도 더욱 가혹한 것으로 영아 살해의 범죄가 많은 것도 이 현상의 일 표현일 것이다."(「봉건유습과 조선」, 동아일보, 1932년 5월 22일자, 1면); 「범죄사상 초유의 독부 생리적 구조 연구」, 『동아일보』 1935년 2월 1일자.; 「조선 여자의 범죄와 조혼」, 동아일보, 1937년 7월 10일자.

10 이후 공판에 대한 상세한 소개가 연일 기사화되었다. 「벽두의 단죄상 에로와 구로」, 매일신보, 1931년 1월 9일자.; 「잔학 량개 백골 사건 모골 송연한 공판」, 매일신보, 1931년 2월 11일자.; 「본부 살해 범인 등 무기와 12년」, 매일신보, 1931년 2월 18일자.; 「봉건 유습과 조선」, 동아일보, 1932년 5월 22일자.

11 따지자면, '머슴 살인 사건'은 여성이 가해자라는 사실만으로도 이미 평범하지 않은 사건이다. 살인과 폭력 사건에서 여성은 대개 피해자로서 다루어지며, 실제 통계학상으로도 범죄와의 관련 속에서 여성 대부분은 피해자로 존재한다. 그 가운데에서도 일부 여성이 살인과 폭력 사건의 가해자로 연루되는데, '머슴 살인 사건'은 이런 의미에서 전형적인 여성 범죄의 한 사례라고 할 수 있다. 프랜시스 하이덴손, 『여성과 범죄』, 이영란 옮김, 나남출판, 1994.; 메다 체스니린드 · 리사 파스코, 『여성과 범죄』, 한민경 · 김세령 · 최재훈 · 홍세은 옮김, 박영사, 2021.

12 「모함에 분개해 머슴을 작살」, 조선일보, 1934년 4월 26일자.

13 「법정에 선 여인 '벌은 달게 밧겟소' 억울한 누명 벗고저 독기로 살인한 여자」 (1)~(3), 조선일보, 1934년 5월 10~12일자.

14 「정조의 명예 위한 살인에 인정 판결」, 조선일보, 1934년 6월 12일자.

15 피테르 스피렌부르그, 『살인의 역사』, 홍선영 옮김, 개마고원, 2011, 78쪽.
16 박소현, 「죄와 벌: 근대 중국의 법률문화 개관」, 문정진 외, 『중국 근대의 풍경』, 그린비, 2008, 67~125쪽. 그림과 이야기로 근대 초기 중국의 법률문화를 재현한 『점석재화보』를 대상으로 법률과 그 시행방식뿐 아니라 사회에 존재하는 사법 체계의 구조와 시행을 둘러싼 사고방식과 태도를 검토한 연구에 따르면, 『점석재화보』에 소개된 범죄 이야기에서 남성보다 여성이 더 빈번하게 범죄 대상으로 노출되어 있었다는 점이 특기할 만하다. '타락한' 여성을 종종 등장시키면서 전환의 시기에 나타난 변화를 암시하고 있었지만, 체제의 위험과 새로운 도전이 여성과 관련된 범죄 이야기를 중심으로 이루어진다는 점은 주목해보아야 한다.
17 「모함에 분개해 머슴을 작살」, 조선일보, 1934년 4월 26일자.
18 「법정에 선 여인 '벌은 달게 밧겟소' 억울한 누명 벗고저 독기로 살인한 여자」(1), 조선일보, 1934년 5월 10일자.
19 김형민, 「"이게 사람이 할 짓이냐" 눈물 어린 식모의 전성시대」, 『시사인』 735호, 2021년 10월 22일자.

5부. 하녀는 사라지지 않는다: 돌봄노동, 빈곤, 빈민

1장. 태금이는 왜 미친년이 되었나

1 이임하, 『여성, 전쟁을 넘어 일어서다』, 서해문집, 2004 참조.
2 황석영, 「잡초」, 『객지』, 창작과비평사, 1974, 212~213쪽.
3 황석영, 같은 글, 213쪽.
4 김윤식·정호웅, 『한국소설사』, 예하, 1993, 384~385쪽.
5 이문구, 「장한몽」, 장편연재 최종회, 『창작과비평』 22, 1971년 가을호, 568쪽.
6 이문구, 같은 글.
7 황석영, 「삼포 가는 길」, 『객지』, 창작과비평사, 1974, 263~264쪽.
8 황석영, 같은 글, 276~277쪽.
9 1970년대 중반 이후가 되면, 농촌소설에 대한 논의는 민족문학 논의와 잇대어지고, 고향으로서의 '시골'에 대한 관심도 뚜렷하게 약화된다. 1970년대 후반에 발표된 이문구의 소설에서 확인할 수 있듯이, 농촌은 가뭄에 모내는 일만큼이나 선거 열풍과 그 후폭풍에 몸살을 앓는 곳이자(「우리 동네 정씨」, 『문학과지성』 33, 1978년 가을호), 농가의 당면 문제가 도시빈민노동자가 처한 문제와 맞닿아

있음을(「우리 동네 최씨」(『창작과비평』 48, 1978년 여름호) 보다 분명하게 확인할 수 있는 공간으로 의미화된다.

10 리타 펠스키, 『근대성과 페미니즘』, 김영찬 · 심진경 옮김, 거름, 1998, 73~78쪽.

2장. 반복되는 역사, 이촌향도

1 C. 라이트 밀스, 「사회학적 상상력」, 『창작과비평』 10, 1968년 여름호, 김경동 옮김, 창작과비평사, 338쪽. 라이트 밀스의 『사회학적 상상력The Sociological Imagination』(1959)은 1968년 『창작과비평』 여름호에 김경동의 번역으로 1장이 소개되면서 담론장에 사회학적 상상력의 요청을 불 지핀 저작이다.

2 칼 폴라니, 『거대한 전환』, 홍기빈 옮김, 길, 2009, 174쪽.

3 가령, '루럴 엑소더스 시대 현실의 문학적 반영'이라 할 수 있는 이들은 '정착된 사회적 계층이 아니며, 다시 농민 혹은 공장노동자가 될 수밖에 없는 과도기적 존재'로 규정된 바 있다. 리얼리즘 문학의 성숙을 논의하는 자리에서 이들을 다룬 작품의 지엽적 역사관이 극복 대상으로 언급되기도 했다. 염무웅, 「최근소설의 경향과 전망: 77년의 작품, 작품집을 중심으로」, 『창작과비평』 47, 1978년 봄호, 327~329쪽.

4 리타 펠스키, 『근대성과 페미니즘』, 76, 103쪽.

5 근대 이후 산업화의 부정적 속성만이 아니라 산업화 자체가 여성적 속성으로, 산업화된 도시가 여성으로 은유되는 경우가 없지 않았다. 가령, 박태순의 소설 「연애」가 상상하는 연애의 대상은 특정한 여성이 아니라 다루기 쉽지 않은 도시 서울이다. 시골 출신인 주인공이 서울을 자신이 가진 열쇠로 어떻게든 열어야 할 "하나의 자물쇠"로 인식하는 태도는 근대의 젠더화이자 매혹적 도시의 섹슈얼화의 전형에 가깝다.(박태순, 「연애」, 『창작과비평』 2, 1966년 봄호.)

6 이 과정은 1970년대를 거치면서 이루어진 여성에 관한 인식 변화의 두 측면을 동시적으로 부각시킨다. 여성이 몸을 가진 존재임이 강조되는 과정인 동시에 몸을 가진 여성을 사회적으로 구성된 존재로 인식하기 시작했음을 시사한다. 그간 몸의 사회적 중요성이 거의 다루어지지 않았음을 전제할 때 이를 몸에 대한 자연주의적 접근방식과 사회구성주의적 접근방식으로, 생물적 현상으로서의 몸과 사회적 산물로서의 몸에 대한 차별적 인식으로 정리할 수 있다. 전자의 관점은 남성의 몸을 '완전'하고 규범적인 것으로 규정하고 남성의 몸을 기준으로 열등한 몸을 가진 불완전한 존재를 여성으로 규정하는 방식을 기본원리로 삼는다. 몸을 사회적 차이의 범주로만 간주하는 전자와 달리 후자의 관점에서 여성의 몸은 고정되기보다 사회구조에 의해 (재)규정되는 것으로 이해된다. 후자의 범주

에 속하는 푸코와 고프만의 작업이 '몸'을 구성하는 사회적 힘에 관한 연구라면, 여기서 그보다 강조될 점은 부르디외를 통해 분명하게 확인할 수 있거니와 페미니즘론에서 충분히 논의된 바, 성차(섹스/젠더) 이분법과도 연동하는 두 관점의 분리 불가능성이다. 섹스/젠더 구분론의 보다 유용한 논의는 '실제로 구성하는/되는 것이 무엇인가'로 모아질 때 비로소 가능한 것이다. 크리스 실링, 『몸의 사회학』, 임인숙 옮김, 나남, 2011, 81~165쪽.

7 여성의 몸에 대한 연구는 남성/여성, 이성/감성, 주체/타자 식의 구분법 속에서 후자의 특성들을 복원하는 기제로서 활용된 측면이 있다. 이러한 연구의 인식전환적 의미를 충분히 인정한 채로, 이 글에서는 주체/타자의 인식법에 의해서는 감지될 수 없는 지점에 눈을 두면서, 그것이 근대화의 간교함과 한국사회의 특수성이 결합되어 만들어진 특성임을 밝혀볼 것이다.

8 이종구 외, 『1960~70년대 노동자의 생활세계와 정체성』, 한울, 2004.; 이승훈, 「강제된 주거공간과 농민의 일상」, 공제욱 엮음, 『국가와 일상』, 한울, 2008 등. 이농과 탈향 관련한 정확한 수치의 기술에서는 가족이나 개인, 시기나 이농과 귀농의 반복 등 조사기관이나 기준에 따라 차이가 있다.

9 「이농 그 실태를 본다」, 경향신문, 1967년 9월 23일자.

10 주석균, 「농지제택개혁의 기본방향」, 『창작과비평』 33, 1974년 가을호, 807쪽.

11 「이농 그 실태를 본다」, 경향신문, 1967년 9월 23일자.

12 장상환, 「한국 자본주의의 전개와 농촌사회의 변천」, 한국농어촌사회연구소 편, 『한국자본주의와 농촌사회』, 사회문화연구소, 1991, 31~32쪽.

13 「현지르포 한 방울의 물을」(1)~(완), 매일경제, 1968년 8월 5~8일자.

14 김성홍의 「회소회소」(『창작과비평』 12, 1968년 겨울호)나 김웅의 「초가」(『창작과비평』 28, 1973년 여름호)를 들 수 있는데, 특히 「초가」에서는 1967년의 기록적인 재해가 직접적으로 언급된다.

15 김웅, 「초가」, 같은 책, 347쪽.

16 농림부 조사에 따르면, 1967년 말부터 1968년 말까지는 이농 인구 수가 17만 명이었는데, 1968년 말에서 1969년 말 사이에는 그 수가 31만 9천 명으로 한 해 사이에 엄청난 증가세를 보였다. 「급격히 늘어난 이농 농림부 조사」, 경향신문, 1970년 5월 12일자.

17 「이농 상경자 격증 풍찬노숙」, 동아일보, 1967년 10월 12일자.

18 「현지르포 한 방울의 물을」, 매일경제, 1968년 8월 6일자.

19 황석영, 「이웃 사람」, 『창작과비평』 26, 1972년 겨울호, 905~906쪽.

20 「이농민」, 경향신문, 1970년 11월 12일자.

3장. 근대화의 시차, 심리적 도시화

1 「구조면에서 본 농촌사회변동」, 한국일보, 1971년 11월 30일자.
2 김병걸, 「한국소설과 사회의식」, 『창작과비평』 26, 1972년 겨울호, 759쪽.
3 물론 이러한 경향이 곧 문단에 농민을 소재로 한 문학이 풍부해졌음을 말해주는 것은 아니다. 오히려 농민/농촌 문학은 사회생활이 전반적으로 도시화되고 독자들이 도시적 감수성에 친숙해지면서 시대에 뒤떨어진 것으로 보이게 된 측면이 있다. "이농 현상은 현실에서뿐만 아니라 문학과 지적 생활에서도" 일반화되고 있다는 것이 실감에 더 가까웠다. 염무웅, 「농촌 현실과 오늘의 문학: 박경수 작 「동토」에 관련하여」, 『창작과비평』 18, 1970년 가을호, 478쪽.
4 신경림, 「농촌 현실과 농민문학: 그 전개과정에 나타난 문제점」, 『창작과비평』 24, 1972년 여름호, 286~287쪽.
5 김정한, 「뒷기미 나루」, 『창작과비평』 15, 1969년 가을 · 겨울호, 533쪽.
6 「급격히 늘어난 이농 농림부 조사」, 경향신문, 1970년 5월 12일자.
7 「기획원 6월 말 경제 인구 조사 청소년 이농 피크」, 경향신문, 1978년 9월 20일자.; 「이농 47%가 청장년」, 동아일보, 1979년 6월 25일자.
8 한천석, 「반점」, 『창작과비평』 36, 1975년 여름호, 45~46쪽.
9 신경림, 같은 글, 269쪽.
10 좌담회, 「농촌소설과 농민생활」, 『창작과비평』 46, 1977년 겨울호, 25~26쪽. 중농층의 경우에는, 자식교육을 위해 농토의 일부를 팔아 도시로 이사한 후, 나머지 농토를 소작 줌으로써 부재지주가 되며, 점차 땅의 가치가 높아지자 공무원이나 교사처럼 도시에 살면서 부를 축적한 이들이 안정성을 고려한 투자로서 농토를 사들였다.
11 황석영, 「폐허, 그리고 맨드라미」, 『창작과비평』 46, 1977년 겨울호, 128쪽.
12 「긴급조치 1호에서 9호까지 '묻혔던 사건'」, 경향신문, 1979년 12월 8일자.; 「금주의 작은 역사 자주적 농민 운동 불씨 '함평 고구마 사건'」, 한겨레, 1992년 4월 22일자.; 「민주화발자취 25: 함평 고구마 사건 9일간의 단식농성」, 한국일보, 2003년 11월 6일자.
13 김웅, 「사설」, 『창작과비평』 44, 1977년 여름호, 518쪽.
14 김웅, 같은 글, 536쪽.
15 「정든 땅 언덕 위」(『문학』, 1966.; 『정든 땅 언덕 위』, 민음사, 1974)로 대표되는 초기 외촌동 연작을 포함한 「벌거숭이산의 하룻밤」(『창작과비평』, 1977), 「독가촌 풍경」(문학과지성』, 1977) 등.
16 조흥식, 「70, 80년대 산업화와 빈민」, 『역사비평』 46, 1999, 198~199쪽.
17 박태순, 「독가촌 풍경」, 『문학과지성』 29, 1977년 가을호, 633쪽.

4장. 빈곤과 빈민의 재배치

1 피터 게이, 『부르주아전』, 고유경 옮김, 서해문집, 2005, 244쪽.

2 염무웅, 「농촌 현실과 오늘의 문학」, 『창작과비평』 18, 1970년 가을호, 476쪽.

3 김성홍, 「회소회소」, 『창작과비평』 12, 1968년 겨울호, 633쪽.

4 황석영, 「이웃 사람」, 『창작과비평』 26, 1972년 겨울호, 906쪽.

5 박현채, 「한국 자본주의의 전개와 농업 · 농민 문제」, 한국농어촌사회연구소 편, 『한국농업 · 농민문제연구 Ⅰ』, 연구사, 1988, 59쪽.

6 오유권, 「토속기」, 『창작과비평』 27, 1973년 봄호, 167쪽.

7 오유권, 같은 글, 167~168쪽.

8 김웅, 「초가」 『창작과비평』 28, 1973년 여름호, 318쪽.

9 김치수, 「농촌문학론」, 김현 · 김주연, 『문학이란 무엇인가』, 문학과지성사, 1976, 243쪽. 물론 농촌문학 관련 논의에서 농촌이나 도시 모두 근대화의 모순을 안고 있다는 입장은 농촌소설을 민족문학 범주에서 논의하는 『창작과비평』 계열 비평과 농촌문학의 소재주의적 성격에 대한 비판론(좌담회, 「농촌소설과 농민생활」, 『창작과비평』 46, 1977년 겨울호, 32~3쪽)으로 충돌하게 된다. 농촌과 도시의 시계열적 연속성에 대한 시야와 농촌소설의 성격 논의는 별도로 다루어져야 할 것이다.

10 김병걸, 「네 개의 중편소설」, 『창작과비평』 37, 1975년 가을호, 172쪽.

11 김원규, 「1970년대 법률 담론에 나타난 하층 여성(성)」, 『서강인문논총』 30, 2011, 47~48쪽.

12 황석영, 「이웃 사람」, 『창작과비평』 26, 1972년 겨울호, 905쪽.

13 황석영, 같은 글, 913~914쪽.

14 황석영, 「섬섬옥수」, 『객지』, 창작과비평사, 1974, 305쪽.

15 천승세, 「보리밭」, 『창작과비평』 30, 1973년 겨울호.

16 건전한 명랑성을 체제와 사회의 대표적 감성으로 나머지를 부정적 감성으로 분류하고 철저하게 억압하거나 통제해야 할 사회적 감성으로 규정했던 박정희 체제에서 보자면(유선영, 「과민족화 프로젝트와 호스티스영화」, 공제욱 엮음, 『국가와 일상』, 한울, 2008, 360~363쪽) 위험천만의 것이었던 삶의는 충분히 소거되지 못한 사회변동 에너지의 발현이다. 범죄자와 미치광이를 통해서나 가시화되는 그 에너지는 그것이 쉽게 억압되고 통제될 수 없는 것임을 역설한다.

17 미셸 푸코, 『사회를 보호해야 한다』, 박정자 옮김, 동문선, 1998, 277~303쪽.; 조반나 프로카치, 「사회경제학과 빈곤의 통치」, 콜린 고든 외 엮음, 『푸코 효과』, 이승철 외 옮김, 난장, 2014, 236~243쪽.

5장. 식모의 섹슈얼리티

1 신석상, 「가정부 이야기」, 『새가정』 235, 1975년 3월호, 24~25쪽.
2 전상국, 「전야」 『창작과비평』 33, 1974년 가을호, 595쪽.
3 라즈 파텔, 제이슨 무어, 『저렴한 것들의 세계사』, 백우진·이경숙 옮김, 북돋움, 2020, 178~179쪽.
4 조선작, 『미스 양의 모험』, 고려원, 1989, 125쪽.
5 김원규, 「1970년대 법률 담론에 나타난 하층 여성(성)」, 『서강인문논총』 30, 2011, 55쪽.
6 조선작, 「영자의 전성시대」, 조선작·문순태, 『성벽/징소리』, 동아출판사, 1995, 109~110쪽.
7 조선작, 「영자의 전성시대」, 같은 책, 132쪽.
8 조선작, 「영자의 전성시대」, 같은 책, 126쪽.
9 제도적 차원에서 1962년부터 시행된 가족계획 사업, 1961년 제정된 '윤락 행위 등 방지법', 1962년 제정된 '윤락 행위 등 방지법 시행령', 1973년 제정된 '모자보건법' 등 정책과 법률이 다각도로 제정되고 시행되었지만, 여성의 성과 재생산을 통제하고 규율하려는 시도는 근대화 프로젝트와 결합하면서 뚜렷한 효력을 발휘했다. 김영옥, 「70년대 근대화의 전개와 여성의 몸」, 『여성학논집』 18, 2001, 33~34, 39쪽.; 김은실, 「국가와 여성의 출산력」, 『여성의 몸, 몸의 문화정치학』, 또하나의문화, 2001, 314~321쪽.; 배은경, 「가족계획 사업과 여성의 몸: 1960~70년대 출산조절 보급 과정을 통해 본 여성과 '근대'」, 『사회와역사』 67, 2005, 269~277쪽.
10 조선작, 「영자의 전성시대」, 같은 책, 127쪽.
11 '식모/창녀'가 대개 계급이 삭제되고 젠더 차원의 접근이 강조되는 경향은 도시빈민이 주로 계급적 차원에서 다루어지는 접근법과 비교할 때 주목해야 할 지점이다. 이 책에서는 계급적/젠더적 차원의 문제를 동시적으로 환기하기 위해 그녀들을 '젠더화된 하위주체'로 명명한다. 가야트리 스피박, 『다른 세상에서』, 태혜숙 옮김, 여성문화이론연구소, 2003, 485~544쪽 참조.
12 전상국, 「전야」, 『창작과비평』 33, 1974년 가을호, 595쪽.

에필로그. 변화하되 진화하지 못한 하녀사회

1 공지영, 『봉순이 언니』, 224쪽.

2 정찬일, 『삼순이』, 책과함께, 2019, 159~163쪽.

3 패트리샤 힐 콜린스, 『흑인 페미니즘 사상』, 83~84쪽.

4 염운옥, 『낙인찍힌 몸』, 193~194쪽.

5 김관욱, 『사람입니다. 고객님』, 창비, 2022.

6 김현경, 『사람, 장소, 환대』, 문학과지성사, 2015, 132쪽.

7 심지어 인공지능의 부족한 부분이 수백 명의 유령노동자들에 의해 채워지고 있음에도, 그 영역은 점차 비가시화된다. 메리 그레이·사다스 수리, 『고스트워크』, 신동숙 옮김, 한스미디어, 2019, 10~16쪽.

8 수잔 벅모스, 『헤겔, 아이티, 보편사』, 김성호 옮김, 문학동네, 2012, 115쪽.

9 수잔 벅모스, 같은 책, 33쪽.

하녀

초판 인쇄 2024년 2월 22일
초판 발행 2024년 3월 5일

지은이 소영현
기획 구민정 | 책임편집 임혜지 | 편집 이경록
디자인 이혜진 최미영
마케팅 정민호 서지화 한민아 이민경 안남영 왕지경 정경주 김수인 김혜원 김하연 김예진
브랜딩 함유지 함근아 고보미 박민재 김희숙 박다솔 조다현 정승민 배진성
저작권 박지영 형소진 최은진 서연주 오서영
제작 강신은 김동욱 이순호 | 제작처 상지사

펴낸곳 (주)문학동네 | 펴낸이 김소영
출판등록 1993년 10월 22일 제2003-000045호
주소 10881 경기도 파주시 회동길 210
전자우편 editor@munhak.com | 대표전화 031)955-8888 | 팩스 031)955-8855
문의전화 031)955-2696(마케팅) 031)955-2672(편집)
문학동네카페 http://cafe.naver.com/mhdn
인스타그램 @munhakdongne | 트위터 @munhakdongne
북클럽문학동네 http://bookclubmunhak.com

* 잘못된 책은 구입하신 서점에서 교환해드립니다.
  기타 교환 문의: 031) 955-2661, 3580

ISBN 978-89-546-9838-2 93300

www.munhak.com